数据工程师系列精品教材
总主编　肖红叶

统计建模技术Ⅲ
抽样技术与试验设计

主　编　杨贵军
副主编　孟　杰　杨　雪　陈　浩　孙玲莉

科　学　出　版　社
北　京

内 容 简 介

本书兼顾抽样技术和试验设计的知识完整性和相对独立性，突出内容通俗性和实际应用性，主要选择简单随机抽样、分层随机抽样、两级抽样等抽样技术内容，以及单因子试验、两因子试验、随机化区组试验、正交设计、最优设计、计算机试验设计等试验设计内容。本书注重讲解代表性的理论方法和模型，回避烦琐的理论性质的解释和证明，并易于计算机软件操作。为了演示抽样技术和试验设计的理论方法，本书编写统计案例，演示如何应用统计方法解决实际问题，便于读者的理解和自学。

本书主要是为统计学专业的数据工程师而编写的教材，也可以作为非统计学专业本科生和研究生、数据科学和大数据技术专业本科学生和研究生，以及各类数据应用人员学习复杂数据建模技术的教材和学习参考书。

图书在版编目（CIP）数据

统计建模技术 III，抽样技术与试验设计 / 杨贵军主编. —北京：科学出版社，2021.5

数据工程师系列精品教材 / 肖红叶总主编

ISBN 978-7-03-068502-5

Ⅰ. ①统…　Ⅱ. ①杨…　Ⅲ. ①统计模型－教材　Ⅳ. ①C8

中国版本图书馆 CIP 数据核字（2021）第 057820 号

责任编辑：方小丽　赵　颖 / 责任校对：贾娜娜
责任印制：张　伟 / 封面设计：蓝正设计

科学出版社 出版
北京东黄城根北街 16 号
邮政编码：100717
http://www.sciencep.com
北京中科印刷有限公司 印刷
科学出版社发行　各地新华书店经销
*
2021 年 5 月第　一　版　开本：787×1092　1/16
2022 年12月第二次印刷　印张：12 1/2
字数：252 000

定价：39.00 元

"数据工程师系列精品教材"
编审委员会

总　序

经过近 6 年的工作，这套以“数据工程师”命名的系列教材付印出版了．教材是以经济领域大数据应用本科专业教学为目标的．但因该系列教材集中在相关技术主题，也应该适用于其他领域大数据应用的学习参考．当然这取决于教材内容能否满足其他领域大数据应用的要求．经受住教学及其学生就业适应性的检验，一直是教材编写的重压．核心在于对大数据应用的认知，总是滞后大数据技术的进步及其应用场景的多样化扩张．教材只能以一定的基础性和通用性应对，并及时迭代．即使如此，相关编写内容的选择，也考察编写者对大数据应用目标与发展趋势大背景及人才培养创新探索的理解与把握．

一、时代背景

2010 年前后，计算机网络数据技术及其应用大爆发，大数据概念问世．涌现出在“大数据”认知中造梦追梦的激情潮流．相应搜集、处理和深度分析大数据的专业技术人才受到热捧追逐．一晃十年．虽然目前该技术驱动出现网购、社交、金融、教育医疗、智慧城市等一系列新商业模式和新兴产业，引发传统生产、生活方式发生深刻变革，但其仍然没有破除生产率悖论①②，成长为推动实体经济整体发展的通用技术③．原因在于，不同于以物质和能量转换为特征的历次技术产业革命，信息技术是以智能化方式释放出历次产业革命所积蓄的巨大能量的．但其能量释放机制高度复杂，远非传统生成要素重新组合就能解决问题．信息技术与传统领域融合，需要基于以新技术、新基础设施和新要素组织机制构成的新技术经济范式的创建④．新范式应该包括相关人才支撑及其培养机制．

---

① John L. Solow. 1987. The capital-energy complementarity debate revisited. The American Economic Review, 77(4): 605-614.

② Tyler Cowen. 2011. The Great Stagnation: How America Ate All the Low-Hanging Fruit of Modern History, Got Sick, and Will Feel Better. Dutton.

③ Andrew G. Haldane. 2015. How low can you go?. https: //www.bankofengland.co.uk/-/media/boe/files/speech/2015/how-low-can-you-can-go.pdf.

④ Carlota Perez. 2008. The Big Picture: More Than 200 Years of Financial Bubbles, Where are We now and Where Will We end up? Harvard Business School's 100th Anniversary, Oslo Conference, September[EB/OL]. http: //www.konverentsid.ee/files/doc/ Carlota Perez. pdf.

2015 年，我国提出实施大数据战略. 2017 年，习近平总书记就实施国家大数据战略主持中共中央政治局第二次集体学习时就指出，要构建以数据为关键要素的数字经济，推动互联网、大数据、人工智能同实体经济深度融合，并要求培育造就一批大数据领军企业，打造多层次、多类型的大数据人才队伍. 国务院则在 2015 年 8 月 31 日印发《促进大数据发展行动纲要》[①]，专门提出创新人才培养模式，建立健全多层次、多类型的大数据人才培养体系，鼓励高校设立数据科学和数据工程相关专业，重点培养专业化数据工程师等大数据专业人才的规划要求.

二、教学创新探索

2013 年 10 月，中国统计学会在杭州以“大数据背景下的统计”为主题召开第十七次全国统计科学讨论会. 众多著名专家学者深入讨论了大数据背景下政府统计变革等问题，发出经济统计应对大数据的呼吁. 天津财经大学迅速响应，在时任副校长兼任珠江学院院长高正平教授支持下，经过大量调查研究，以经济管理领域大数据应用技术专业人才培养为目标，开始经济统计学专业对接大数据的改革探索，形成“数据工程”专业方向培养方案. 2015 年，天津财经大学珠江学院和统计学院启动改革实践，引发国内同行热切反响. 2016 年 1 月，天津财经大学在珠江学院召开教学会议，联合江西财经大学、浙江工商大学、浙江财经大学、河南财经政法大学、内蒙古财经大学、河南大学以及国家统计局统计教育培训中心、科学出版社等 26 所高校和机构，共同发起成立“全国统计学专业数据工程方向教学联盟”，通过了联合推进教学改革的计划. 2016 年 7 月，在浙江工商大学召开教学联盟第二次会议，47 所高校参会，讨论了课程体系及其主要课程教材大纲，成立教材编写委员会，建议进一步推进高校经济管理各专业学生数据素质培养教学活动. 天津财经大学数据工程教学改革取得较好实践效果，2018 年获天津市优秀教学成果一等奖. 其中数据工程人才培养定位、主要技术课程及教学内容是改革探索的核心，也是这套系列教材形成的具体背景.

三、“数据工程”定位

“数据工程”定位基于两方面考虑.

其一，“工程”概念是以科学理论应用到具体产品生产过程界定的. “数据工程”定位在大数据的应用，就是通过开发从数据中获取解决问题所需信息的技术，为用户提供信息与服务产品. 其直接产生数据的信息价值，具体体现数据要素的生产力. 另外，鉴于数据存在非竞争和非排他性，规模报酬递增性，多主体交互生成与共享的权属难以界定性，以及可无限复制性等基本特征，一般性掌握原生数据并没有现实意义，数据价值来自从中获取的能够驱动行为的信息. 数据配置交易一般通过提供数据的信息服务产品，特别是以长期服务方式完成. 数据工程开发产品为数据要素实现市场配置提供了基础支撑.

其二，标示与“数据科学”区分. 早年分别基于计算机科学与数理统计学体系的理解，

① 国务院关于印发促进大数据发展行动纲要的通知. http: //www.gov.cn/zhengce/content/2015-09/05/content_10137. htm.

由图灵奖获得者诺尔[①]和著名统计学家吴建福[②]提出的"数据科学"概念，历经多年沉寂，在大数据背景下爆发[③④⑤]．统计学在数据科学概念上与计算机科学产生交集．但两个学科的数据科学概念解读并不一致．其中，计算机科学偏向为将数据问题纳入系统处理架构研究提供一个概念框架．统计学偏向开展促进大数据技术发展的方法论理论研究．计算机的系统架构研究和统计的基础理论研究非常重要．数据科学家是国家实施大数据战略需要的高端人才．当前大数据底层系统技术进展迅速，通用化瓶颈在于其与实体领域的融合应用．我国经济与产业体系规模决定了大数据领域应用对应的各类型、各层次专业人才需求场景扩展迅速，相应人才需求空间足够大并存在长期短缺趋势．培养大批掌握成熟数据技术，并能够在领域中发挥应用创新作用的"数据工程师"，是我国较长时期就业市场的选择．

四、主要课程

主要课程解决三方面问题．

其一，总体要求课程设置涵盖大数据应用三阶段全流程．第一阶段是领域主题数据生成．支撑领域用户信息需求主题的形成，及其对应原生数据的采集与搜集．第二阶段是数据组织与管理．保障大数据应用资源合理配置，方便使用．第三阶段是数据信息获取．产生信息产品与服务，实现数据要素价值．

其二，课程结构及内容调整重组．这是基于大数据应用流程，将应用领域、计算机和统计学三个专业课程汇集到数据工程专业后，教学课时总量约束要求的．重组原则为在适用性基础上，兼顾知识体系的基础性和系统性．

（1）领域课程．以经济学等基础课为主体，精炼相关专业课程．

（2）计算机课程．其覆盖大数据应用全流程，且工程技术专业定位决定其专业基础仍然紧密联系应用．相关课程包括计算机基础、Python 程序设计和计算机网络等基础课程，数据库原理与应用以及信息系统安全等数据组织管理课程，数据挖掘技术和深度学习、文本数据挖掘和图像数据挖掘以及数据可视化技术等数据信息获取技术课程．

（3）统计课程分为基础与应用两组．基础包括应用概率基础和应用数理统计．前者以概率论为主体加入随机过程基本概念．后者综合数理统计、贝叶斯统计和统计计算三部分内容．应用包括三门统一命名的统计建模技术(Ⅰ Ⅱ Ⅲ)．其中Ⅰ为多元统计建模与时间序列建模，Ⅱ为离散型数据建模与非参数建模，Ⅲ为抽样技术与试验设计．另外还有统计软件应用课程．

其三，注重实践操作．这是应用人才的规定．除课程中包含实践教学环节之外，独立开设程序设计实践、数据库应用实践、数据分析实践等课程．引入真实数据，提高学生实际数据感知能力．

---

① Peter Naur. 1974. Concise survey of computer methods Hardcover, Studentlitteratur, Lund, Sweden, ISBN 91-44-07881-1.

② 吴建福. 从历史发展看中国统计发展方向[J]. 数理统计与管理, 1986, (1): 1-7.

③ Thomas H. Davenport, D. J. Patil. 2012. Data scientist: the sexiest job of the 21st century. Harvard Business Review, 90(10): 70-76, 128.

④ Chris A. Mattmann. 2013. A vision for data science. Nature, 493: 473-475.

⑤ Vasant Dhar. 2013. Data Science and Prediction, Communications of the ACM. https://doi.org/10.1145/2500499.

五、系列教材

有关系列教材，做如下两点说明.

其一，关于系列教材组成及特点. 课程结构及其内容调整重组后，教学面临对应的教材问题. 基于统计学专业改革背景，以能够较好把握为出发点，从统计课程和关联性较强的部分计算机数据处理技术切入教材编写. 该系列教材第一批由《应用数据工程技术导论》《数据挖掘技术》《深度学习基础》《图像数据挖掘技术》《数据可视化原理与应用》《应用概率基础》《应用数理统计》《统计建模技术Ⅰ——多元统计建模与时间序列建模》《统计建模技术Ⅱ——离散型数据建模与非参数建模》《统计建模技术Ⅲ——抽样技术与试验设计》《数据分析软件应用》11 本组成. 其特点总体表现在，基于实际应用需要安排教材框架，精炼相关内容.

其二，编写组织过程. 2016 年 1 月，教学联盟第一次会议提出教材建设目标. 2016 年 7 月，教学联盟召开第二次会议，基于天津财经大学相应课程体系的 11 门课程大纲和讲义，就教材编写内容和分工进行深入讨论. 成立了教材编写委员会. 委托肖红叶教授担任系列教材总主编，提出编写总体思路. 诚邀著名统计学家邱东、曾五一和房祥忠教授顾问指导. 杨贵军和尚翔教授分别负责统计和计算机相关教材编写的组织. 天津财经大学、江西财经大学、浙江财经大学、浙江工商大学、河南财经政法大学、内蒙古财经大学等高校共同承担编写任务. 杨贵军和尚翔教授具体组织推动编写工作，其于 2018 年 10 月 20 日、2019 年 9 月 19 日、2020 年 11 月 29 日三次主持召开教材编写研讨会.

系列教材采用主编负责制. 各个教材主编都是由国内著名教授担当. 他们具有丰富的教学经验，曾主编出版在国内产生很大影响的诸多相关教材，对统计学与大数据对接有着独到深刻的理解. 他们的加盟是系列教材质量的有力保证.

这套系列教材是落实国家大数据战略，经济统计学专业对接大数据教学改革，培养大数据应用层次人才的探索. 其编写于“十三五”时期，恰逢“十四五”开局之时出版. 呈现出跨入发展新征程的时代象征. 这预示本系列教材培养出的优秀数据工程师，一定能够在大数据应用中发挥一点实际作用，为国家现代化贡献一点力量. 既然是探索，教材可能存在许多缺陷和不足. 恳请读者朋友批评指正，以利于试错迭代，完善进步.

教材编写有幸得到方方面面的关注、鼓励、参与和支持. 教材编写委员会及我本人，对经济统计学界的同仁朋友鼎力支持教学联盟，对天津财经大学珠江学院高正平教授、刘秀芳教授及天津财经大学领导和同事对数据工程专业教学探索提供的强力支撑，对科学出版社领导的大力支持和方小丽编辑的热心指导表示衷心的感谢！

肖红叶

2021 年 3 月

前　言

为了满足社会经济发展对复杂数据分析的人才需求，发挥财经类院校人才培养的特色优势，本书主要阐述抽样技术和试验设计的理论方法，同时兼顾了两个研究方向内容的完整性和相对独立性。大数据的蓬勃发展不仅使人们认识到抽样技术和试验设计方法在获取、分析、应用数据过程中的重要性，促进了两种方法的创新与发展，也拓宽了抽样技术和试验设计的应用领域。

本书着眼于介绍一些常用的抽样技术方法和试验设计理论与模型，使读者能更好地理解抽样技术与试验设计的思想和基础知识。为了便于读者把握每章内容的教学重点和知识脉络，在书稿完成过程中，作者力求兼顾以下两个方面。

1. 注重教材内容的通俗性和统计思想性。抽样技术与试验设计包含的内容很多、很繁杂。本书主要选择读者易于理解的简单随机抽样、分层随机抽样、两级抽样等抽样技术内容，以及单因子试验、两因子试验、随机化区组试验、正交设计、最优设计、计算机试验设计等试验设计内容。相关章节注重介绍代表性的理论方法和模型，回避烦琐的理论性质的解释和证明，也易于计算机软件实现。

2. 注重统计方法的实际应用性。本书的案例更多的是为了演示抽样技术与试验设计的理论方法和模型，问题相对简单，使读者充分体会如何应用统计方法解决实际问题。有些实际统计问题相对复杂，抽样技术与试验设计的理论方法和模型的实际应用需要有一定的实践经验。本书期望读者能够从理论上理解抽样技术与试验设计模型的特点和应用条件，并将其作为实际应用的基础，在实际应用中更好地把握统计方法运用的合理性和结论的可靠性。

在书稿完成过程中，天津财经大学统计学院的孟杰、杨雪、陈浩、孙玲莉等教师，多个年级的在读博士研究生和硕士研究生参与了本书的讨论、资料收集和编写，以及书稿的整理、修订与校对工作。杨贵军作为总纂，完成改写、统稿。

作者在此感谢天津财经大学中国经济统计研究中心和统计学院，以及天津财经大学珠江学院的全力支持。感谢科学出版社的大力支持和帮助。感谢国家自然科学基金（11601366，11601367，11471239）、国家社会科学基金（20ATJ008，17CTJ002，20CTJ009）和天津财经大学珠江学院课程改造与建设项目的资助。

本书写作是从大数据应用人才的社会需求调研起步，经历了经济统计学专业培养方案改革和实践探索，统计建模技术课程教材大纲，统计建模技术课程讲稿，统计建模技术讲义，统计建模技术教材初稿，统计建模技术教材终稿，完成经济统计学相关教材结构及内容调整重组。几十个版本反复精炼和优化改进，是为了在经济统计学专业的大数据应用人才培养中发挥一点作用。本书仍可能存在缺陷和不足，恳请读者批判指正，以便我们在今后的教学实践中进一步修改和完善。

作　者

2021 年 3 月

目　录

第 1 章 抽样技术基础 ······ 1
1.1 抽样技术概述 ······ 1
1.2 抽样技术的历史发展 ······ 2
1.3 抽样技术的应用 ······ 3
1.4 抽样技术应用步骤 ······ 4
1.5 抽样技术的基本概念 ······ 5
1.6 常用的抽样技术 ······ 12
习题 1 ······ 17

第 2 章 简单随机抽样 ······ 19
2.1 简单随机抽样的基础知识 ······ 19
2.2 案例：基于简单随机抽样的某地区超市平均年利润额估计 ······ 23
2.3 比估计与整群抽样 ······ 27
习题 2 ······ 34

第 3 章 分层随机抽样 ······ 36
3.1 分层随机抽样的基础知识 ······ 36
3.2 案例：基于分层随机抽样的粮食产量抽样调查 ······ 39
3.3 分层随机抽样的扩展知识 ······ 45
习题 3 ······ 48

第4章 两级抽样 …… 51
4.1 两级抽样的基础知识 …… 51
4.2 案例：基于两级抽样的学生体质抽样调查 …… 54
4.3 两级抽样的扩展知识 …… 59
习题4 …… 65

第5章 试验设计基础 …… 67
5.1 试验设计的基本思想 …… 67
5.2 试验设计发展简介 …… 71
5.3 试验设计的目的 …… 72
5.4 试验设计的典型应用 …… 72
5.5 试验设计的三原则：可重复、随机化、分区组 …… 74
5.6 试验设计应用步骤 …… 76
5.7 常用的试验设计 …… 78
习题5 …… 82

第6章 单因子试验 …… 83
6.1 单因子试验的基础知识 …… 83
6.2 案例：单因子试验设计的应用 …… 93
6.3 单因子试验的扩展知识 …… 98
习题6 …… 99

第7章 两因子试验 …… 102
7.1 两因子试验的基础知识 …… 102
7.2 案例：有重复观测的定性两因子试验设计应用 …… 110
7.3 一个定性一个定量因子的两因子试验 …… 114
习题7 …… 116

第 8 章 随机化区组试验 ······ 118
8.1 随机化区组试验的基础知识 ······ 118
8.2 案例：随机化完全区组设计的应用 ······ 123
8.3 区组设计的扩展知识 ······ 126
习题 8 ······ 129

第 9 章 正交设计 ······ 132
9.1 两水平正交设计的基础知识 ······ 132
9.2 案例：无交互效应的正交试验设计应用 ······ 136
9.3 正交设计的扩展知识 ······ 141
习题 9 ······ 149

第 10 章 最优设计 ······ 153
10.1 *D*-最优设计的基础知识 ······ 153
10.2 案例：*D*-最优设计在提高产品产量中的应用 ······ 156
10.3 最优设计的扩展知识 ······ 160
习题 10 ······ 171

第 11 章 计算机试验设计 ······ 173
11.1 计算机试验的基础知识 ······ 173
11.2 案例：拉丁超立方体设计的应用 ······ 176
11.3 计算机试验的扩展知识 ······ 178
习题 11 ······ 186

第1章

抽样技术基础

多数经济问题、社会现象和自然科学的研究往往是通过收集有关数据资料，从而发现有价值的信息。当无法开展全面调查获取研究对象的全部数据时，抽样技术是收集数据、推断总体特征的重要方法之一。例如，为了及时准确地掌握人口发展趋势和变化规律，很多国家和地区会定期开展人口抽样调查；为了了解农业生产状况，很多国家和地区也会开展农业调查；等等。本书主要介绍抽样技术的基础知识和常用的几种抽样技术方法。

1.1 抽样技术概述

抽样技术的基本思想是，按照一定程序从待研究总体中科学合理地抽取部分个体，进行调查或观测，并推断总体的某些特征。在日常生活中也常会用到抽样技术的思想。例如，在做饭过程中，舀一勺菜汤可以判断菜的咸淡；到医院就医时，抽血化验检查血液指标，可以辅助诊断身体是否出现异常；等等。显然，抽样技术的关键是从总体中获取有代表性的个体集合（样本）。如果获取的个体集合不能全面代表总体时，抽样估计结果容易出问题，导致决策偏误，造成不可挽回的经济损失。抽样技术的作用或优点包括以下几点。

第一，在很多情况下不能开展全面调查获取研究对象的总体数据，只能采用抽样技术了解研究对象的特征。一种典型情况是研究对象是无限不可数的总体，例如，在空气和水污染质量监测中，空气和水作为研究对象是无限且无法计数的。另一种典型情况是对研究对象的观察可能是破坏性的，例如，在飞机、汽车等工业产品的质量抽查中，不能对全部工业产品进行破坏式检测。

第二，抽样技术可以降低调查成本，提高调查时效性。由于只对研究对象总体的部分个体进行调查，因而抽样技术能减少调查中投入的人力、物力和财力，节约调查成本。另外，民意调查、舆情调查和农产量调查等很多问题的研究都需要及时做出决策，相比对总体全部单元进行调查，抽样技术的速度更快、时效性更强。

第三，抽样技术可以获取质量更高的数据。尽管不是收集研究总体的全部数据，抽样技术不可避免地存在误差。但实践中影响数据质量的方面有很多，也可能会出现调查规模越大误差越大的现象。抽样技术的工作量相对更小，抽样过程更容易控制，例如，对调查员进行严格培训等，抽样技术获取的数据质量可能更高，由此保障对总体的估计更合理。

第四，抽样技术可以用作评估普查质量或普查资料的重要补充。即便是普查也会存在误差。在普查结束之后，开展小规模的抽样调查并与普查结果进行比较分析，可以作为评估普查质量的重要依据。另外，由于人口普查工作每十年才进行一次，在两次普查间定期开展抽样调查，可用于完善或修正普查资料。例如，中国每十年开展一次人口普查，在尾数适“0”年份进行。在尾数逢“5”的年份进行全国1%人口抽样调查，每年开展一次全国人口变动情况抽样调查。

抽样技术主要分为概率抽样和非概率抽样两种，分类依据是抽样过程中每个个体被抽中的概率是否大于0。非概率抽样是指抽样过程中有些个体被抽取的概率为0，也被称为目的抽样。样本抽取主要凭借调查人员的主观性或依据便利性原则。非概率抽样方法包括典型调查、重点调查。其显著特点是快速、便利。然而，非概率抽样很难保证样本代表性。更重要的是，非概率抽样无法从概率意义上保证抽样估计的准确性和精确度。

概率抽样是指依据概率原则从总体中抽取样本，也被称为随机抽样。其特点体现在两个方面：一是在抽样过程中基于随机化原则依概率抽取样本，避免主观地选择样本；二是可以根据每个样本的入样概率估计抽样误差。具体来看，概率抽样可分为等概率抽样和不等概率抽样。前者是指总体中的每个个体都有相同的概率被抽取，后者是指总体中的每个个体有不同的概率被抽取。概率抽样可以估计抽样误差，在实践中被广泛应用。本书主要介绍概率抽样的抽样技术方法。

1.2 抽样技术的历史发展

抽样技术有着较长的发展历史。概括来看，可以分为如下几个阶段。

第一阶段，抽样技术作为一种调查方法被正式提出，确立了其代表性调查方法的地位。19世纪的大部分时期，多数社会调查、经济调查和人口调查仍采用全面调查方法。直至1895年，挪威人凯尔（Kaier）在国际统计学会会议上提出了“代表性调查”的概念。他认为调查结果的准确性并不取决于样本量的多少，而在于获取的样本能否较好地代表总体。1894～1914年，凯尔亲自领导的调查主要有制定退休年金和疾病保险调查、全国家庭和婚姻情况调查等。经过多年的争论，1903年国际统计学会会议上，研究代表性方法的小组委员会一致认为，建议采用代表性调查方法，但在公布调查结果时要详细说明选择观察单位的条件。

第二阶段，概率抽样在抽样技术中逐渐占据主导地位。当抽样调查的思想逐渐被接受后，讨论的焦点是使用随机抽选还是有目的的抽选方法来获取样本。1906年，英国统计学家鲍莱提出了使用随机样本的观点，奠定了简单随机抽样在概率抽样中的基础地位。他对概率抽样的贡献体现在以下几个方面：第一，依据中心极限定理证明了采用简单随机抽样构造的简单估计量服从正态分布；第二，说明样本均值估计量的方差与总体规模大小无关而与样本量有关；第三，介绍了概率抽样方法在商业、采矿业和工业等领域的应用；第四，提出抽样精度测定的报告，进一步完善了抽样技术的理论基础。

第三阶段，多种抽样技术方法快速发展。从技术理论方面看，1919～1933 年费舍尔在试验设计领域提出的随机化原则、可重复原则和分区组原则推动了抽样技术的发展。随机化原则是构造无偏估计量的基础，可重复原则使得利用样本数据可以得到估计量的估计方差。费舍尔还提出了多级抽样技术，提高抽样效率。印度人马哈拉诺比斯的贡献包括两个方面：一是统计调查汇总必须同时考虑抽样误差和非抽样误差；二是提出了费用函数和方差函数的概念。1934 年奈曼提出了分层抽样中的最优分配方法、比估计量和回归估计量的构造方法、不等概率抽样技术。从实践应用方面来看，美国是在政府统计中较早应用抽样技术的国家。罗斯福“新政”期间，汉森和霍维茨开展了劳动力失业状况调查，现已发展为美国最重要的调查之一，即现时人口抽样调查。此外，戴明（Deming）与奈曼合作开展的抽样系列报告，为美国政府培养了大量抽样人才。理论研究和实践应用大大推动抽样理论的发展与完善。20 世纪 60 年代至今，抽样技术的研究在模型化推断、小域估计等领域也取得了长足进步。

第四阶段（现阶段），大数据技术的应用与发展对抽样技术产生三方面影响。

（1）抽样技术的作用和功能得到拓展。当能够获取目标总体的大部分样本时，抽样调查获取的样本信息可以作为大数据应用的对照基础或验证依据。大数据计算与分析中，实时计算的效率变得愈发重要，分布式计算已成为收集和分析数据的重要方法。抽样技术有助于将海量数据分离成多个样本数据，以进行分布式计算，再将不同样本的估计结果合并为对目标总体的估计结果。其中，以自助抽样法（bootstrap）为代表的抽样方法已经是机器学习领域的重要理论基础。

（2）在大数据背景下现有抽样技术方法不断完善。例如，随着大数据存储技术水平的提高，政府部门积累了大量有价值的行政记录。这些行政记录是政府统计调查的重要资源。例如，利用多套人口登记名单可以构建基于捕获-再捕获技术的双系统估计量或三系统估计量，估计全国或特定群体的真实人口数目。此外，很多新的抽样技术方法也被创新性地提出，如自适应抽样技术、序贯抽样技术、非概率抽样技术等。

（3）依托于互联网和通信设备，抽样调查方式发生转变。电话调查和网络调查逐渐成为主要的抽样调查方式。相比传统的面访式调查，电话调查能够有效降低调查成本，更加便利。然而，电话调查对调查员的沟通能力要求更高，同时也不利于直观地了解被调查者回答结果的真实性。网络调查目前常见于社会商业调查，例如，各大主流网站常对有重要影响的社会敏感事件及时开展网络调查，了解和掌握群众对这些事件的观点。以京东、淘宝、亚马逊为代表的网上电子商城也常会通过电子邮件的方式，向消费者调研对其产品或服务的满意度。但网络调查的一个突出问题是不易于确定抽样框，从特点上看更接近非概率抽样中的便利性调查。

1.3　抽样技术的应用

1.3.1　人口抽样调查

人口调查是抽样调查最早应用的领域。目前世界各国在开展定期人口普查的同时，都经常性地开展有关人口的抽样调查。中国每十年进行一次全国人口普查，在尾数逢“0”年份进行。在尾数逢“5”的年份进行全国1%人口抽样调查，每年进行一次全国人口变动情况抽样调查。近年来，还增加了劳动力调查的内容。美国在两次普查期间的人口资料是通过现时人口抽样调查的经常性抽样调查逐月提供有关人口、劳动就业与失业情况的基础数据。世界生育力调查（WFS）及联合国儿童基金会（UNICEF）也经常与一些国家联合就妇女生育力及儿童死亡率进行调查。

1.3.2 社会调查

社会调查主要是由一些政府主管部门和研究机构进行有关的社会方面专题调查，包括公众和民意调查等。中国目前开展的部分调查项目有，全国妇联组织的中国妇女社会地位调查，教育部与国家语言文字工作委员会组织的中国语言文字使用情况调查，以及国家统计局组织的各类经济运行景气调查等。民意调查在西方国家十分盛行，从总统选举到居民居住小区的改造，只要人们关心的社会问题一出现，马上就会开展相应的调查。

1.3.3 经济调查

抽样调查也常用于经济领域，其中，最具代表性的是消费者价格指数调查，每月发布的消费者价格指数是监测中国经济运行状况的重要参考。政府部门每月都需要对全国600多种规格品定人、定点、定时地开展抽样调查，掌握它们的价格变化情况。调查基本分类与规格品每五年调整一次。此外，有代表性的经济调查还包括：农业调查、城乡住户一体化调查、中小微企业调查、规模以上工业企业调查等。

1.3.4 商业调查

商业领域也高度重视对抽样调查的应用，主要用于开展客户满意度调查。很多厂商会经常性地通过电子邮件等网络调查方式，对其用户开展满意度调查，了解和掌握用户对某种特定商品的偏好程度。

1.4 抽样技术应用步骤

组织一次大型抽样调查是一项极为复杂的工作。例如，调查员的沟通能力、调查问卷的设计工作都是非常重要的，而抽样技术是调查工作的关键。概括来看，抽样工作包括以下几方面①。

（1）明确调查目标。进行抽样时一定要明确调查目标。问卷的设计、抽样技术方法的选择和调查的实施等工作都要围绕调查目标开展和组织。调查目的不明确很容易使抽样工作偏离初始的目标，从而做出错误的决策。例如，计划调查国家或地区失业率时，要明确如何界定失业人口和失业时间等指标的统计口径。

（2）确定进行抽样的总体。明确调查目标后，需要确定研究对象的目标总体，这是指所有调查对象的集合。但实际调查中往往不能覆盖全部目标总体。抽取的样本所覆盖

① 科克伦. 抽样技术[M]. 张尧庭, 吴辉, 译. 北京: 中国统计出版社, 1985.

的总体称为抽样总体。严谨的抽样过程是目标总体与抽样总体尽可能相同。

（3）编制抽样框。将有限总体划分为互不重叠且可穷尽的有限个个体，每个个体称为抽样单元。抽样单元可以是一个人，也可以是包含多个人的一个群体，如一个班级。抽样框就是一份包含所有抽样单元的名单。抽样框的编制是开展抽样工作的关键。只有包含在抽样框中的抽样单元才有机会被抽中。一个好的抽样框应尽可能覆盖目标总体，抽样单元不遗漏、不重复，尽可能多地包含抽样单元的有用的辅助信息。

（4）计量方法的选择。对于待研究的目标总体，可以选择不同的测量工具或调查方式。例如，对于农场种植面积的调查，既可以人工进行测量，也可以利用遥感设备进行测量。另外，目前常用的调查方式包括邮寄问卷、电话调查、面访、网络调查等。

（5）确定样本量。从总体中抽取样本，重要的内容之一是抽取多少样本。样本量的确定需要综合考虑决策者对调查精度的要求以及可提供的调查成本。反映调查精度的指标主要包括估计量的方差和标准差、绝对误差、相对误差和变异系数等。若能较好控制非抽样误差，样本量越大，抽样误差越小，但调查成本相对高；反之，样本量小，抽样误差越大，但调查成本相对小。

（6）抽选样本。抽选样本工作首先需要结合实际情况，选择最合适的抽样技术方法，如简单随机抽样、分层随机抽样、两级抽样等。这些抽样技术方法都是概率抽样方法，采用概率抽样方法抽取样本的关键是确保抽样的随机性，通常会使用随机数。有些实务工作者不能接受随机抽样的思想，认为随机抽取的样本不能代表总体，还有些人为了图方便，不按照随机抽取的样本进行调查，这些做法都会破坏随机性。例如，派某人去一个偏远的山区调查农民收入情况。为了方便，他只在交通便利的水路或公路地区挑选居民户进行调查。交通便利地区的居民收入往往可能高于交通不便利地区的居民收入，这会导致抽样估计结果高于该地区居民的真实收入水平。

（7）组织与实施调查。进行大范围实践调查时会遇到各种问题，往往要求调查员和督导员必须在调查前接受严格的调查培训，这有助于他们更好地了解调查目标，正确使用调查工具。对调查收集的问卷数据，需要经过督导员认真细致的审查，确保每份问卷都是合理、正确填写的。先在小范围内进行预调查，发现调查中可能存在的问题是明智的，有助于进一步改进和完善调查工作。

（8）调查数据的综合分析。对收集的调查数据进行汇总、编辑，进而构造估计量，估计总体特征，并给出重要估计量的抽样误差估计。同时，还可以对调查数据进行深入整理发布，提供给数据需求者。

以上工作包括了开展一次大型抽样调查工作的主要内容。本书侧重介绍抽取样本的常用抽样方法和各种抽样方法下总体指标估计量及其方差估计量。

1.5　抽样技术的基本概念

抽样技术中的主要概念包括总体、样本、误差与精度。本节主要介绍这些基本概念。

1.5.1 总体

1）有限总体、目标总体和抽样总体

总体就是指调查的研究对象或者调查对象的全体。例如，在城乡住户抽样调查中，若想要得到某地区的总人口数，则总体是在调查时点上生存的人口。与数理统计中提及的总体概念不同的是，抽样技术关注的总体都是有明确范围的有限总体。

抽样调查还需要区分目标总体和抽样总体。目标总体是作为调查目标的总体。目标总体的定义既重要也往往很困难。城乡住户调查中依据调查目标，目标总体既可以定义为个人，也可以定义为家庭住户。目标总体的不同定义会直接对抽样估计结果和决策产生重要影响。抽样总体是抽样框包含的总体，是实际抽样调查所覆盖的总体。高质量的抽样调查应尽可能确保抽样总体与目标总体一致，但在实际调查实践中很难做到，只能使二者尽可能相等。造成这种差异的原因有很多，譬如，若使用公安部户籍资料作为住户调查构建抽样框的基础资料，那些未上户口的家庭或个人就可能被遗漏。

2）抽样单元与抽样框

将有限总体划分成互不重叠又可穷尽的有限多个部分，每一个部分就称为抽样单元。依据调查目标和抽样方案，抽样单元既可以是一个个体，也可以包含多个个体。包含多个个体的抽样单元称为群单元。例如，当调查目标是某个学校所有学生的学习情况时，抽样单元可以是学生，也可以是班级。抽样单元也可以分级，先将总体分成若干个较大规模的抽样单元，每个较大规模的抽样单元包含多个较小规模的抽样单元，这样较大规模的抽样单元称为一级抽样单元。一级抽样单元又可分解为多个较小规模的单元，这些较小规模的单元就可称为二级抽样单元。以此类推，可以定义三级抽样单元、四级抽样单元等。通常，最小一级抽样单元就称为基本抽样单元。在城乡住户调查中，可定义一级抽样单元为街道，二级抽样单元为家庭。

抽样框是一份包含所有抽样单元的名单，主要包括编号、对应的抽样单元名称以及其他可能获取的辅助信息。对住户的抽样调查，抽样框应至少包括编号、家庭和地址。原则上，高质量的抽样框应尽可能保证抽样单元不重复、不遗漏。图 1.1 给出了目标总体和抽样框之间的联系与区别。

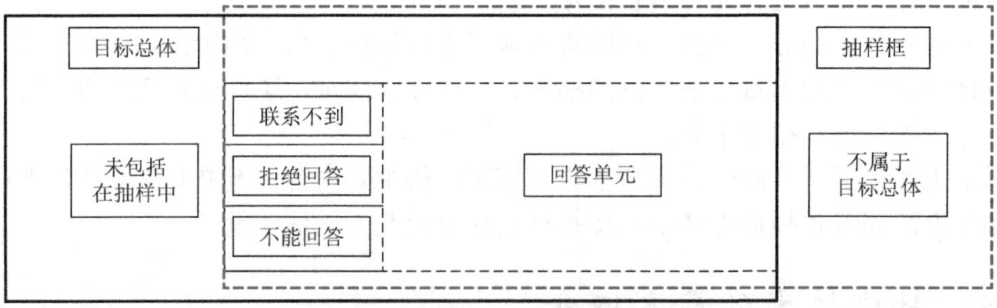

图 1.1 目标总体和抽样框之间的联系与区别

3）总体指标

总体指标反映总体特征，主要包括总体总值、总体均值、总体具有某种特征的个体所占比例、总体具有某种特征的个体总数、总体比率。

假设城乡住户调查中某地区的小区共包括 $N=5$ 个家庭（抽样单元），记每个家庭的年收入总值为 $Y_1, Y_2, \cdots, Y_N$（单位：万元），家庭人口数为 $X_1, X_2, \cdots, X_N$（单位：人），5 个单元的标志值为（10，3）、（12，5）、（13，6）、（15，4）、（18，5）。将 5 个家庭看作总体。

（1）总体总值用 Y 和 X 表示，记为

$$Y=\sum_{i=1}^{N} Y_i, \quad X=\sum_{i=1}^{N} X_i \tag{1.1}$$

则 5 个家庭的收入总额为

$$Y=10+12+13+15+18=68$$

人口总数为

$$X=3+5+6+4+5=23$$

（2）总体均值用 $\bar{Y}$ 和 $\bar{X}$ 表示，记为

$$\bar{Y}=\frac{1}{N}\sum_{i=1}^{N} Y_i, \quad \bar{X}=\frac{1}{N}\sum_{i=1}^{N} X_i \tag{1.2}$$

5 个家庭的平均收入为

$$\bar{Y}=\frac{68}{5}=13.6$$

每户平均人口为

$$\bar{X}=\frac{23}{5}=4.6$$

（3）总体具有 C 类特征的个体总数。把总体分为 C 和 C'（具有某种特征和不具有某种特征）两类，记

$$Y_i=\begin{cases}1, & \text{具有}C\text{类特征}\\ 0, & \text{不具有}C\text{类特征}\end{cases} \tag{1.3}$$

记具有 C 类特征的个体总数为

$$A=\sum_{i=1}^{N} Y_i \tag{1.4}$$

家庭总收入不低于 15 万元的家庭数为

$$A=0+0+0+1+1=2$$

（4）总体具有 C 类特征的个体所占比例，记为

$$P=\frac{A}{N} \tag{1.5}$$

家庭总收入不低于 15 万元的家庭所占比例为

$$P=\frac{2}{5}=0.4$$

（5）总体比率表示总体中两个指标的总值或均值之比，记为

$$R=\frac{Y}{X}=\frac{\bar{Y}}{\bar{X}} \tag{1.6}$$

5 个家庭的总收入与总人口的比率，即为人均年收入

$$R = \frac{68}{23} = 2.96$$

（6）总体方差和标准差为

$$S^2 = \frac{1}{N-1}\sum_{i=1}^{N}(Y_i - \bar{Y})^2, \quad S = \sqrt{\frac{1}{N-1}\sum_{i=1}^{N}(Y_i - \bar{Y})^2} \tag{1.7}$$

5 个家庭收入的方差为

$$\begin{aligned} S^2 &= \frac{1}{5-1}[(10-13.6)^2 + (12-13.6)^2 + (13-13.6)^2 + (15-13.6)^2 + (18-13.6)^2] \\ &= 9.3 \end{aligned}$$

5 个家庭收入的标准差为

$$S = \sqrt{9.3} = 3.05$$

1.5.2 样本

1）样本、样本量与抽样比

样本是从总体的 N 个单元中随机抽取 n 个抽样单元的集合。n 称为样本量，通常用 $y_1, y_2, \cdots, y_n$ 表示 n 个抽样单元。样本量 n 与总体单元个数 N 的比值记为抽样比

$$f = \frac{n}{N} \tag{1.8}$$

抽样比用于衡量估计量趋于实际真值的程度。一般情况下，随机抽样的抽样比越大，估计量越接近真值。

2）样本指标

与总体指标相对应，样本指标包括样本总值、样本均值、样本中具有某种特征的个体所占比例、样本中具有某种特征的个体总数、样本比率。

从假设总体的 $N = 5$ 个家庭中，随机抽取 $n = 3$ 个家庭作为样本，记每个入样家庭的年收入总值为 y_1, y_2, y_3（单位：万元），家庭人口数为 x_1, x_2, x_3（单位：人），设 3 个单元的标志值为（10，3）、（12，5）、（15，4）。

（1）样本总值记为

$$y = \sum_{i=1}^{n} y_i, \quad x = \sum_{i=1}^{n} x_i \tag{1.9}$$

样本为 3 个入样家庭。家庭年收入的样本总值为

$$y = 10 + 12 + 15 = 37$$

家庭人口的样本总数为

$$x = 3 + 5 + 4 = 12$$

（2）样本均值记为

$$\bar{y} = \frac{1}{n}\sum_{i=1}^{n} y_i, \quad \bar{x} = \frac{1}{n}\sum_{i=1}^{n} x_i \tag{1.10}$$

每个家庭收入的样本均值为

$$\bar{y} = \frac{37}{3} = 12.3$$

每个家庭人口的样本均值为

$$\overline{x}=\frac{12}{3}=4$$

把样本分为 C 和 C'（具有某种特征和不具有某种特征）两类，记

$$y_i=\begin{cases}1, & \text{具有}C\text{类特征}\\0, & \text{不具有}C\text{类特征}\end{cases} \tag{1.11}$$

（3）样本中具有 C 类特征的个体总数记为

$$a=\sum_{i=1}^{n}y_i \tag{1.12}$$

按照家庭总收入达 15 万元特征，样本单元划分为两类，C 类样本为家庭总收入不低于 15 万元的家庭。家庭总收入不低于 15 万元的样本总数为

$$a=0+0+1=1$$

（4）样本具有 C 类特征的个体所占比例记为

$$p=\frac{a}{n} \tag{1.13}$$

家庭总收入不低于 15 万元的样本比例为

$$p=\frac{1}{3}\approx 0.33$$

（5）样本比率记为

$$r=\frac{y}{x}=\frac{\overline{y}}{\overline{x}} \tag{1.14}$$

人均收入的样本比率为

$$r=\frac{37}{12}=3.08$$

（6）样本方差和标准差记为

$$s^2=\frac{1}{n-1}\sum_{i=1}^{n}(y_i-\overline{y})^2,\quad s=\sqrt{\frac{1}{n-1}\sum_{i=1}^{n}(y_i-\overline{y})^2} \tag{1.15}$$

家庭总收入的样本方差为

$$\begin{aligned}s^2&=\frac{1}{3-1}[(10-12.3)^2+(12-12.3)^2+(15-12.3)^2]\\&=6.34\end{aligned}$$

家庭总收入的标准差为

$$s=\sqrt{6.34}=2.52$$

3）统计量

在一个具体的抽样过程中，某些特定样本单元可能入样，也可能未入样。利用不同的样本，可以得到不同的统计量观测值。统计量是样本观测值的函数。不同的样本函数可以构造不同的统计量，如样本总值、样本均值和样本方差等。从总体的 N 个单元中随机抽取 n 个单元，共有 $\binom{N}{n}$ 种可能的样本。在表 1.1 中，给出了前面调查例子中，从总

体的 $N=5$ 个家庭中随机抽取 $n=3$ 个家庭的所有可能样本，以及每个样本的入样概率、样本总值、样本均值和样本方差。

表 1.1 统计量

序号	样本 y_i	入样概率 P	样本总值 $y=\sum_{i=1}^{n}y_i$	样本均值 $\overline{y}=\frac{1}{n}\sum_{i=1}^{n}y_i$	样本方差 $s^2=\frac{1}{n-1}\sum_{i=1}^{n}(y_i-\overline{y})^2$
1	101213	0.1	35.00	11.67	2.33
2	101215	0.1	37.00	12.33	6.33
3	101218	0.1	40.00	13.33	17.33
4	101315	0.1	38.00	12.67	6.33
5	101318	0.1	41.00	13.67	16.33
6	101518	0.1	43.00	14.33	16.33
7	121315	0.1	40.00	13.33	2.33
8	121318	0.1	43.00	14.33	10.33
9	121518	0.1	45.00	15.00	9.00
10	131518	0.1	46.00	15.33	6.33

4）估计

利用样本观测数据估计总体特征是抽样技术的主要目标。估计过程是对调查获取的样本观测值，按照估计量公式计算估计值，以此作为未知总体指标的估计值。这里的估计量通常指前文提及的样本统计量。

1.5.3 误差与精度

抽样调查不可避免地存在误差。误差主要分为抽样误差和非抽样误差。

1）非抽样误差

非抽样误差可能产生于抽样过程的各个环节，并不能通过增大样本量来控制或减小。概括来看，非抽样误差主要包括计量误差、抽样框误差和无回答误差。

计量误差也称为响应误差，是指调查所得的数据与样本单元真值不一致而引起的误差。引起计量误差的原因很多，例如，测量仪器本身的误差、被调查者有意或无意地不愿如实回答问题造成的误差等。

抽样框误差是指抽样框不完善而导致的误差。不完善的抽样框主要体现在以下几个方面：抽样框遗漏目标总体单元；抽样框内的单元与目标总体单元不是一对一的对应关系，如一对多或多对一；抽样框内包含了非目标总体单元；抽样框的辅助信息不准确。抽样框误差会导致抽样估计结果偏离总体指标的真实值。

无回答误差是指入样单元由于各种主客观原因拒绝调查，因而无法获取这部分单元的观测值。根据被调查者回答问题的多少，无回答误差主要分为单元无回答和项目无回答。前者是指被调查者完全拒绝回答任何问题，后者是指被调查者回答了部分问题，而对一些敏感问题拒绝回答。无回答问题会造成估计结果有偏差，偏差大小取决于无回答率、回答者与无回答者的水平差异。针对无回答问题，主要的解决方法是再调查法、加权调整法和插补法。

2）抽样误差

抽样误差是由于样本的随机性引起的误差。对于任何一个抽样方案，所有可能的样本共有$\binom{N}{n}$种，而实际抽到的只是其中的 1 种。如表 1.1 列出的住户调查案例中所有可能样本有 10 个，每个样本被抽中的概率均为 0.1。显然，基于不同样本观测值得到的估计值是不同的，这就是抽样误差产生的根本原因。但与非抽样误差不同的是，在概率抽样中抽样误差是可以计量的，可以根据调查目标将其控制在任意小的范围内。通常，样本量越大，抽样误差越小；反之，样本量越小，抽样误差越大。

3）偏差、方差与均方误差

不失一般性，待估计的总体指标记为θ，利用样本数据得到的估计量（统计量）$\hat{\theta}(y_1, y_2, \cdots, y_n)$作为$\theta$的估计。由于总体参数$\theta$未知，实际误差$\theta-\hat{\theta}$也是未知的。估计值是样本的函数，会随着样本观测值而变化。在实际应用中，给出总体指标的估计值，还要给出估计量的偏差、方差或均方误差，用于反映估计量的精度。

估计量的偏差是指估计量的期望与总体指标真值的差值，记为

$$B(\hat{\theta}) = E(\hat{\theta}) - \theta \tag{1.16}$$

若$B(\hat{\theta}) = 0$，称估计量$\hat{\theta}$为无偏估计量；若$B(\hat{\theta}) \neq 0$，称估计量$\hat{\theta}$为有偏估计量。通常，由于样本的随机性，总体指标估计值可能会偏离其真值。但在平均意义上，好的估计量期望应该等于总体指标。表 1.1 给出的住户调查案例中所有可能的样本，利用样本均值$\bar{y}$（第 5 列）估计总体均值$\bar{Y}$，样本均值的期望与总体均值相等，即$E(\bar{y}) = \bar{Y} = 13.6$，样本均值是总体均值的无偏估计量。

估计量的方差为

$$V(\hat{\theta}) = E[\theta - E(\hat{\theta})]^2 \tag{1.17}$$

估计量方差描述估计量的观察值与其数学期望差值平方的平均值。估计量的方差越小，估计量精度越高。通常，对于两个无偏估计量$\hat{\theta}_1$和$\hat{\theta}_2$，如果$V(\hat{\theta}_1) < V(\hat{\theta}_2)$，说明$\hat{\theta}_1$比$\hat{\theta}_2$的观察值更可能集中在总体指标真值$\theta$附近，估计量$\hat{\theta}_1$优于$\hat{\theta}_2$。

估计量的均方误差反映了估计量观察值与总体指标真值的差值平方的平均值，记为

$$\text{MSE}(\hat{\theta}) = E(\hat{\theta} - \theta)^2 \tag{1.18}$$

估计量的均方误差越小，估计量的准确度越高。估计量的均方误差分解为

$$\begin{aligned}
\text{MSE}(\hat{\theta}) &= E(\hat{\theta} - \theta)^2 \\
&= E[(\hat{\theta} - E(\hat{\theta})) + (E(\hat{\theta}) - \theta)]^2 \\
&= E[\hat{\theta} - E(\hat{\theta})]^2 + [E(\hat{\theta}) - \theta]^2 + 2E[\hat{\theta} - E(\hat{\theta})][E(\hat{\theta}) - \theta] \\
&= E[\hat{\theta} - E(\hat{\theta})]^2 + [E(\hat{\theta}) - \theta]^2 \\
&= V(\hat{\theta}) + B^2(\hat{\theta})
\end{aligned}$$

上式表明，估计量的均方误差可分解为估计量的方差与估计量的偏差平方之和，是对估计量方差和估计量偏差的综合评价。当估计量为无偏估计量时，估计量的方差等于估计量的

均方误差。当估计量为有偏估计量时，估计量的均方误差更适宜评价估计量的优良性。

4）置信区间

利用样本观测值估计总体指标θ，有时要给出θ的置信区间估计。置信区间估计是利用两个样本统计量$\hat{\theta}_1(y_1, y_2, \cdots, y_n)$和$\hat{\theta}_2(y_1, y_2, \cdots, y_n)$，构造一个随机区间$(\hat{\theta}_1(y_1, y_2, \cdots, y_n)$，$\hat{\theta}_2(y_1, y_2, \cdots, y_n))$，满足

$$P(\hat{\theta}_1(y_1, y_2, \cdots, y_n) < \theta < \hat{\theta}_2(y_1, y_2, \cdots, y_n)) = 1-\alpha \tag{1.19}$$

称这个区间为在置信概率$1-\alpha$下总体指标θ的置信区间。其中，置信区间下限为$\hat{\theta}_1(y_1, y_2, \cdots, y_n)$，置信区间上限为$\hat{\theta}_2(y_1, y_2, \cdots, y_n)$，$1-\alpha$表示置信区间包含总体指标$\theta$的概率，即置信概率。置信区间的统计解释是：对总体重复进行概率抽样，每次抽取的样本量都是n，利用抽取的样本构造置信区间$(\hat{\theta}_1(y_1, y_2, \cdots, y_n), \hat{\theta}_2(y_1, y_2, \cdots, y_n))$，每个区间要么包含总体指标真值$\theta$，要么不包含总体指标真值$\theta$。在这些置信区间中，包含总体指标真值$\theta$的区间个数占所构造的区间总数的比例约为$100(1-\alpha)\%$。一般情况下，令$\alpha = 0.05$，置信概率为95%。通常，置信概率$1-\alpha$描述置信区间的可信度，置信概率$1-\alpha$越大，置信区间的可信度越高，置信区间的长度$|\hat{\theta}_2 - \hat{\theta}_1|$也越长。另外，置信区间的长度$|\hat{\theta}_2 - \hat{\theta}_1|$描述置信区间的精度，置信区间长度$|\hat{\theta}_2 - \hat{\theta}_1|$越短，置信区间的精度越高，置信概率$1-\alpha$越小。因此，不存在可信度与精度同时达到最大的置信区间。在实践应用中，在给定置信概率$1-\alpha$下，长度最短的置信区间最优。

1.6 常用的抽样技术

保证样本代表性是抽样技术的关键，这取决于抽取样本的方法。本节主要介绍简单随机抽样、分层随机抽样、两级抽样等常用的抽样方法。还介绍常用于总体数目估计的捕获再捕获抽样方法以及三种非抽样误差的处理方法。

1.6.1 简单随机抽样

简单随机抽样是指从容量为N的总体中不放回地逐个抽取或一次同时抽取n个单元作为样本，保证每个单元的入样概率都相同。简单随机抽样是其他抽样方法的理论基础，分层随机抽样和两级抽样都基于简单随机抽样的理论基础。当总体中基本单元数量不大时，简单随机抽样易于操作实施。简单随机抽样的关键在于利用随机数骰子、随机数表或统计软件生成n个不重复的随机数，确保抽取样本的随机性。利用简单随机样本可以构建总体指标的简单估计量，例如，使用样本均值作为总体均值的估计。

若先分别把总体中的若干个单元合并为较大的“群”，并以这样的群作为抽样单元，即采用随机方法抽取群，进而对群内的单元进行调查，这样的抽样技术称为整群抽样。这种抽样方法适用于个体在地域分布上较为分散的情况。例如，在城乡住户抽样调查中，可以将若干个家庭合并为一个群，也称为抽样小区。先随机抽取调查小区，再对入样的调查小区中的全部家庭开展调查。

简单估计量只利用所估计指标本身的信息，未利用其他指标信息。充分利用待估计的总体指标与辅助变量之间的比率关系或者线性回归关系，可以构造总体指标的比率估

计量或回归估计量，提高估计量的精度。应用比率估计量或回归估计量的前提是，已知辅助变量的总体总值或总体均值。

1.6.2 分层随机抽样

分层抽样是先将总体 N 个单元按照某个标志分成多个子总体，这样的子总体称为层，在各层内独立进行随机抽样。若在各层内采用简单随机抽样方式抽取样本，称为分层随机抽样。当总体单元的指标值或研究对象存在较大差异时，采用分层随机抽样能更好地保证样本代表性。分层的目的是使层内单元指标的差异小，层间单元指标的差异大。例如，当计划调查高校教师科研教学情况时，讲师、副教授和教授的工作量和科研水平均存在较大差异。采用简单随机抽样可能导致样本中讲师、副教授和教授的比例与总体比例差异大，估计结果可能有较大偏差。采用分层随机抽样，将全体教师分为讲师层、副教授层和教授层，分别从各层中独立抽取样本，能保证样本较好地代表总体。

将比率估计量引入分层随机抽样的可行思路有两种。一是分层随机抽样的分别比估计量——先在各层内构造各层待估计指标与辅助变量之间的比率估计量，再将比率估计量汇总。分别比估计量考虑了各层内单元指标的差异，精度相对较高，但要求已知各层的辅助变量总值或均值，并且要求各层样本量足够大。二是分层随机抽样的联合比估计量——先分别构造总体指标和辅助变量指标的分层估计量，再将两个分层估计量相除得到比率估计量。联合比估计量要求已知总体的辅助变量总值或均值，并且要求总样本量足够大。

1.6.3 两级抽样

整群抽样是对抽中的群单元中的基本单元全部进行调查。为了提高抽样的效率，对每个入样的群单元再进行简单随机抽样，抽取其中的基本单元，这样的抽样过程称为两级抽样。两级抽样在全国性调查中被广泛使用，例如，人口抽样调查中，以省作为群单元先抽取省份，再以省内的抽样小区作为基本单元，抽取若干抽样小区进行调查。

依据群规模是否相等，两级抽样分为群规模相等的两级抽样和群规模不等的两级抽样。当群规模相等时，构建群规模相等的两级抽样估计量。当群规模不等时，可以利用群规模作为辅助变量，构造总体指标的比率估计量，以提高估计量精度。当群规模差异较大时，还可以使用有放回的不等概率抽样技术抽取群单元，再采用简单随机抽样抽取基本单元。不等概率抽样是指总体中的每个单元入样概率不相等。最常见的是与群规模大小成比例的不等概率抽样。这种抽样方法精度高且易于实施。

由于抽样过程复杂，两级抽样和多级抽样均属于复杂抽样。在抽样实践中，抽样方案的设计往往需要有机结合多种抽样技术，如分层、两阶段抽样。对于复杂抽样，估计量的方差估计有时难以构造。此时，需要使用复杂抽样的方差估计方法。刀切法是目前实践中常用的复杂抽样估计量方差的估计方法。一般步骤是：首先，设由 n 个样本可以计算得到估计量 $\hat{\theta}$，将 n 个样本随机划分成 M 个组，每组中的样本个数 m 相同，一般 $m=1$；接着，随机地删除掉 M 个组中的一个组，用剩余的 $M-1$ 个组的样本再计算得到估计量 $\hat{\theta}_{-i}$，一般称其为刀切掉一个组后的复制，重复这个过程 M 次，得到 M 个 $\hat{\theta}_{-i}$ 的估计值；最后，利用这 M 个估计值构造基于刀切法的总体指标估计量的方差估计为

$$v(\hat{\theta})=\frac{1}{M(M-1)}\sum_{i=1}^{M}(\hat{\theta}_{-i}-\hat{\theta})^2 \tag{1.20}$$

1.6.4 捕获再捕获方法

捕获再捕获是估计总体数目的常用方法。1786 年 Laplace 的一篇文章最早提出了捕获再捕获方法的基本思想。1896 年丹麦渔业生物学家 Peterson 尝试利用捕获再捕获模型估计池塘中游动能力大致相同的鱼的数目，其贡献之一是发明了给鱼做记号的黄铜标签。捕获再捕获方法研究中具有里程碑意义的工作是 Peterson 在研究鲽鱼洄游规律时，发现被捕获到的鱼中做记号的鱼的比例是估计鲽鱼总规模的基础。1930 年，另一位美国鸟类生物学家 Lincoln 在 Peterson 的研究基础上拓展了捕获再捕获方法，并较好地估计了野鸭总数。此后，学者们习惯把这二人的研究成果合称为捕获再捕获的 Lincoln-Peterson 估计量。

捕获再捕获方法最初主要用于估计野生动物总体规模，而后逐步应用于人口总体数目的估计。中国、美国、英国、瑞士、南非、乌干达等诸多国家均在人口普查质量评估中，构建基于捕获再捕获模型的双系统估计量估计全国真实人口总数，用这个人口总数估计量减去人口普查登记人口数计算人口普查净误差。这里的双系统是指人口普查登记系统和人口普查的事后质量抽样调查登记系统。

以鱼塘捕鱼为例，捕获再捕获模型的典型过程可以描述为：设鱼塘中共有 N 条鱼，对鱼塘中的鱼进行第一次捕捞，记第一次捕获的鱼的数量为 $n_{1\cdot}$。同时，对第一次捕获的鱼进行标记，再将这些鱼全部放回池塘。待鱼塘中的鱼充分游动均匀后，再进行第二次捕获，记第二次捕获的鱼的数量为 $n_{\cdot 1}$。对第二次捕获的鱼，记其中有第一次标记的鱼的数量为 n_{11}。表 1.2 给出了捕获再捕获抽样的数据描述，n_{12} 和 n_{21} 分别表示第一次被捕获但第二次未被捕获的数量，以及第二次被捕获但第一次未被捕获的数量，n_{22} 表示两次都未被捕获的数量。

表 1.2 捕获再捕获模型的过程

	在第二次捕获中	不在第二次捕获中	合计
在第一次捕获中	n_{11}	n_{12}	$n_{1\cdot}$
不在第一次捕获中	n_{21}	n_{22}	
合计	$n_{\cdot 1}$		N

利用带标记的鱼的数量 n_{11} 占第二次捕获的鱼的数量的比例估计池塘里的鱼总数[①②]。基本假设是两次捕获中被捕获概率相等，即认为第二次捕获中带标记的样本所占的比例与第一次捕获的比例相等：

$$\frac{n_{11}}{n_{\cdot 1}}=\frac{n_{1\cdot}}{N} \tag{1.21}$$

进而，可以得到捕获再捕获模型的 Lincoln-Peterson 估计量为

① Lincoln F. Calculating waterfowl abundance on the basis of banding returns[J]. Circular of the Department of Agricultural, 1930, 118(6): 1-4.

② Seber G. The Estimation of Animal Abundance and Related Parameters[M]. 2nd ed. London: Edward Arnold, 1982.

$$\hat{N}_{\mathrm{LP}}=\frac{n_{1\cdot}\cdot n_{\cdot 1}}{n_{11}} \tag{1.22}$$

其中，$\hat{N}_{\mathrm{LP}}$ 是鱼塘中鱼总数 N 的最大似然估计量。相应地，Lincoln-Peterson 估计量的方差估计量是

$$v(\hat{N}_{\mathrm{LP}})=\frac{n_{1\cdot}^{2}n_{\cdot 1}(n_{\cdot 1}-n_{11})}{n_{11}^{3}} \tag{1.23}$$

Lincoln-Peterson 统计量的一个主要缺陷是当第二个样本中带有标记的单元个数 $n_{11}=0$ 时，$\hat{N}_{\mathrm{LP}}$ 会趋向 ∞，不能得到 N 的准确估计。1950 年 Chapman 在 Lincoln-Peterson 估计量的基础上，又提出了一个偏差较小且渐近服从正态分布的估计量形式，并被称为 Chapman 估计量：

$$\hat{N}_{\mathrm{Ch}}=\frac{(n_{1\cdot}+1)\cdot(n_{\cdot 1}+1)}{n_{11}+1}-1 \tag{1.24}$$

Chapman 估计量的方差估计量是

$$v(\hat{N}_{\mathrm{Ch}})=\frac{(n_{1\cdot}+1)(n_{\cdot 1}+1)(n_{1\cdot}-n_{11})(n_{\cdot 1}-n_{11})}{(n_{11}+1)^{2}(n_{11}+2)} \tag{1.25}$$

在理论研究和实践应用中，捕获再捕获模型有三个重要的假设条件，分别是总体封闭性、个体同质性和两次捕获的独立性。总体封闭性是指在两次捕捞中，池塘内的鱼的总数不会发生变化，即不会有新加入的鱼，也不会有离开的鱼。对应在野生动物中也可理解为不会有新出生或死亡、迁入或迁出的情况。个体同质性是指每个个体在两次捕获中被捕获的概率是相同的。对于野生动物，影响同质性假设的因素主要包括三个方面。首先是时间，即两次捕获的概率在不同时间受主观原因或客观原因的影响而可能有所不同。其次是“陷阱反应”（trap response）①，第二次捕获野生动物时可能因为已被捕获一次，又或者捕获方法的缘故，出现“陷阱愉悦”（trap happy）和“陷阱畏缩”（trap shy）两种情况。陷阱愉悦是指更容易再次被捕获，陷阱畏缩是指不易再次被捕获。最后是个体特征，即被捕获的概率可能因个体的年龄、身高、体重和性别等个体特征变量的不同而存在差异。两次捕获的独立性是指总体中的个体是否被第二次捕获，与其是否被第一次捕获无关。保证独立性假设的措施之一是两次捕获使用不同的捕获方法。

1.6.5　非抽样误差的处理方法

根据非抽样误差的来源，将非抽样误差分为三类：计量误差、抽样框误差和无回答误差。理论上来说，非抽样误差是可以避免的。例如，在进行调查之前，抽样设计者严谨的组织工作可以避免出现这些错误。但实际工作中仍然会出现非抽样误差，此时需要一些相应的措施来降低或者调整非抽样误差的影响。

计量误差也称为响应误差，是指调查所得的数据与样本单元真值不一致而引起的误差。这种数据的不一致主要是被调查者有意或无意地不愿如实回答敏感问题。随机化回答是一种用来弥补不愿意真实回答敏感性问题的方法②。该方法涉及利用随机化设计在

① Seber G. The Estimation of Animal Abundance and Relatd Parameters[M]. 2nd ed. London: Edward Arnold, 1982.

② Warner S L. Randomized response：a survey technique for eliminating evasive answer bias[J]. Journal of the American Statistical Association, 1965, 60(309): 63-69.

访问员那里隐藏被调查者回答的确切含义。随机化回答是错误分类问题的一种特殊情形，数据被有目的地错误分类以便产生一系列错误回答，但是这种错误分类矩阵是设计者已知的。

抽样框误差主要是由于抽样框未包含全部总体单元或某一总体单元多次出现在抽样框中。前者称为不完整抽样框。后者称为复合联接抽样框。解决不完整抽样框进行调查主要有三种方法：重新定义目标总体、使用联接程序和使用多重抽样框。重新定义目标总体是指仅将抽样框所包含的视为目标总体。这种方法最为便捷，成本低。但这种方法定义的总体与实际总体存在区别。使用联接程序需要建立一定的联接规则，使得未包含在抽样框中的总体单元与包含在抽样框中的总体单元建立联系。例如，从一份去年的员工名单中抽取员工，由于名单中未包括今年入职的新员工，需要在抽取之前使新员工与旧员工名单上的最后一个员工相联接。这条规则使得新员工与抽样框（旧员工名单）联接起来，抽样框实际上就包含了全部的总体单元。多重抽样框有时也称为辅助抽样框或互补抽样框。多重抽样框允许抽样框重叠，从每个抽样框中抽取样本。在某些情况下，当构造辅助抽样框或者互补抽样框后，会删除原抽样框中的重叠单元。此时，可以将每个抽样框看作是总抽样框的一个层。对于复合联接抽样框，主要消除复合联接或者对复合联接进行调整。消除复合联接是指对抽样框中的单元进行分类整理，确定唯一的联接规则，然后重新定义目标总体。如果将某一单元从抽样框中删去，但通过辅助信息发现该单元仍是目标单元，需要为这样的目标单元设计其他的抽样。对复合联接进行调整，需要特定的估计量，有很多不同的方法。Goodman①对目标总体单元数的估计进行过相关研究，感兴趣的读者可以查阅有关文献。

无回答误差是指入样单元由于各种主客观原因拒绝调查，因此无法得到这些单元的观测值。再调查、加权调整以及插补法是无回答的主要事后处理措施。无回答的再调查一般用于处理单元无回答，是指为了获得需要的调查数据进行再次调查。再调查可以很好地解决无回答，但往往会增加调查费用、延长调查时间。加权调整是指调整已经收集到的观测数据，从而解释发生的无回答，在数据分析中使用加权调整。理论上来说，这种事后处理措施适用于单元无回答和项目无回答，但被用于项目无回答的情况更多。常用的加权调整法有 Politz-Simmons 加权调整法、同权集区调整法。Politz-Simmons 加权调整法的思想起源于 Hartley②的文章。该调整方法常用于入户调查。经常在家的被调查单元被调查员找到的概率更大，经常在家的被调查单元与经常不在家的被调查单元往往具有不同的统计特征。同权集区调整法适用于在每个加权组的无回答单元和回答单元的统计特征相近，并具有近似相等的回答概率。

插补法是目前处理无回答的最常用方法。插补法是指通过特定算法或模型给出无回答的插补值。目前，常用的插补法有均值插补法、基于回归模型的插补法、热插补法、马尔可夫链蒙特卡罗插补法（MCMC 插补法）、期望最大化插补法（EM 插补

① Goodman L A. On the estimation of the number of classes in a population[J]. The Annals of Mathematical Statistics, 1949, 20(4): 572-579.

② Hartley H O. The application of some commercial calculating machines to certain statistical calculations[J]. Supplement to the Journal of the Royal Statistical Society, 1946, 8(2): 154-183.

法）、基于自助抽样的期望最大化插补法（EMB 插补法）、倾向得分插补法等。其中，有些插补法能提供多个不同插补值，如 EM 插补法、MCMC 插补法、倾向得分插补法、EMB 多重插补法等。对于单重插补法，只选用这些插补法生成的一个插补值对无回答估计。对于多重插补法，能给出无回答的多个不同插补值。下面介绍几种常用的插补法。

（1）均值插补法。用回答单元观测值的平均值作为无回答估计值。该插补法操作简便，应用广泛。均值插补法只能生成一个插补值。如果多个调查单元的同一项目无回答，所有无回答只能用同一均值替代。均值插补法忽略样本随机性，并会影响样本方差和样本分布。类似于均值插补法，对于离散型数据的无回答，众数插补法用回答单元的众数估计无回答。众数插补法对无回答的估计是有偏的。

（2）热插补法和冷插补法。热插补法也叫做热平台插补法、热卡插补法、就近补齐法。该插补法从回答单元中随机抽取与无回答相似的调查单元，估计无回答。分层热插补法是先利用辅助变量对调查单元分层，使得层内单元的数量特征差异尽可能小，再从无回答所在层中随机抽取回答单元估计无回答。冷插补法则利用样本外的其他信息源，如前期调查数据、历史数据、同类调查数据或官方数据等构造插补值。

（3）基于回归模型的插补法。基于回归模型的插补法利用回答单元数据建立回归模型，用回归模型的预测值估计无回答。常用的基于回归模型的插补法是线性回归插补法。均值插补法可以看作是回归插补法的特殊情况。基于回归模型的插补值加上随机误差项，随机误差项的分布描述插补值的随机性，该方法称为基于回归模型的随机插补法，也叫做预测均值匹配插补法。

（4）EMB 多重插补法。EMB 多重插补法兼具自助抽样法和 EM 算法的优点。该插补法首先采用自助抽样法从样本中有放回地重复抽取多组数据集，要求每组数据集与样本容量相同。然后利用 EM 算法进行插补。E 步在给定参数估计值和回答单元数据条件下求无回答的条件期望，作为无回答插补值；M 步基于回答单元数据和无回答插补值对未知参数进行最大似然估计；E 步和 M 步重复进行，直到未知参数和无回答插补值平稳。EMB 多重插补法不需要对总体分布进行假定，采用自助抽样法的样本能较好代表总体分布特征，有效避免了总体分布不合理所造成的可能偏差。EM 算法计算效率高。EMB 多重插补法不仅能有效处理多变量调查数据的无回答，还可以处理时间序列数据的无回答[①②]。

不同插补法各有优缺点，在实际应用中，应该根据问题需要选择合适的插补法，不同插补法的组合运用有时会得到更好的插补值。

习 题 1

1. 假设总体包含 5 个单元，单元的标志值依次为 5、4、8、2、9。试计算其总体总

---

① James H, Gary K. What to do about missing values in time-series cross-section data[J]. American Journal of Political Science, 2010, 54(2): 561-581.

② 杨贵军，孙玲莉，孟杰. 基于 EMB 多重插补法的线性模型系数估计量的模拟研究[J]. 数量经济技术经济研究，2016, 33(10): 128-141.

值、总体均值。从总体中等概率无放回抽取 3 个单元作为样本，给出所有可能样本，计算样本均值。再计算样本均值的期望，并与总体均值比较。

2. 假设总体包含 5 个单元，单元的标志值依次为 50、48、70、82、99。试计算总体总值、总体均值和总体方差。从总体中等概率无放回抽取 3 个单元作为样本，给出所有可能样本，计算样本均值、样本方差。再计算样本均值的期望和方差，以及样本均值的方差，并与总体均值和总体方差比较。

3. 假设总体包含 5 个单元，观测值分别为 (5.5，2.8)、(4.6，2.3)、(4.8，2.4)、(5.2，2.6)、(4.9，2.4)，试计算总体比率。从总体中等概率无放回抽取 3 个单元作为样本，给出所有可能样本，计算样本比率。再计算样本比率的期望和方差。

4. 假设总体包含 5 个单元，其中第 1，3，4 单元属于 C 类，第 2，5 单元属于 C' 类。试计算 C 类单位总数、总体比例和总体方差。从总体中等概率无放回抽取 3 个单元作为样本，给出所有可能样本，计算样本比例、样本方差。再计算样本比例的期望和方差，以及样本比例的方差，并与总体比例和总体方差比较。

第2章 简单随机抽样

简单随机抽样是最简单的抽样技术。其简单表现在抽样过程简单，估计量的构造也简单。分层随机抽样、整群抽样等多种抽样方法是在简单随机抽样基础上发展起来的。本章首先介绍简单随机抽样的基础知识，包括定义、估计量的构造和样本量的确定等；其次，介绍基于简单随机抽样的某地区超市平均年利润额估计；最后，介绍与简单随机抽样有关的比估计、整群抽样等内容。

2.1 简单随机抽样的基础知识

2.1.1 简单随机抽样的定义

简单随机抽样是指，设总体共包含 N 个单元，将这 N 个单元从 1 至 N 编号，从中不放回地抽取 n 个单元，有 $\binom{N}{n}$ 种可能的样本，每个样本被抽中的概率都等于 $1\Big/\binom{N}{n}$。这样的抽样过程称为简单随机抽样，抽取的 n 个单元称为简单随机样本。

抽取样本过程可以是不放回抽样，也可以是放回抽样。前者是指逐次抽取样本，抽到的样本不再放回总体，直接抽取下一个样本。后者是指在每次抽样中先将抽到的样本放回总体，再抽取下一个样本。在实践中更常用的是不放回抽样，本书主要介绍不放回抽样。

依据简单随机抽样的定义，实施简单随机抽样的关键是从完整编号的抽样框中抽取一组号码，保证每个号码入样的概率都相等，抽中号码的单元即为入样单元。通常，可以采用随机数的方法随机抽取这组号码。常用的随机数生成法有随机数骰子法、随机数表法和计算机生成法。相比之下，随机数骰子法和随机数表法生成的随机数随机性好但效率低。计算机生成法速度快、效率高，但产生的随机数均为伪随机数，其随机性相对差一些。目前常用的统计软件，如 SPSS、SAS、R 和 EXCEL 都有专门的随机数生成程序可供直接使用。

2.1.2 简单估计量

本小节给出在简单随机抽样中总体均值估计量和总体总值估计量的构造方法。由于总体中具有 C 类特征单元所占比例估计量和 C 类单元个数估计量的构造方法类似于总体均值估计量和总体总值估计量的构造方法，本小节不再赘述。

1）总体均值估计量

在简单随机抽样中，采用样本均值 $\bar{y}$ 作为总体均值 $\bar{Y}$ 的估计。设总体包含 N 个基本单元，其观测值分别记为 $Y_1, Y_2, \cdots, Y_N$。采用简单随机抽样，从总体中随机抽取 n 个样本，样本观测值分别记为 $y_1, y_2, \cdots, y_n$。总体均值估计量为

$$\hat{\bar{Y}} = \bar{y} = \frac{1}{n}\sum_{i=1}^{n} y_i \tag{2.1}$$

可以证明，在简单随机抽样下总体均值估计量 $\hat{\bar{Y}}$ 为无偏估计量，即 $E(\hat{\bar{Y}}) = \bar{Y}$。

为了描述总体均值估计量的精度，需要给出估计量的方差。记 N 个基本单元的总体方差为

$$S^2 = \frac{1}{N-1}\sum_{i=1}^{N}(Y_i - \bar{Y})^2 \tag{2.2}$$

简单随机抽样总体均值估计量的方差为

$$V(\hat{\bar{Y}}) = \frac{1-f}{n} S^2 \tag{2.3}$$

其中，$f = n/N$ 为抽样比。一般情况下，当抽样比 $f < 0.05$ 时可以忽略不计，总体均值估计量的方差为 $V(\hat{\bar{Y}}) = S^2/n$。

从总体均值估计量的方差表达式可以看出，方差 $V(\hat{\bar{Y}})$ 与样本量 n 成反比，即样本量 n 越大，总体均值估计量的方差 $V(\hat{\bar{Y}})$ 越小；反之，样本量 n 越小，总体均值估计量的方差 $V(\hat{\bar{Y}})$ 越大。另外，方差 $V(\hat{\bar{Y}})$ 与总体方差 S^2 成正比，即总体方差越大，估计量的方差越大；反之，总体方差越小，估计量的方差越小。若总体方差小，容量小的样本就可以满足精度要求。若总体方差大，容量小的样本可能无法满足精度要求。总体均值估计量的方差受抽样比 f 的影响小。

在实际问题中，为了计算总体均值估计量的方差，需要知道总体方差大小。然而，这个总体指标往往是未知的，需要先利用样本数据估计总体方差，再得到总体均值估计量的方差估计。利用样本方差估计总体方差，样本方差定义为

$$\begin{aligned} s^2 &= \frac{1}{n-1}\sum_{i=1}^{n}(y_i - \bar{y})^2 \\ &= \frac{1}{n-1}\left(\sum_{i=1}^{n} y_i^2 - n\bar{y}^2\right) \end{aligned} \tag{2.4}$$

可以证明，样本方差是总体方差的无偏估计量，即 $E(s^2) = S^2$。简单随机抽样总体均值估计量的方差估计为

$$v(\hat{\bar{Y}}) = \frac{1-f}{n} s^2 \tag{2.5}$$

当抽样比 $f < 0.05$ 时可以忽略不计，总体均值估计量的方差估计为 $v(\hat{\bar{Y}}) = s^2/n$。

当样本量 $n \geqslant 50$ 时，总体均值 $\bar{Y}$ 在置信概率 $1-\alpha$ 下的置信区间为

$$\left(\hat{\bar{Y}} - Z_{\alpha/2}\sqrt{v(\hat{\bar{Y}})},\ \ \hat{\bar{Y}} + Z_{\alpha/2}\sqrt{v(\hat{\bar{Y}})}\right) \tag{2.6}$$

其中，$Z_{\alpha/2}$ 为标准正态分布上概率 $\alpha/2$ 的分位数；$\hat{\bar{Y}}-Z_{\alpha/2}\sqrt{v(\hat{\bar{Y}})}$ 为置信下限；$\hat{\bar{Y}}+Z_{\alpha/2}\sqrt{v(\hat{\bar{Y}})}$ 为置信上限。

2）总体总值估计量

类似于总体均值估计量，可以构造总体总值估计量、估计量的方差、估计量的方差估计以及置信区间。总体总值估计量为

$$\hat{Y}=N\hat{\bar{Y}}=\frac{N}{n}\sum_{i=1}^{n}y_i \tag{2.7}$$

其中，N/n 为膨胀因子。总体总值估计量也是无偏估计量，即 $E(\hat{Y})=Y$。总体总值估计量的方差为

$$V(\hat{Y})=V(N\hat{\bar{Y}})=\frac{N^2(1-f)}{n}S^2 \tag{2.8}$$

当抽样比 $f<0.05$ 时可以忽略不计，总体总值估计量的方差为 $V(\hat{Y})=N^2S^2/n$。利用样本方差代替总体方差，得到总体总值估计量的方差估计为

$$v(\hat{Y})=v(N\hat{\bar{Y}})=\frac{N^2(1-f)}{n}s^2 \tag{2.9}$$

当抽样比 $f<0.05$ 时可以忽略不计，总体总值估计量的方差估计为 $v(\hat{Y})=N^2s^2/n$。总体总值在置信概率 $1-\alpha$ 下的置信区间为

$$(\hat{Y}-Z_{\alpha/2}\sqrt{v(\hat{Y})},\quad \hat{Y}+Z_{\alpha/2}\sqrt{v(\hat{Y})}) \tag{2.10}$$

其中，$Z_{\alpha/2}$ 为标准正态分布上概率 $\alpha/2$ 对应的分位数；$\hat{Y}-Z_{\alpha/2}\sqrt{v(\hat{Y})}$ 为置信下限；$\hat{Y}+Z_{\alpha/2}\sqrt{v(\hat{Y})}$ 为置信上限。

2.1.3　样本量的确定

样本量越大，估计量的精度越好，但调查成本也越高。样本量确定需要综合考虑估计量精度要求以及调查成本限制。好的抽样方案应在调查成本约束下，使估计量的精度达到最高；或在估计量精度要求下，使调查成本最小。

概括来看，确定样本量的基本步骤是：首先，明确调查目标中对估计量的精度要求（或成本约束）；其次，确定样本量与精度要求（或成本约束）之间的关系式，样本量的计算公式常常是估计量的方差函数；再次，对样本量计算公式中的未知参数（如总体方差）进行经验估算；最后，计算最优样本量，并依据抽样比判断是否需要修正样本量。验证得到的样本量满足调查目标。需要注意的是，如果调查目标关心的指标不止一个，需要分指标计算最优样本量，并确定符合全部要求的最优样本量。

1）估计量精度的描述

描述估计量精度的指标有方差和标准差、绝对误差、相对误差和变异系数。其中，绝对误差、相对误差和变异系数都可在一定条件下用方差表示。方差和标准差分别用 $V(\hat{\theta})$ 和 $\sqrt{V(\hat{\theta})}$ 表示。估计量的方差 $V(\hat{\theta})$ 和标准差 $\sqrt{V(\hat{\theta})}$ 与样本量 n 成反比。若要求估计量的方

差$V(\hat{\theta})$和标准差$\sqrt{V(\hat{\theta})}$越大，需要的样本量n越小；若要求估计量的方差$V(\hat{\theta})$和标准差$\sqrt{V(\hat{\theta})}$越小，需要的样本量n越大。

绝对误差和相对误差分别用$d(\hat{\theta})$和$r(\hat{\theta})$表示。绝对误差表示估计量$\hat{\theta}$与其真实值θ的绝对差值不超过$d(\hat{\theta})$的概率是$1-\alpha$，记为

$$P(|\hat{\theta}-\theta| \leqslant d(\hat{\theta}))=1-\alpha \tag{2.11}$$

相对误差表示估计量$\hat{\theta}$与其真实值θ的相对差值误差不超过$r(\hat{\theta})$的概率是$1-\alpha$，记为

$$P\left(\frac{|\hat{\theta}-\theta|}{\theta} \leqslant r(\hat{\theta})\right)=1-\alpha \tag{2.12}$$

当$\hat{\theta}$服从均值为θ的正态分布时，$d(\hat{\theta})=Z_{2/\alpha}\sqrt{V(\hat{\theta})}$，$r(\hat{\theta})=Z_{2/\alpha}\sqrt{V(\hat{\theta})}/\theta$。也就是说，当估计量的绝对误差$d(\hat{\theta})$和相对误差$r(\hat{\theta})$不变时，置信概率$1-\alpha$越大，估计量的方差$V(\hat{\theta})$越小，需要的样本量越大；当置信概率$1-\alpha$不变时，绝对误差$d(\hat{\theta})$和相对误差$r(\hat{\theta})$越小，估计量的方差$V(\hat{\theta})$越小，需要的样本量越大。

估计量的变异系数$C(\hat{\theta})$定义为标准差与均值的比值，即

$$C(\hat{\theta})=\sqrt{V(\hat{\theta})}/E(\hat{\theta}) \tag{2.13}$$

反映了与均值相比估计量的离散程度。估计量的变异系数$C(\hat{\theta})$越小，需要的样本量也越大。

2）为估计总体均值（和总体总值）的简单随机抽样样本量的确定

估计量的绝对误差、相对误差和变异系数均可转化为用方差表示。这里，主要介绍给定估计量方差界限时的最优样本量计算。

当抽样比$f=n/N$可以忽略不计时，总体均值估计量$\hat{\bar{Y}}$的方差为$V(\hat{\bar{Y}})=S^2(1-n/N)/n \approx S^2/n$，最优样本量记为$n_0$。设对总体均值估计量$\hat{\bar{Y}}$的精度要求是方差界限$V_{\hat{\bar{Y}}}$，即$V(\hat{\bar{Y}})=\dfrac{S^2}{n} \leqslant V_{\hat{\bar{Y}}}$。满足方差界限$V_{\hat{\bar{Y}}}$的样本量为

$$n_0 \geqslant \frac{S^2}{V_{\hat{\bar{Y}}}} \tag{2.14}$$

也就是说，满足精度要求的最优样本量n_0为不小于$S^2/V_{\hat{\bar{Y}}}$的最小整数。

当$f=n_0/N>0.05$时不可忽略不计，需要对最优样本量n_0进行修正，最优样本量n'与满足精度要求的最优样本量n_0的关系为

$$n'=\frac{n_0}{1+\dfrac{n_0}{N}} \tag{2.15}$$

即满足精度要求的最优样本量n'为不小于$n_0/(1+n_0/N)$的最小整数。

依据构建最优样本量与精度要求的关系式可以发现，计算最优样本量时需要已知某些总体指标，如总体方差。但要调查研究的这些总体指标通常是未知的。在此情况下，就需要通过事前估计实现这一目标。事前估计的方式有很多，例如，通过预调查获取部

分样本信息，预估总体指标；或者利用前次调查中对总体指标的估计，作为本次调查该总体指标的预估值。

2.2　案例：基于简单随机抽样的某地区超市平均年利润额估计

2.2.1　明确调查目标

近年来，人民生活水平不断提高，越来越多的居民不定期地到超市购买日常生活用品、蔬菜水果和生鲜。为此，很多大型超市公司都会在人口密集的地区设立不同类型的超市。超市规模的扩大、利润的增加有效带动了绝大多数地区零售业的快速发展。然而，有些超市存在位置选择重叠、对地区居民消费水平掌握不准确等问题，造成资源配置不合理。某地区为了了解本地区超市的经营现状，改进和完善超市规划、调整资源有效配置，计划聘请专业统计调查咨询公司对本地区所有超市开展抽样调查。调查目标是在短时间内、准确掌握本地区超市的平均年利润额和年利润总额。

2.2.2　确定抽样总体

根据调查目标，统计调查公司决定使用简单随机抽样方法对本地区超市进行抽样调查。通过与地区政府部门的协商制定有针对性的调查问卷，确定本次调查的抽样总体为本地区所有正常运营的超市。

2.2.3　编制抽样框

从工商部门获悉本地区所有已注册的超市共计 2580 家，以此名册作为抽样总体编制抽样框，抽样单元为超市。对名册中的超市从 1 至 2580 编号，得到的抽样框如表 2.1 所示。

表 2.1　超市经营状况调查的抽样框

编号	超市名	地址
1	华润万家超市（HB 店）	**区**街**号
2	永旺超市（JS 店）	**区**街**号
3	沃尔玛超市（NN 店）	**区**街**号
4	华润万家超市（JS 店）	**区**街**号
5	大润发超市（HS 店）	**区**街**号
6	荣兴超市	**区**街**号
7	新世纪超市	**区**街**号
8	多宝利超市	**区**街**号
9	同心超市	**区**街**号
10	海星超市	**区**街**号
11	佳惠超市	**区**街**号
12	奥林超市	**区**街**号

续表

编号	超市名	地址
13	德清超市	**区**街**号
14	新华超市	**区**街**号
15	众旺超市	**区**街**号
16	宏达超市	**区**街**号
⋮	⋮	⋮
2579	富蕴超市	**区**街**号
2580	福海超市	**区**街**号

2.2.4 计量方法选择

由政府部门工作人员带领，调查员手持移动设备，对入样的超市进行面访，填写调查问卷，并联网直接上传。对于调查中涉及的销售收入、经营成本等指标也已确定其统计口径。

2.2.5 确定样本量

与政府部门协商，其对超市平均年利润额估计量的精度要求为：在 95%的置信概率下平均年利润额的绝对误差小于 4.50 万元，即

$$P(|\hat{\bar{Y}}-\bar{Y}|\leqslant d(\hat{\bar{Y}}))=P(|\hat{\bar{Y}}-\bar{Y}|\leqslant 4.50)=0.95$$

此外，对总体中的 20 个抽样单元（超市）进行预调查，给出平均利润额的标准差估计为 22.93 万元。给定方差界限下的样本量计算公式为

$$\begin{aligned} n &\geqslant \frac{Z_{\alpha/2}^2 S^2}{d_{\hat{\bar{Y}}}^2} \\ &= 1.96^2 \times \frac{22.93^2}{4.50^2} = 99.75 \end{aligned}$$

即最优样本量为 $n_0=100$ 。抽样比 $f=n_0/N=100/2580=0.04<0.05$ ，不需要修正样本量 n_0 。为了满足对估计量的精度要求，至少需要从 2580 家超市中抽取 100 家超市进行调查。

2.2.6 抽取样本

利用软件生成 1～2580 以内 100 个不重复的随机数，这些随机数对应抽样框内编号与随机数相同的 100 家超市即为入样单元。

2.2.7 组织实施调查

对入样的超市进行统计调查，调查数据汇总、校准后，调查结果如表 2.2 所示。表 2.2 给出了年利润额与年销售额数据。

表 2.2　调查结果　（单位：万元）

编号	超市名	年利润额	年销售额
113	赛诺超市	49.76	64.78
1107	旺和超市	109.7	132.46
547	双益超市	80.16	101.05
2428	乐佳家超市	65.86	103.94
204	华冠超市	55.82	92.68
1823	奥林超市	97.16	107.16
1810	德清超市	58.68	106.45
⋮	⋮	⋮	⋮
512	龙里超市	49.98	98.47

2.2.8　数据综合分析

1）样本的描述性分析

依据调查结果对采用简单随机抽样方法抽取的 100 家超市进行简要描述性分析。图 2.1 给出了年利润额的频数分布图。从图中可以看出这 100 家超市的年利润额在 30～75 万元所占比例较大，其中年利润额在 50～60 万元超市的频数最高，有 90%以上的超市年利润额在 110 万元以下。

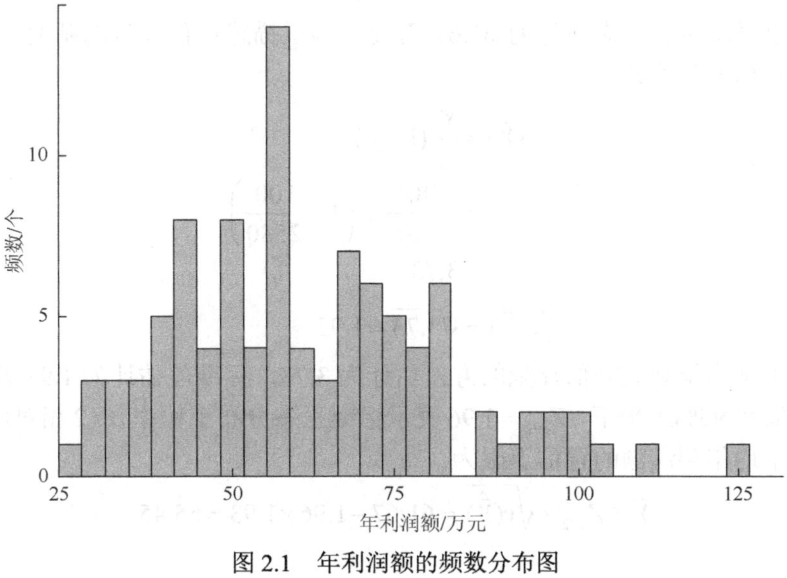

图 2.1　年利润额的频数分布图

根据样本数据，可以分别计算出以下数据。100 家超市的年利润额，即样本总值为

$$y=\sum_{i=1}^{n} y_i$$
$$=\sum_{i=1}^{100} y_i = 6167.28$$

100 家超市平均年利润额，即样本均值为

$$\bar{y}=\frac{1}{n}\sum_{i=1}^{n}y_i$$
$$=\frac{1}{100}\sum_{i=1}^{100}y_i=61.67$$

100 家超市年利润额的方差，即样本方差为

$$s_y^2=\frac{1}{n-1}\sum_{i=1}^{n}(y_i-\bar{y})^2$$
$$=\frac{1}{100-1}\sum_{i=1}^{100}(y_i-\bar{y})^2=388.17$$

标准差为

$$s_y=\sqrt{s_y^2}=\sqrt{388.17}=19.70$$

2）本地区超市平均年利润额估计

依据调查目标，构造本地区超市平均年利润额估计量及其方差估计。待估计的平均年利润额为总体均值。利用样本均值作为总体均值的估计，即

$$\hat{\bar{Y}}=\bar{y}=\frac{1}{n}\sum_{i=1}^{n}y_i$$
$$=\frac{1}{100}\sum_{i=1}^{100}y_i=61.67$$

即本地区超市平均年利润额估计为 61.67 万元。为了描述该估计量的精度，给出估计量的方差估计和标准差估计

$$v(\hat{\bar{Y}})=\frac{s_y^2}{n}(1-f)$$
$$=\frac{388.17}{100}\times\left(1-\frac{100}{2580}\right)$$
$$=3.73$$
$$\sqrt{v(\hat{\bar{Y}})}=\sqrt{3.73}=1.93$$

即本地区超市平均年利润额估计量的方差估计为 3.73，标准差估计为 1.93 万元。

在置信概率 95%水平下，$Z_{\alpha/2}=1.96$ 表示标准正态分布上概率 $\alpha/2$ 相对应的分位数。本地区超市平均年利润额的置信上限为

$$\hat{\bar{Y}}+Z_{\alpha/2}\times\sqrt{v(\hat{\bar{Y}})}=61.67+1.96\times1.93=65.45$$

置信下限为

$$\hat{\bar{Y}}-Z_{\alpha/2}\times\sqrt{v(\hat{\bar{Y}})}=61.67-1.96\times1.93=57.89$$

即平均年利润额在 95%置信概率下的置信区间为 57.89 万元至 65.45 万元。

3）本地区超市年利润总额估计

本次调查的另一个目标是估计本地区超市的年利润总额 Y。基于样本数据以及平均年利润额估计结果，年利润总额估计量为

$$
\begin{aligned}
\hat{Y} &= N\hat{\bar{Y}} \\
&= 2580 \times 61.67 \\
&= 159108.60
\end{aligned}
$$

即本地区超市年利润总额估计为 159108.60 万元。估计量的方差估计和标准差估计为

$$
\begin{aligned}
v(\hat{Y}) &= v(N\hat{\bar{Y}}) = \frac{N^2 s^2}{n}(1-f) \\
&= 2580^2 \times 388.17 \times \frac{1}{100} \times \left(1 - \frac{100}{2580}\right) \\
&= 24836669.28
\end{aligned}
$$

$$
\sqrt{v(\hat{Y})} = 4983.64
$$

即本地区超市年利润总额估计量的方差估计为 24836669.28，标准差估计为 4983.64 万元。

在置信概率 95%水平下，本地区超市年利润总额的置信上限为

$$
\hat{Y} + Z_{\alpha/2} \times \sqrt{v(\hat{Y})} = 159108.60 + 1.96 \times 4983.64 = 168876.53
$$

置信下限为

$$
\hat{Y} - Z_{\alpha/2} \times \sqrt{v(\hat{Y})} = 159108.60 - 1.96 \times 4983.64 = 149340.67
$$

即年利润总额在 95%置信概率下的置信区间为 149340.67 万元至 168876.53 万元。

2.3 比估计与整群抽样

2.3.1 比估计量

在实际调查中，收集的调查信息往往不止一个，例如，2.2 节超市经营状况的调查中，除了年利润总额可能还会收集年销售总额数据。简单随机抽样中构造的简单估计量只利用了样本数据中关心的目标变量数据，而未使用其余数据所提供的信息。通常把这些有用的指标称为辅助变量。在抽样估计中，合理地利用辅助变量可以显著地提高估计量的精度。例如，将超市年销售额作为估计超市年利润额的辅助变量，年销售额高的超市，其年利润额也可能更高。

通常，利用辅助变量的比率关系估计总体指标的估计称为比估计。与简单估计量相比，比估计量属于非线性估计量。只要辅助变量与目标变量之间存在显著的比率关系，就可以用于构建比估计量，提高估计量的精度。构造比估计量的关键在于择优选择辅助变量。散点图、相关分析等统计方法都可以用于选择辅助变量。另一个使用比估计量的前提条件是，辅助变量的总体总值或总体均值必须是已知的。

1）简单随机抽样中比估计量

在简单随机抽样下，记总体单元个数为 N，定义目标变量总体总值为

$$
Y = \sum_{i=1}^{N} y_i
$$

定义辅助变量总体总值为

$$X=\sum_{i=1}^{N}x_i$$

二者之间的比值记为总体比率：

$$R=\frac{Y}{X}=\frac{\overline{Y}}{\overline{X}} \tag{2.16}$$

采用简单随机抽样，抽取样本量为n的简单随机样本，调查获取目标变量和辅助变量的样本观测值。利用两个指标的样本比率作为总体比率的估计，记为

$$\hat{R}=r=\frac{y}{x} \tag{2.17}$$

基于总体比率可以构造目标变量的比估计量。以总体均值估计为例，简单随机抽样的总体均值比估计量为

$$\hat{\overline{Y}}_R=\hat{R}\overline{X}=\frac{y}{x}\overline{X} \tag{2.18}$$

需要注意的是，由于引入了辅助变量X，总体均值的比估计量不再是无偏估计量，即$E(\hat{\overline{Y}})\neq\overline{Y}$。当样本量足够大时，$\hat{\overline{Y}}_R$可看作是近似无偏估计量。同样在近似意义下，总体均值估计量的方差为

$$V(\hat{\overline{Y}}_R)=\frac{(1-f)}{n}\left[\frac{1}{N-1}\sum_{i=1}^{N}(Y_i-RX_i)^2\right] \tag{2.19}$$

由于总体比率R是未知的，只能利用样本比率估计总体比率，总体均值估计量的方差估计为

$$v(\hat{\overline{Y}}_R)=\frac{(1-f)}{n}\left[\frac{1}{n-1}\sum_{i=1}^{n}(y_i-rx_i)^2\right] \tag{2.20}$$

实际调查中，当样本量$n>50$，样本均值$\overline{y}$、$\overline{x}$的变异系数$C(\overline{y})<0.1$，$C(\overline{x})<0.1$时，总体均值$\overline{Y}$在置信概率$1-\alpha$下的置信区间为

$$\left(\hat{\overline{Y}}_R-Z_{\alpha/2}\sqrt{v(\hat{\overline{Y}}_R)},\quad \hat{\overline{Y}}_R+Z_{\alpha/2}\sqrt{v(\hat{\overline{Y}}_R)}\right) \tag{2.21}$$

其中，置信上限为$\hat{\overline{Y}}_R+Z_{\alpha/2}\sqrt{v(\hat{\overline{Y}}_R)}$；置信下限为$\hat{\overline{Y}}_R-Z_{\alpha/2}\sqrt{v(\hat{\overline{Y}}_R)}$。类似地，可以利用总体均值比估计量构造总体总值比估计量。

2）超市平均年利润额的比估计量

在 2.2 节超市平均年利润额调查的案例中，调查过程不仅调查了每家超市的年利润额，还调查了年销售额。通常，年销售额与年利润额之间存在比率关系，年销售额越高，年利润额也越高；年销售额越低，年利润额也越低。图 2.2 给出了调查结果中两个变量之间的散点图。从图 2.2 可以较为明显地看出，两个变量之间存在比率关系。也就是说，若已知该地区所有注册超市的年销售额，可以将年销售额作为辅助变量，构造平均年利润额的比估计量。

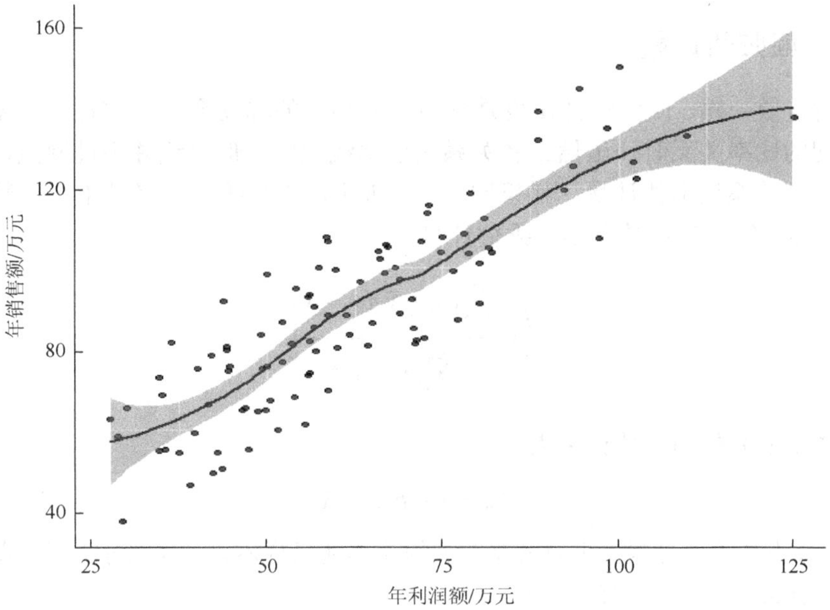

图 2.2　年销售额与年利润额散点图

已知本地区所有注册的超市平均年销售额为 87.22 万元，则超市平均年利润额为

$$\hat{\bar{Y}}_R = \hat{R}\bar{X}$$
$$= \frac{y}{x}\bar{X}$$
$$= \frac{6167.28}{8857.43} \times 87.22 = 60.73$$

即超市平均年利润额的比估计量为 60.73 万元。比估计量的方差估计和标准差估计为

$$v(\hat{\bar{Y}}_R) = \frac{(1-f)}{n}\frac{1}{n-1}\sum_{i=1}^{n}(y_i - \hat{R}x_i)^2$$
$$= 0.94$$
$$\sqrt{v(\hat{\bar{Y}}_R)} = \sqrt{0.94} = 0.97$$

即平均年利润额比估计量的方差估计为 0.94，标准差估计为 0.97 万元。在置信概率 95%水平下，年平均利润额的置信区间上限为

$$\hat{\bar{Y}}_R + Z_{\alpha/2} \times \sqrt{v(\hat{\bar{Y}}_R)} = 60.73 + 1.96 \times 0.97 = 62.63$$

置信下限为

$$\hat{\bar{Y}}_R - Z_{\alpha/2} \times \sqrt{v(\hat{\bar{Y}}_R)} = 60.73 - 1.96 \times 0.97 = 58.83$$

即本地区超市平均年利润额在置信概率 95%下的置信区间为 58.83 万元至 62.63 万元。

与超市平均年利润额的简单估计量相比，比估计量的标准差更小，在相同置信概率水平下置信区间长度更短，比估计量的精度往往优于简单估计量。

2.3.2 回归估计量

与比估计量一样，回归估计量也是利用与 y_i 相关的辅助变量 x_i 来提高精度。在检查 y_i 和 x_i 之间的比率关系时，虽然二者关系是近似线性的，但直线并不过原点，最好利用 y_i 对 x_i 的回归关系构造估计量。如果回归系数 b 不能事先确定，必须由样本数据计算得出，回归系数 b 的估计量是最小二乘估计量：

$$\hat{b}=\frac{\sum_{i=1}^{n}(y_i-\bar{y})(x_i-\bar{x})}{\sum_{i=1}^{n}(x_i-\bar{x})^2} \tag{2.22}$$

简单随机样本下 $\bar{Y}$ 的回归估计量为

$$\hat{\bar{Y}}_{\mathrm{LR}}=\bar{y}+\hat{b}(\bar{X}-\bar{x}) \tag{2.23}$$

设 $\hat{b}$ 是 b 的最小二乘估计量，则对容量为 n 的简单随机样本，当 n 充分大时，在近似意义下，回归估计量 $\hat{\bar{Y}}_{\mathrm{LR}}$ 的方差有

$$V(\hat{\bar{Y}}_{\mathrm{LR}})=\frac{1-f}{n}S_y^2(1-\rho^2) \tag{2.24}$$

其中，$\rho=S_{yx}/(S_xS_y)$ 是 Y 与 X 的总体相关系数。回归估计量 $\hat{\bar{Y}}_{\mathrm{LR}}$ 的方差估计为

$$v(\hat{\bar{Y}}_{\mathrm{LR}})=\frac{1-f}{n}\frac{1}{n-2}\sum_{i=1}^{n}[y_i-\bar{y}-\hat{b}(x_i-\bar{x})]^2 \tag{2.25}$$

在 2.2 节超市平均年利润额调查的案例中，已知本地区所有注册的超市平均年销售额 $\bar{X}$ 为 87.22 万元，若使用回归估计，则回归系数的估计为

$$\hat{b}=\frac{\sum_{i=1}^{n}(y_i-\bar{y})(x_i-\bar{x})}{\sum_{i=1}^{n}(x_i-\bar{x})^2}=0.76$$

超市平均年利润额的估计为

$$\begin{aligned}\hat{\bar{Y}}_{\mathrm{LR}}&=\bar{y}+\hat{b}(\bar{X}-\bar{x})\\&=61.67+0.76\times(87.22-91.32)\\&=58.55\end{aligned}$$

即超市平均年利润额的回归估计为 58.55 万元。估计量的方差估计和标准差估计为

$$\begin{aligned}v(\hat{\bar{Y}}_{\mathrm{LR}})&=\frac{1-f}{n}\frac{1}{n-2}\sum_{i=1}^{n}(y_i-\bar{y}-\hat{b}(x_i-\bar{x}))^2\\&=0.17\end{aligned}$$

$$\sqrt{v(\hat{\bar{Y}}_{\mathrm{LR}})}=\sqrt{0.17}=0.41$$

即根据回归估计结果，平均年利润额的回归估计量的方差估计为 0.17，标准差估计为 0.41 万元。

2.3.3 整群抽样

1）整群抽样概述

前面的简单随机抽样中，抽样框内的抽样单元均为总体的基本单元，即抽样单元与总体单元一致。抽样框内的抽样单元也可以是包含若干总体单元的群单元，即将基本单元按某种形式组合形成一个规模较大的单元。当抽样单元为群单元时相应的概率抽样方法称为整群抽样。为了提高估计量的精度，整群抽样的样本应是群内基本单元的差异相对大，而群与群之间的差异相对小。

实施整群抽样主要分为两步。首先，确定群单元，并编制群抽样框。对于群单元的抽样，既可以选择无放回等概率抽样，也可以选择有放回不等概率抽样。这里的不等概率主要是当群规模（即群内包含的基本单元）差异较大时，群单元的入样概率与群规模成比例。其次，对入样的群单元，调查它所包含的所有基本单元，由此获得单级整群样本。例如，前面超市平均年销售额的调查中，若这个地区由多条街道构成，每条街道内包含多个超市。假定抽样单元为街道，首先，基于地理信息系统对街道编制抽样框，采用简单随机抽样抽取街道；其次，对抽取的街道内所有的超市进行调查。

整群抽样的优点体现在如下方面。第一，群单元的抽样框比基本单元的抽样框更容易编制。例如，在中国人口抽样调查中，通常选择抽样小区为群单元。每个抽样小区包含约 80 户、250 人。在抽样过程中，通常先以抽样小区为群单元编制抽样框，比对人编制抽样框更容易。第二，对于相同数量的基本单元，单级整群抽样的调查费用可能小于个体抽样的调查费用。整群抽样中每个群内包含的基本单元在地理位置上往往相对集中，能大幅降低调查成本。

2）群规模相等的单级整群抽样估计量

单级整群抽样估计量的构造分为群规模相等和群规模不等两种情况。分别记总体的群单元数为 N，群规模（每个群单元包含的基本单元数）为 $M_1, M_2, \cdots, M_N$。群规模相等时，满足 $M_1 = M_2 = \cdots = M_N = M_0$，第 i 个群的总体总值为 Y_i，总体均值为 $\bar{\bar{Y}}$。从总体中抽取的群单元数为 n，群单元规模记为 $M_1, M_2, \cdots, M_n$，样本内第 i 个群的总体总值记为 y_i，第 i 个群的第 j 个基本单元标志值为 y_{ij}。

群规模相等时，单级整群抽样的总体均值估计量为

$$\hat{\bar{\bar{Y}}} = \frac{1}{nM_0}\sum_{i=1}^{n}\sum_{j=1}^{M_i} y_{ij} \tag{2.26}$$

这个估计量是无偏估计量，满足 $E(\hat{\bar{\bar{Y}}}) = \bar{\bar{Y}}$。总体均值估计量的方差为

$$V(\hat{\bar{\bar{Y}}}) = \frac{(1-f)S_b^2}{nM_0} \tag{2.27}$$

其中，$S_b^2 = M_0\sum_{i=1}^{N}(\bar{Y}_i - \bar{\bar{Y}})^2/(N-1)$ 为总体群间方差。总体均值估计量的方差估计为

$$v(\hat{\bar{\bar{Y}}}) = \frac{(1-f)s_b^2}{nM_0} \tag{2.28}$$

其中，$s_b^2 = M_0\sum_{i=1}^{N}(\bar{y}_i - \bar{\bar{y}})^2/(n-1)$ 为样本群间方差。

例 2.1 某学校欲调查男同学的平时生活支出，已知男同学宿舍每室 8 人，现从全校共 100 个男同学宿舍中用简单随机抽样方法抽取出 5 个宿舍，调查每个宿舍每个人的生活费月支出额，数据见表 2.3。试根据这个样本估计全校男同学平均每人生活费月支出额。

表 2.3 5 个宿舍生活费月支出额的数据 （单位：元）

宿舍号	每人生活费月支出额							
1	1297	787	1028	1017	1298	757	1470	1417
2	955	1362	1495	1577	714	1571	1317	1682
3	1251	1236	1532	747	1098	1489	845	857
4	1281	785	1414	754	1573	847	934	969
5	778	1440	1405	1079	1289	1406	746	1575

解 由题意可知，总体的群单元总数 $N=100$，样本的群单元数 $n=5$，群内基本单元数 $M_1=\cdots=M_5=M_0=8$，利用调查数据可以得到，每个群的样本总值：

$$y_1 = \sum_{j=1}^{M_1} y_{1j} = 9071$$

$$y_2 = \sum_{j=1}^{M_2} y_{2j} = 10673$$

$$y_3 = \sum_{j=1}^{M_3} y_{3j} = 9055$$

$$y_4 = \sum_{j=1}^{M_4} y_{4j} = 8557$$

$$y_5 = \sum_{j=1}^{M_5} y_{5j} = 9718$$

均值

$$\bar{y} = \frac{1}{n}\sum_{i=1}^{n} y_i / n = 9414.8$$

样本群间方差为

$$s_b{}^2 = \frac{1}{M_0(n-1)}\sum_{i=1}^{n}(y_i - \bar{y})^2 = 83077.27$$

该校男同学平均每人生活费月支出额 $\bar{\bar{Y}}$ 的估计为

$$\hat{\bar{\bar{Y}}} = \frac{1}{nM_0}\sum_{i=1}^{n} y_i = \frac{47074}{5\times 8} = 1176.85$$

男同学平均每人生活费月支出额估计量的方差估计为

$$v(\hat{\bar{\bar{Y}}}) = \frac{(1-f)s_b^2}{nM_0} = \frac{(1-5/100)\times 83077.27}{5\times 8} = 1973.09$$

男同学平均每人生活费月支出额 $\bar{\bar{Y}}$ 估计量的标准差估计为

$$\sqrt{v(\bar{\bar{Y}})} = 44.42$$

从而，全校男同学平均每人生活费月支出额的估计值为 1176.85 元，其方差估计为 1973.09，标准差估计为 44.42 元。

2.3.4　子总体估计量

从 j 子总体中抽取的样本单元记为 $y_{(j)1}, y_{(j)2}, \cdots, y_{(j)n_{(j)}}$，样本均值记为 $\bar{y}_{(j)}$，样本总值记为 $y_{(j)}$，样本方差记为 $s_{(j)}^2 = \sum_{k=1}^{n_{(j)}} (y_{(j)k} - \bar{y}_{(j)})^2 \big/ (n_{(j)} - 1)$。对于 j 子总体，样本均值 $\bar{y}_{(j)}$ 也是 j 子总体均值 $\bar{Y}_{(j)}$ 的估计量。即

$$\hat{\bar{Y}}_{(j)} = \bar{y}_{(j)} = \frac{1}{n_{(j)}} \sum_{k=1}^{n_{(j)}} y_{(j)k} \tag{2.29}$$

j 子总体的样本是简单随机样本，估计量 $\hat{\bar{Y}}_{(j)}$ 是 j 子总体均值 $\bar{Y}_{(j)}$ 的无偏估计量，即 $E(\hat{\bar{Y}}_{(j)}) = \bar{Y}_{(j)}$。估计量 $\hat{\bar{Y}}_{(j)}$ 的方差为

$$V(\hat{\bar{Y}}_{(j)}) = \frac{S_{(j)}^2}{n_{(j)}} \left(1 - \frac{n_{(j)}}{N_{(j)}}\right) \tag{2.30}$$

$f_{(j)} = n_{(j)} / N_{(j)}$ 为 j 子总体的抽样比。估计量 $\hat{\bar{Y}}_{(j)}$ 的方差估计为

$$v(\hat{\bar{Y}}_{(j)}) = \frac{s_{(j)}^2}{n_{(j)}} \left(1 - \frac{n_{(j)}}{N_{(j)}}\right) \tag{2.31}$$

在实际应用中，j 子总体单元总数 $N_{(j)}$ 可能是未知的。此时，可用 n / N 代替 $n_{(j)} / N_{(j)}$。对于简单随机抽样，$n_{(j)} / N_{(j)}$ 是 n / N 的无偏估计。

在 2.2 节超市平均年利润额调查的案例中，更关注 A 区超市年利润额的情况，将样本中 A 区超市筛选出来，形成 A 区子总体，共计 30 家超市，数据如表 2.4 所示。

表 2.4　A 区的计算数据

编号	超市名	年利润额/万元	年销售额/万元	所属区域
1823	奥林超市	97.16	107.16	A 区
1412	顺隆超市	74.86	103.81	A 区
316	嘉意超市	78.73	103.66	A 区
968	隆鑫超市	27.69	62.74	A 区
120	雅美超市	46.48	64.75	A 区
⋮	⋮	⋮	⋮	⋮
445	乐意生活超市	49.28	75.01	A 区
1473	三友超市	98.36	134.4	A 区

A 区超市年利润总额的样本总值为

$$y_{(A)}=\sum_{i=1}^{n_{(A)}}y_{(A),i}$$
$$=\sum_{i=1}^{30}y_{(A),i}=1798.75$$

A 区超市平均年利润额的样本均值为

$$\overline{y}_{(A)}=\frac{1}{n_{(A)}}\sum_{i=1}^{n_{(A)}}y_{(A),i}$$
$$=\frac{1}{30}\sum_{i=1}^{30}y_{(A),i}=59.96$$

A 区超市平均年利润额的样本方差为

$$s_{(A),y}^{2}=\frac{1}{n_{(A)}-1}\sum_{i=1}^{n_{(A)}}(y_{(A),i}-\overline{y}_{(A)})^{2}$$
$$=\frac{1}{30-1}\sum_{i=1}^{30}(y_{(A),i}-\overline{y}_{(A)})^{2}=451.09$$

记待估计 A 区平均年利润额估计为$\hat{\overline{Y}}_{(A)}$。A 区平均年利润额的估计为

$$\hat{\overline{Y}}_{(A)}=\overline{y}_{(A)}=\frac{1}{n_{(A)}}\sum_{i=1}^{n_{(A)}}y_{(A),i}$$
$$=\frac{1}{30}\sum_{i=1}^{30}y_{(A),i}=59.96$$

即 A 区超市平均利润额估计为 59.96 万元。A 区平均年利润额估计量的方差估计和标准差估计为

$$v(\hat{\overline{Y}}_{(A)})=\frac{s_{(A),y}^{2}}{n_{(A)}}(1-f)$$
$$=\frac{451.09}{30}\times\left(1-\frac{100}{2580}\right)$$
$$=14.45$$
$$\sqrt{v(\hat{\overline{Y}}_{(A)})}=\sqrt{14.45}=3.80$$

即 A 区平均年利润额估计量的方差估计为 14.45，标准差估计为 3.80 万元。

习 题 2

1. 从某高中的 500 名新入学男同学中采用简单随机抽样抽取 50 名，分别测量他们的身高，测得的平均身高$\overline{y}=170\text{cm}$，标准差$s=5\text{cm}$，试求这 500 名新入学男同学的平均身高的估计，并给出在置信概率 95%下的置信区间。

2. 某单位 100 名销售人员的月工资包括底薪和提成两部分。现从这 100 名销售人员中采用简单随机抽样方法抽取 6 名，月工资（元）分别为 6400、4100、5000、3500、

6000、5400。试利用样本估计 100 名销售人员的平均月工资，并给出在置信概率 95%下的置信区间。

3. 为了合理调配电力资源，某市欲了解 5000 户居民的日用电量。现采用简单随机抽样方法抽取 350 户进行调查，得到日用电的样本平均值 7.5（kW·h），样本方差 $s^2=12.5$。试估计该居民区的总用水量，并给出在置信概率 95%下的置信区间。如果要求估计量的相对误差不超过 20%，试问应抽多少户居民作为样本？

4. 某啤酒厂商欲调查该厂啤酒的 600 个销售点的销售情况，采用简单随机抽样方法抽取 30 个销售点，登记每个销售点的月销量（单位：箱），调查数据见表 2.5。利用调查数据，试估计该啤酒厂的月销售量，并给出在置信概率 95%下的置信区间。

表 2.5　销售点的当月销售情况

序号 i	销售量 y_i	序号 i	销售量 y_i	序号 i	销售量 y_i
1	76	11	87	21	99
2	87	12	96	22	97
3	75	13	88	23	57
4	36	14	75	24	56
5	77	15	66	25	65
6	64	16	64	26	66
7	47	17	54	27	36
8	98	18	79	28	47
9	95	19	59	29	84
10	65	20	46	30	79

5. 为估计某镇居民拥有独立卫生间的户数和每户平均住宅面积，现对该镇 40000 户居民进行简单随机抽样，要求置信概率为 95%，拥有独立卫生间户数的绝对误差不超过 2000 户，平均住宅面积的绝对误差不超过 $5m^2$。初步估计拥有独立卫生间的居民户数所占比例为 20%～40%，每户平均住宅面积的总体方差约为 1400，问应抽取多少居民户作为样本，才能满足上述两项估计要求？

第3章

分层随机抽样

简单随机抽样的特点是利用相对完善的抽样框抽取样本进行调查，抽样过程中并未使用其他辅助变量信息。当总体抽样单元的指标观测值差异较大时，简单估计量的方差可能很大。对此，将总体的单元按照某一指标划分成若干个子总体，使感兴趣的指标在不同子总体无明显差异，分别在每个子总体中抽取样本，提高估计量的精度。这种抽样过程称为分层抽样。

本章的 3.1 节介绍分层随机抽样的基础知识，包括分层随机抽样的基本概念、简单估计量和样本量的确定；3.2 节介绍基于分层随机抽样的粮食产量抽样调查；3.3 节介绍分层随机抽样的扩展知识，包括分层随机抽样的比估计量和事后分层估计量。

3.1 分层随机抽样的基础知识

3.1.1 分层随机抽样的基本概念

将总体的 N 个单元划分成互不重叠又可穷尽的若干个子总体，每个抽样单元只能属于其中的一个子总体，将这样的子总体称为层（stratum）。分层抽样是指在每个层中独立进行抽样，将各层抽取的样本汇总为总样本。进而，先独立估计各层指标，最后汇总为总体指标的估计。如果在各层内采用简单随机抽样方法抽取样本，则称为分层随机抽样（stratified random sampling），得到的样本为分层随机样本。本章主要讨论分层随机抽样方法。

分层抽样的主要优点如下：①若抽样估计目标不只是估计总体指标，还需要估计不同子总体的指标，可以采用分层抽样，例如，采用分层随机抽样方法开展人口抽样调查时，若以省作为分层标识，不仅可以得到全国总人口的估计，还可以得到各省总人口的估计；②分层抽样易于组织、实施方便、调查成本低。分层抽样允许在各层内独立进行调查，在各层内可以采用不同的抽样方法；③当总体指标的差异较大时，分层抽样获取的样本代表性更好，能显著提高估计量的精度。这是因为分层抽样估计量的方差主要取决于层内方差，而与层间差异无关。采用合理的分层标识，确保层间差异大、层内差异小，便能在很大程度上降低估计量的方差。

分层抽样的实施过程与简单随机抽样基本相同，但在编制抽样框时有两方面需要注意：一是由于分层抽样在各层内独立抽取样本，分层抽样的前提条件是能够对各层的抽样单元编制抽样框，即各层的抽样单元个数是已知的；二是必须合理地选择总体某个特征作为分层标识，对总体进行分层，分层标识可以是行政区域、地理区域或某个其他变量。

3.1.2　分层随机抽样的简单估计量

分层随机抽样的简单估计量是各层简单估计量的加权求和，以常用的总体均值和总体总值为例。记层序号为 h，总体单元数为 N，第 h 层的单元总数为 N_h，满足 $N_1+N_2+\cdots+N_h=N$，第 h 层的权数为 $W_h=N_h/N$，第 h 层第 i 个单元的标志值为 Y_{hi}。则第 h 层的总值为 $Y_h=\sum_{i=1}^{N_h}Y_{hi}$，均值为 $\bar{Y}_h=Y_h/N_h$，总体的第 h 层方差为 $S_h^2=\sum_{i=1}^{N_h}(Y_{hi}-\bar{Y}_h)^2/(N_h-1)$。抽样获取的总样本量为 n，第 h 层的样本量为 n_h，第 h 层的抽样比为 $f_h=n_h/N_h$，第 h 层第 i 个单元的样本标志值为 y_{hi}。第 h 层的样本总值为 $y_h=\sum_{i=1}^{N_h}y_{hi}$，均值为 $\bar{y}_h=y_h/n_h$，第 h 层样本方差为 $s_h^2=\sum_{i=1}^{N_h}(y_{hi}-\bar{y}_h)^2/(n_h-1)$。

1）总体均值估计量

分层随机抽样中，总体均值估计量为

$$\hat{\bar{Y}}_{\text{ST}}=\sum_{h=1}^{L}W_h\hat{\bar{Y}}_h=\sum_{h=1}^{L}W_h\bar{y}_h \tag{3.1}$$

在各层中采用简单随机抽样，各层均值估计量 $\hat{\bar{Y}}_h$ 是无偏估计量，分层随机抽样的总体均值估计量是各层估计量的加权求和，总体均值估计量仍是无偏估计量，即 $E(\hat{\bar{Y}}_{\text{ST}})=\bar{Y}$。总体均值估计量的方差为

$$V(\hat{\bar{Y}}_{\text{ST}})=\sum_{h=1}^{L}\frac{W_h^2S_h^2}{n_h}\left(1-\frac{n_h}{N_h}\right) \tag{3.2}$$

总体均值估计量的方差也是各层方差的加权求和。当第 h 层的抽样比 $f_h<0.05$ 时，可忽略不计。此时，总体均值估计量的方差为 $V(\hat{\bar{Y}}_{\text{ST}})=\sum_{h=1}^{L}W_h^2S_h^2/n_h$。各层的总体方差真值未知，需要利用各层样本方差进行估计。总体均值估计量的方差估计为

$$v(\hat{\bar{Y}}_{\text{ST}})=\sum_{h=1}^{L}\frac{W_h^2s_h^2}{n_h}\left(1-\frac{n_h}{N_h}\right) \tag{3.3}$$

在各层中采用简单随机抽样，各层样本方差是各层方差的无偏估计量，总体均值估计量的方差估计量也是无偏估计量。

对于分层随机抽样总体均值的区间估计，依据调查经验，当各层的样本量 $n_h\geqslant 50$ 时，在置信概率 $1-\alpha$ 下，总体均值的置信区间为

$$\left(\hat{\bar{Y}}_{\text{ST}}-Z_{\alpha/2}\sqrt{v(\hat{\bar{Y}}_{\text{ST}})},\quad \hat{\bar{Y}}_{\text{ST}}+Z_{\alpha/2}\sqrt{v(\hat{\bar{Y}}_{\text{ST}})}\right) \tag{3.4}$$

其中，$Z_{\alpha/2}$ 为标准正态分布上概率 $\alpha/2$ 对应的分位数；$\hat{\bar{Y}}_{\text{ST}}-Z_{\alpha/2}\sqrt{v(\hat{\bar{Y}}_{\text{ST}})}$ 为置信下限；$\hat{\bar{Y}}_{\text{ST}}+Z_{\alpha/2}\sqrt{v(\hat{\bar{Y}}_{\text{ST}})}$ 为置信上限。

2）总体总值估计量

总体总值 $Y_{ST}=N\bar{Y}_{ST}$，利用总体均值估计量构造的总体总值估计量为

$$\hat{Y}_{ST}=N\hat{\bar{Y}}_{ST}=\sum_{h=1}^{L}N_h\hat{\bar{Y}}_h \tag{3.5}$$

总体总值估计量 $\hat{Y}_{ST}$ 是总体总值 Y 的无偏估计量，即 $E(\hat{Y}_{ST})=Y$。估计量的方差为

$$V(\hat{Y}_{ST})=V(N\hat{\bar{Y}}_{ST})=\sum_{h=1}^{L}\frac{N_h^2S_h^2}{n_h}\left(1-\frac{n_h}{N_h}\right) \tag{3.6}$$

若各层的抽样比忽略不计，总体总值估计量的方差为 $V(\hat{Y}_{ST})=\sum_{h=1}^{L}N_h^2S_h^2/n_h$。估计量的方差估计为

$$v(\hat{Y}_{ST})=N^2v(\hat{\bar{Y}}_{ST})=\sum_{h=1}^{L}\frac{N_h^2s_h^2}{n_h}\left(1-\frac{n_h}{N_h}\right) \tag{3.7}$$

在置信概率 $1-\alpha$ 下，总体总值的置信区间为

$$\left(\hat{Y}_{ST}-Z_{\alpha/2}\sqrt{v(\hat{Y}_{ST})},\quad \hat{Y}_{ST}+Z_{\alpha/2}\sqrt{v(\hat{Y}_{ST})}\right) \tag{3.8}$$

3.1.3 分层随机抽样下样本量的确定

1）基本原则

分层随机抽样最优样本量的确定也需要综合考虑调查精度与总调查费用，即当给定总调查费用时，最优样本量要满足对估计量的精度要求；当给定估计量精度要求时，最优样本量不能超过设定的总调查费用。但与简单随机抽样相比，分层随机抽样的样本量确定更复杂。除了需要确定总样本量之外，还需要给出样本量在各层的分配。样本量在各层的不同分配方法会对总体指标估计量的精度产生影响。当总样本量 n 给定时，在不同层中的分配会直接影响各层估计量的方差，进而影响总体指标估计量方差。

2）样本量的最优分配方法

分层随机抽样的样本量分配方法很多，有代表性的是最优分配、内曼最优分配和按比例分配。其中，最优分配方法效果最佳。它的特点是：①对给定的费用约束，能使估计量的方差达到最小；②对给定的估计量方差要求，使总费用达到最低。内曼最优分配是最优分配在各层调查费用相同时的特例。按比例分配是指各层的样本量与各层单元总数成比例，等价于各层抽样比相同。本节主要介绍分层随机抽样的样本量最优分配法。

记总调查费用为 C，其中，管理费用为 c_0，第 h 层每个单元的调查费用为 c_h，即同一层中每个单元的调查费用相同，不同层单元的调查费用可以不同。总调查费用的线性函数为

$$C=c_0+\sum_{h=1}^{L}c_hn_h \tag{3.9}$$

当各层样本量 $n_1,n_2,\cdots,n_L$ 满足如下等式

$$\frac{n_1}{W_1S_1/\sqrt{c_1}}=\frac{n_2}{W_2S_2/\sqrt{c_2}}=\cdots=\frac{n_L}{W_LS_L/\sqrt{c_L}} \tag{3.10}$$

时，样本量在各层的分配是最优的，即给定总调查费用限度，估计量的方差达到最小；并且给定估计量方差要求，总调查费用达到最低。给定总样本量 n，采用最优分配法，各层样本量为

$$n_h = n\frac{W_h S_h / \sqrt{c_h}}{\sum_{k=1}^{L} W_k S_k / \sqrt{c_k}} \tag{3.11}$$

上式显示，权数越大的层、估计量的方差或标准差越大的层、调查费用越低的层，抽取的样本量相对越大。

采用样本量最优分配，当抽样比忽略不计，给定总体均值估计量 $\hat{\bar{Y}}_{ST}$ 的方差界限为 $V_{\hat{\bar{Y}}_{ST}}$，并要求总调查费用最低时，最优总样本量为

$$n_0 \geqslant \frac{1}{V_{\hat{\bar{Y}}_{ST}}} \sum_{h=1}^{L} W_h S_h \sqrt{c_h} \sum_{h=1}^{L} \frac{W_h S_h}{\sqrt{c_h}} \tag{3.12}$$

最优样本量 n_0 为不小于 $\frac{1}{V_{\hat{\bar{Y}}_{ST}}}\left(\sum_{h=1}^{L} W_h S_h \sqrt{c_h}\right)\cdot\left(\sum_{h=1}^{L}\frac{W_h S_h}{\sqrt{c_h}}\right)$ 的最小整数。

当抽样比不能忽略不计时，最优总样本量 n' 为

$$n' \geqslant \frac{n_0}{1 + \frac{1}{N V_{\hat{\bar{Y}}_{ST}}} \sum_{h=1}^{L} W_h S_h^2} \tag{3.13}$$

则最优样本量 n' 为不小于 $n_0 \Big/ 1 + \frac{1}{N V_{\hat{\bar{Y}}_{ST}}}\left(\sum_{h=1}^{L} W_h S_h^2\right)$ 的最小整数。

给定总调查费用的限度为 $C_{\hat{\bar{Y}}_{ST}}$，使总体均值估计量 $\hat{\bar{Y}}_{ST}$ 的方差最小时，最优样本量为

$$n \leqslant \frac{(C_{\hat{\bar{Y}}_{ST}} - c_0)\sum_{h=1}^{L}\frac{W_h S_h}{\sqrt{c_h}}}{\sum_{h=1}^{L} W_h S_h \sqrt{c_h}} \tag{3.14}$$

此时，总样本量 n 为不大于 $(C_{\hat{\bar{Y}}_{ST}} - c_0)\sum_{h=1}^{L}\frac{W_h S_h}{\sqrt{c_h}} \Big/ \sum_{h=1}^{L} W_h S_h \sqrt{c_h}$ 的最大整数。

3.2　案例：基于分层随机抽样的粮食产量抽样调查

3.2.1　调查目标

某地区盛产玉米，并已形成了较为完善的玉米种植、加工、销售服务体系。但近年来，一方面气候变化反复无常，另一方面市场竞争激烈，玉米种植负责人需要赶在玉米完全成熟前预先掌握全地区的玉米总产量以及平均亩产量，为后续的生产服务做出必要准备，例如，联系加工和销售人员、与各大超市签订订单、预订来年肥料等。

经与某统计调查公司协商后，玉米种植负责人计划开展抽样调查，估计本地区今年的

玉米总产量和平均亩产量。实地考察后发现，本地区共有2000亩[①]地用于大规模种植玉米。这2000亩地分散在该地区的东部、西部、南部和北部四个区域，更为关键的是四个区域的土壤结构存在一定差异，致使玉米产量有较大差距。为此，统计调查公司决定采用分层随机抽样方法抽取样本，并估计该地区玉米总产量和平均亩产量，保证估计结果的精度。

概括来看，本次调查的目标是：在尽可能控制成本的条件下，采用分层随机抽样的方式估计该地区玉米的总产量和平均亩产量。

3.2.2 确定抽样总体

基于调查目标，本次抽样调查的目标总体和抽样总体是该地区的2000亩地。采用专业的测量工具，将2000亩地以1亩地为单位划分成2000个区域(每个区域为1亩地)，抽样单元为2000个1亩地区域。

3.2.3 编制抽样框

由于计划采用分层随机抽样，需要对各层独立编制抽样框。依据调查背景，以该地区的地理区域（东部、西部、南部、北部）作为分层标识，将每亩农田不重复、不遗漏地分配到四个区域内。其中，东部区域共有313个抽样单元，西部区域共有695个抽样单元，南部区域共有654个抽样单元，北部区域共有338个抽样单元。编制四个层的抽样框，如表3.1所示。

表3.1 各层抽样框

东部层抽样框（$h=1$）		西部层抽样框（$h=2$）		南部层抽样框（$h=3$）		北部层抽样框（$h=4$）	
1	东区	1	西区	1	南区	1	北区
2	东区	2	西区	2	南区	2	北区
3	东区	3	西区	3	南区	3	北区
4	东区	4	西区	4	南区	4	北区
5	东区	5	西区	5	南区	5	北区
6	东区	6	西区	6	南区	6	北区
⋮	⋮	⋮	⋮	⋮	⋮	⋮	⋮
312	东区	694	西区	653	南区	337	北区
313	东区	695	西区	654	南区	338	北区

3.2.4 计量方法的选择

调查目标是估计该地区玉米总产量和平均亩产量，确定抽样单元为2000个1亩地区域，聘请专业人员，使用专业仪器设备，对入样的抽样单元进行测量，计算玉米亩产量。

① 1亩≈666.67m^2。

3.2.5 确定样本量

1）预调查

与玉米种植户商议后，对玉米亩产量估计的精度要求为估计量的方差小于 97.02，即 $V_{\hat{\bar{Y}}} < 9.85^2$。该地区第一次开展此类调查，没有相关先验信息。为此，先在四个层内独立开展预调查，抽取部分农田预估计玉米亩产量，并获取先验信息计算最优样本量，同时也可以发现调查方案中可能存在的问题。经预调查计算，东部层、西部层、南部层和北部层中各层的总体方差预估计为

$$S_1^2 = 13247.54，\quad S_2^2 = 13399.50，\quad S_3^2 = 13298.24，\quad S_4^2 = 14160.48$$

已知 $N_1 = 313$，$N_2 = 695$，$N_3 = 654$，$N_4 = 338$，有 $W_1 = 0.16$，$W_2 = 0.35$，$W_3 = 0.33$，$W_4 = 0.17$。

2）总样本量确定

经调查预算，在四个层中每个抽样单元的调查费用为 $c_1 = 7$、$c_2 = 13$、$c_3 = 20$ 和 $c_4 = 5$，固定费用为 $c_0 = 10$（单位：百元）。采用分层随机抽样，调查总费用 C 为

$$\begin{aligned} C &= c_0 + \sum_{h=1}^{4} c_h n_h \\ &= 10 + 7n_1 + 13n_2 + 20n_3 + 5n_4 \end{aligned}$$

对于平均亩产量的估计，为了使在给定估计量精度要求下，调查费用达到最低，需要抽样调查的抽样单元数为

$$\begin{aligned} n_0 &\geqslant \frac{1}{V_{\hat{\bar{Y}}_{\mathrm{ST}}}}\left(\sum_{h=1}^{4} W_h S_h \sqrt{c_h}\right)\left(\sum_{h=1}^{4} \frac{W_h S_h}{\sqrt{c_h}}\right) \\ &\geqslant \frac{406.30 \times 35.39}{9.85^2} \\ &\geqslant 148.20 \end{aligned}$$

即 $n_0 = 149$，$f = n_0 / N = 0.07 > 0.05$，还需调整最终样本量 n' 为

$$\begin{aligned} n' &\geqslant \frac{n_0}{1 + \dfrac{1}{N V_{\hat{\bar{Y}}_{\mathrm{ST}}}}\left(\sum_{h=1}^{L} W_h S_h^2\right)} \\ &\geqslant \frac{149}{1 + \dfrac{13605.13}{2000 \times 97.02}} = 139.24 \end{aligned}$$

即至少需要抽取 140 个抽样单元才能满足估计量的精度要求且总调查费用达到最低。

3）样本量在各层的分配

采用样本量最优分配法，第 n_h 层的样本量为

$$n_h = n \frac{W_h S_h / \sqrt{c_h}}{\sum_{k=1}^{4} W_k S_k / \sqrt{c_k}}$$

计算得到 $n_1 = 26.93$，$n_2 = 44.13$，$n_3 = 33.35$，$n_4 = 35.38$。考虑所有可能的各层样本量

取值，$n_1=26$ 或 $n_1=27$，$n_2=44$ 或 $n_2=45$，$n_3=33$ 或 $n_3=34$，$n_4=35$ 或 $n_4=36$，找到所有满足 $n_1+n_2+n_3+n_4=140$ 的样本量组合，并在估计量精度 $V_{\hat{\bar{Y}}}<97.02$ 和总成本最小这两个条件约束下，确定最优样本量组合。本例中，共有 6 种组合同时满足两个约束条件。经计算确定最优样本量组合为 $n_1=26$，$n_2=45$，$n_3=34$，$n_4=35$。在该样本量组合下，估计量方差为

$$V(\hat{\bar{Y}}_{\text{ST}})=\frac{1}{n_h}\sum_{h=1}^{L}W_h^2S_h^2\left(1-\frac{n_h}{N_h}\right)=95.08$$

总调查费用为

$$C=c_0+\sum_{h=1}^{4}c_hn_h=1410$$

综上，采用分层随机抽样，依据样本量的最优分配方法，各层样本量的分配为：东部层抽取 26 个抽样单元、西部层抽取 45 个抽样单元、南部层抽取 34 个抽样单元、北部层抽取 35 个抽样单元。

3.2.6　抽取样本

基于上面计算的最优样本量，在各层内采用简单随机抽样独立的抽取样本，样本量满足各层所需要的样本量。

3.2.7　组织实施调查

组织专业的技术人员采用专业设备对入样的抽样单元的亩产量进行测算。测算结果如表 3.2 所示。

表 3.2　各层样本信息　　（单位：kg）

东部样本		西部样本		南部样本		北部样本	
编号	玉米亩产量	编号	玉米亩产量	编号	玉米亩产量	编号	玉米亩产量
3	15.14	2	256.60	1	366.91	4	233.68
11	103.73	10	11.28	6	296.18	5	237.75
19	399.94	12	262.87	8	258.64	7	97.59
20	188.94	15	62.71	9	236.74	13	146.91
25	276.63	17	396.25	14	289.18	34	259.45
32	381.99	22	179.56	16	207.17	37	33.10
⋮	⋮	⋮	⋮	⋮	⋮	⋮	⋮
295	48.28	608	264.69	636	375.97	307	215.91
311	239.39	623	256.60	652	245.75	320	388.98

3.2.8　调查数据的综合分析

1）调查数据的描述性统计分析

先对调查获取的样本数据进行必要的描述性统计分析，如表 3.3 所示。从表中可以看出，西部层的玉米亩产量的样本均值显著大于其他层，样本方差较大，说明该层入样

农田的玉米亩产量差异较大。南部层的玉米亩产量的样本均值低于其他层，且样本方差较小，说明该层入样农田的玉米亩产量差异较小。

表 3.3　样本数据的描述性统计分析

h	N_h	W_h	n_h	$\bar{y}_h$	s_h^2
东部层（$h=1$）	313	0.16	26	230.44	18952.13
西部层（$h=2$）	695	0.35	45	181.05	12633.09
南部层（$h=3$）	654	0.33	34	172.78	12333.52
北部层（$h=4$）	338	0.17	35	198.93	15384.26

采用分层随机抽样抽取的 140 个样本单元中，有 26 个样本单元位于该地区东部，约占总样本的 18.6%；有 45 个样本单元位于该地区西部，约占总样本的 32.1%；有 34 个样本单元位于该地区南部，约占总样本的 24.3%；有 35 个样本单元位于该地区北部，占样本总量的 25%。图 3.1 给出了各层样本量的区域分布饼图。

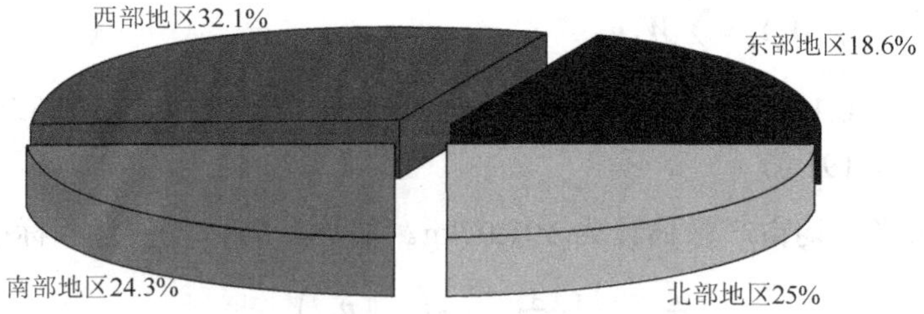

图 3.1　样本量区域分布百分比

图 3.2 给出了 140 个样本单元的玉米亩产量的频率分布图。从图 3.2 可以看出，农田玉米亩产量主要集中在 0kg 至 400kg 区间。该地区四个区域的玉米亩产量比较平均。图 3.3 依次排列了各层样本的所属区域以及产量，从频率分布图来看，四个区域的玉米亩产量差异相对较大，东部地区和北部地区的玉米亩产量差异较大，方差较其他两个地区偏大，与表 3.3 中的结果相符。

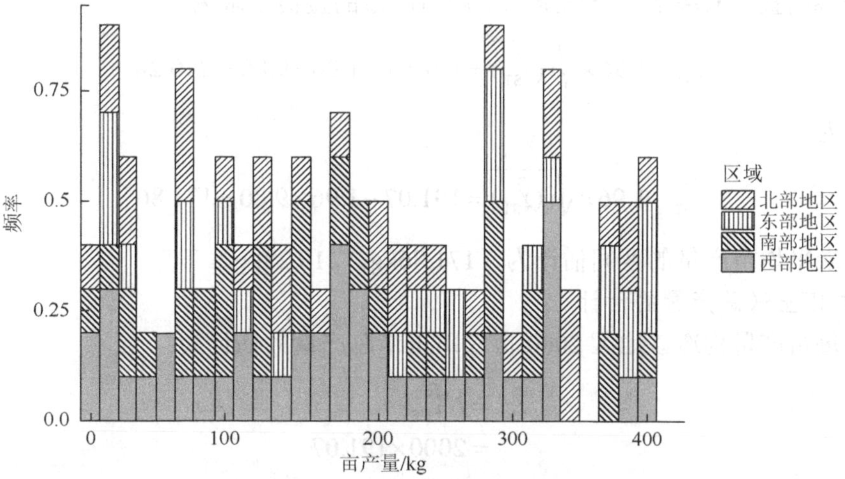

图 3.2　玉米亩产量的频率分布图

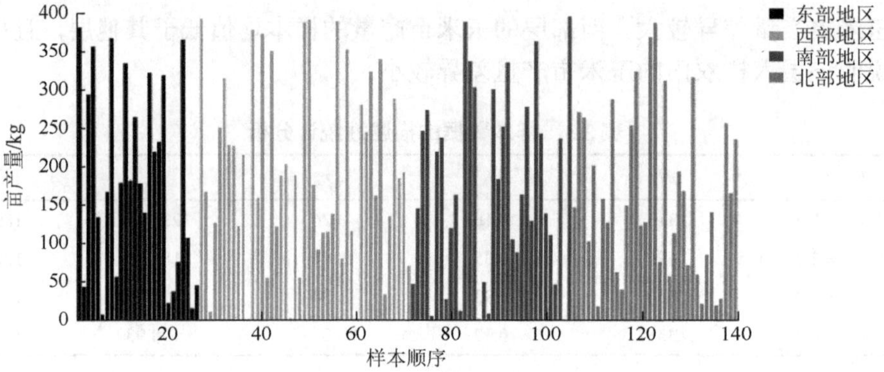

图 3.3 样本农田玉米亩产量柱状图

2）玉米平均亩产量的估计

基于分层随机抽样，该地区玉米平均亩产量估计为

$$\begin{aligned}\hat{\bar{Y}}_{\mathrm{ST}} &= \sum_{h=1}^{4} W_h \hat{\bar{Y}}_h = \sum_{h=1}^{4} W_h \bar{y}_h \\ &= 0.16\times 230.44 + 0.35\times 181.05 + 0.33\times 172.78 + 0.17\times 198.93 \\ &= 191.07\end{aligned}$$

即该地区今年玉米平均亩产量估计为 191.07kg。估计量的方差估计和标准差估计为

$$\begin{aligned}v(\hat{\bar{Y}}_{\mathrm{ST}}) &= \frac{1}{n_h}\sum_{h=1}^{4} W_h^2 s_h^2\left(1-\frac{n_h}{N_h}\right) \\ &= 16.37+31.71+36.77+11.25 \\ &= 96.10\end{aligned}$$

$$\sqrt{v(\hat{\bar{Y}}_{\mathrm{ST}})} = \sqrt{96.10} = 9.80$$

即农田玉米平均亩产量估计量的标准差估计为 9.80kg。

在 95%的置信概率下，农田玉米平均亩产量的置信上限为

$$\hat{\bar{Y}}_{\mathrm{ST}} + 1.96\times\sqrt{v(\hat{\bar{Y}}_{\mathrm{ST}})} = 191.07 + 1.96\times 9.80 = 210.28$$

置信下限为

$$\hat{\bar{Y}}_{\mathrm{ST}} - 1.96\times\sqrt{v(\hat{\bar{Y}}_{\mathrm{ST}})} = 191.07 - 1.96\times 9.80 = 171.86$$

则农田玉米平均亩产量的区间估计为（171.86kg，210.28kg）。

3）农田玉米总产量的估计

基于每亩产量构造该地区 2000 亩农田玉米总产量的估计为

$$\begin{aligned}\hat{Y}_{\mathrm{ST}} &= N\hat{\bar{Y}}_{\mathrm{ST}} \\ &= 2000\times 191.07 \\ &= 382140\end{aligned}$$

估计量的方差估计和标准差估计分别为

$$v(\hat{Y}_{ST})=\frac{1}{n_h}\sum_{h=1}^{4}N_h^2 s_h^2\left(1-\frac{n_h}{N_h}\right)$$
$$=65480339+126822201+147088157+45016102$$
$$=384406799$$
$$\sqrt{v(\hat{Y}_{ST})}=\sqrt{384406799}=19606.29$$

即估计量的标准差估计为 19606.29kg。在 95%的置信概率下，农田玉米总产量的置信上限为

$$\hat{Y}_{ST}+1.96\times\sqrt{v(\hat{Y}_{ST})}=382140+1.96\times 19606.29=420568.33$$

置信下限为

$$\hat{Y}_{ST}-1.96\times\sqrt{v(\hat{Y}_{ST})}=382140-1.96\times 19606.29=343711.67$$

则农田玉米总产量的区间估计为（343711.67kg，420568.33kg）。

综上所述，采用分层随机抽样的调查方法完成了本次调查的主要目标。从本地区 2000 个抽样单元中分地区共抽取 140 个抽样单元，利用分层随机抽样，构建估计量，估计本地区今年玉米总产量为 382140kg，标准差估计为 19606.29kg；平均每亩产量为 191.07kg，标准差为 9.80kg；共计调查成本约为 14.1 万元。这些调查数据和分析结果有助于该地区合理安排后续的加工和销售，以及预订明年的玉米肥料。

3.3 分层随机抽样的扩展知识

3.3.1 分层随机抽样的比估计量

在分层随机抽样中，应用比估计量有两种方法：一是在每层样本中分别构造比估计量，然后再进行加权汇总，这种方法称为分别比估计量；二是对目标变量和辅助变量先分别构造分层估计量，再利用两个估计量构造比估计量，这种方法称为联合比估计量。两种估计量都是有偏估计量，只有在样本量足够大的情况下，才是近似无偏的。分别比估计量由于在各层中分别构造比估计量，更能反映各层目标变量和辅助变量的差异，精度好于联合比估计量。应用分别比估计量的前提条件是各层样本量都比较大，并且各层辅助变量的总体总值或总体均值已知。若各层样本量小，不适合使用分别比估计量，容易造成估计量的较大偏差。下面分别介绍分别比估计量和联合比估计量的构造。记 x_h、y_h 分别是第 h 层辅助变量和目标变量的样本总值，X_h 是第 h 层的总体总值。

1）分别比估计量

总体均值 $\bar{Y}$ 的分别比估计量 $\hat{\bar{Y}}_{RS}$ 为

$$\hat{\bar{Y}}_{RS}=\sum_{h=1}^{L}W_h\hat{R}_h\bar{X}_h=\sum_{h=1}^{L}W_h\frac{y_h}{x_h}\bar{X}_h \tag{3.15}$$

估计量的方差为

$$V(\hat{\bar{Y}}_{RS})=\frac{1}{n_h}\sum_{h=1}^{L}W_h^2(1-f_h)\left(\frac{\sum_{i=1}^{N_h}(y_{hi}-R_hx_{hi})^2}{N_h-1}\right) \tag{3.16}$$

各层比率是未知的，只能利用各层的样本比率作为各层比率的估计，再得到估计量的方差估计为

$$v(\hat{\bar{Y}}_{RS})=\frac{1}{n_h}\sum_{h=1}^{L}W_h^2(1-f_h)\left(\frac{\sum_{i=1}^{n_h}(y_{hi}-r_hx_{hi})^2}{n_h-1}\right)$$

$$=\sum_{h=1}^{L}\frac{W_h^2(1-f_h)}{n_h}(s_{yh}^2+\hat{R}_h^2s_{xh}^2-2\hat{R}_hs_{xyh}) \tag{3.17}$$

2）联合比估计量

总体均值 $\bar{Y}$ 的联合比估计量 $\hat{\bar{Y}}_{RC}$ 为

$$\hat{\bar{Y}}_{RC}=\hat{R}_C\bar{X}=\frac{\hat{\bar{Y}}_{ST}}{\hat{\bar{X}}_{ST}}\bar{X} \tag{3.18}$$

应用联合比估计量只需要已知辅助变量的总体总值或总体均值即可，不需要知道各层总值或各层均值。联合比估计量 $\hat{\bar{Y}}_{RC}$ 的方差为

$$V(\hat{\bar{Y}}_{RC})=\sum_{h=1}^{L}\frac{W_h^2(1-f_h)}{n_h}(S_{yh}^2+R^2S_{xh}^2-2RS_{xyh}) \tag{3.19}$$

总体比率是未知的，利用样本比率作为总体比率的估计，得到联合比估计量 $\hat{\bar{Y}}_{RC}$ 的方差估计为

$$v(\hat{\bar{Y}}_{RC})=\sum_{h=1}^{L}\frac{W_h^2(1-f_h)}{n_h}(s_{yh}^2+r^2s_{xh}^2-2rs_{xyh}) \tag{3.20}$$

3）玉米产量调查中的比估计量构造

在玉米农产量调查的案例中，假设调查还收集了该地区今年 2000 亩农田小麦的产量。这可以作为估计今年玉米总产量的辅助变量，构建分别比估计量和联合比估计量。今年东部、西部、南部和北部地区的小麦总产量分别为：87565.86kg，196705.60kg，180601.33kg，92512.13kg。汇总所有调查数据如表 3.4 所示。

表 3.4 汇总数据

h	y_h	x_h	r_h	X_h	s_{yh}^2	s_{xh}^2	s_{xyh}
1	5991.40	6912.87	0.87	87565.86	18952.13	8568.60	−398.60
2	8147.47	11810.96	0.69	196705.60	12633.09	6593.88	−1533.12
3	5874.44	8830.56	0.67	180601.33	12333.52	11511.39	−438.51
4	6962.64	9034.48	0.77	92512.13	15384.26	12155.70	−1286.97

（1）玉米平均亩产量的分别比估计量。基于调查数据，$W_1=0.16$，$W_2=0.35$，$W_3=0.33$，$W_4=0.17$，$\hat{R}_1=r_1=0.87$，$\hat{R}_2=r_2=0.69$，$\hat{R}_3=r_3=0.67$，$\hat{R}_4=r_4=0.77$。$\bar{X}_1=\dfrac{87565.86}{313}=279.76$，$\bar{X}_2=\dfrac{196705.60}{695}=283.03$，$\bar{X}_3=\dfrac{180601.33}{654}=276.15$，$\bar{X}_4=\dfrac{92512.13}{338}=273.70$。玉米平均亩产量的分别比估计量为

$$\begin{aligned}\hat{\bar{Y}}_{\mathrm{RS}}&=\sum_{h=1}^{4}W_h\hat{R}_h\bar{X}_h\\&=38.94+68.35+61.06+35.83=204.18\end{aligned}$$

分别比估计量的方差估计和标准差估计为

$$\begin{aligned}v(\hat{\bar{Y}}_{\mathrm{RS}})&=\frac{1}{n_h}\sum_{h=1}^{4}W_h^2(1-f_h)[s_{yh}^2+r_h^2s_{xh}^2-2r_h s_{xyh}]\\&=142.25\end{aligned}$$

$$\sqrt{v(\hat{\bar{Y}}_{\mathrm{RS}})}=\sqrt{142.25}=11.93$$

结果表明，该地区农田玉米的平均亩产量估计值为 204.18kg，估计量的标准差估计为 11.79kg。在置信度 95%下，农田玉米平均亩产量的置信上限为

$$\hat{\bar{Y}}_{\mathrm{RS}}+1.96\times\sqrt{v(\hat{\bar{Y}}_{\mathrm{RS}})}=204.18+1.96\times11.93=227.56$$

置信下限为

$$\hat{\bar{Y}}_{\mathrm{RS}}-1.96\times\sqrt{v(\hat{\bar{Y}}_{\mathrm{RS}})}=204.18-1.96\times11.93=180.80$$

则农田玉米平均亩产量的区间估计为（180.80kg，227.56kg）。

（2）玉米平均亩产量的联合比估计量。其中，小麦平均亩产量为

$$\hat{\bar{X}}_{\mathrm{ST}}=\sum_{h=1}^{L}W_h\bar{x}_h$$

玉米平均亩产量和小麦平均亩产量的比率估计为

$$\begin{aligned}\hat{R}_{\mathrm{C}}=r&=\frac{\hat{\bar{Y}}_{\mathrm{ST}}}{\hat{\bar{X}}_{\mathrm{ST}}}\\&=\frac{191.07}{263.99}\\&=0.72\end{aligned}$$

$X=X_1+X_2+X_3+X_4=557384.92$，玉米平均亩产量的比率估计量为

$$\begin{aligned}\hat{\bar{Y}}_{\mathrm{RC}}&=\hat{R}_{\mathrm{C}}\bar{X}\\&=0.72\times\frac{557384.92}{2000}\\&=200.66\end{aligned}$$

估计量的方差估计和标准差估计为

$$v(\hat{\bar{Y}}_{RC})=\frac{1}{n_h}\sum_{h=1}^{4}W_h^2(1-f_h)[s_{yh}^2+r^2s_{xh}^2-2rs_{xyh}]$$
$$=143.46$$
$$\sqrt{v(\hat{\bar{Y}}_{RC})}=\sqrt{143.46}=11.98$$

即该地区农田玉米的平均亩产量的联合比估计值为 200.66kg，估计量的标准差估计为 11.98kg。在置信概率 95%下，农田玉米平均亩产量的置信上限为

$$\hat{\bar{Y}}_{RC}+1.96\times\sqrt{v(\hat{\bar{Y}}_{RC})}=200.66+1.96\times11.98=224.14$$

置信下限为

$$\hat{\bar{Y}}_{RC}-1.96\times\sqrt{v(\hat{\bar{Y}}_{RC})}=200.66-1.96\times11.98=177.18$$

即农田玉米平均亩产量的区间估计为（177.18kg，224.14kg）。对比分层随机抽样的分别比估计量和联合比估计量，二者估计值差异不大，但分别比估计量的方差估计小于联合比估计量的方差估计。

3.3.2 事后分层估计量

实施分层抽样的关键是事前将总体单元按照某一指标分为若干个层。有时，事前很难将总体单元进行分层，无法独立编制各层抽样框，就无法进行分层随机抽样。为了使用分层抽样提高待估指标估计的精度，可以采用事后分层技术，即先对总体进行抽样，获取样本后再根据某一指标进行分层，构造分层抽样的简单估计量。事后分层的应用条件是各层的权数已知。

总体均值的事后分层估计量 $\hat{\bar{Y}}_{PST}$ 为

$$\hat{\bar{Y}}_{PST}=\sum_{h=1}^{L}W_h\bar{y}_h=\sum_{h=1}^{L}W_h\frac{1}{n_h}\sum_{i=1}^{n_h}y_{hi} \tag{3.21}$$

当样本量足够大时，事后分层估计量 $\hat{\bar{Y}}_{PST}$ 是无偏估计量，即 $E(\hat{\bar{Y}}_{PST})=\bar{Y}$。事后分层估计量 $\hat{\bar{Y}}_{PST}$ 的方差为

$$V(\hat{\bar{Y}}_{PST})=\frac{1}{n_h}\sum_{h=1}^{L}W_hS_h^2-\frac{1}{N}\sum_{h=1}^{L}W_hS_h^2 \tag{3.22}$$

方差估计为

$$v(\hat{\bar{Y}}_{PST})=\frac{1-f}{n}\sum_{h=1}^{L}W_hs_h^2+\frac{1}{n^2}\sum_{h=1}^{L}(1-W_h)s_h^2 \tag{3.23}$$

习　题　3

1. 某公司共有管理人员 100 人、销售人员 400 人。采用分层随机抽样，分别从两类员工中抽取 3 人和 5 人，记录其当月的薪酬（单位：元）。3 个管理人员薪酬分别为 6300、5500、5000；5 名销售人员薪酬分别为 3200、5600、2300、6200、5600。试估计该公司员工的平均薪酬。

2. 为了调查某工厂生产的灯泡使用寿命，灯泡分为一级品、二级品和三级品，按灯泡等级分为三层，从各层中分别按总体各层的灯泡总数比例抽取简单随机样本，调查数据计算结果见表 3.5。试估计该工厂灯泡的平均使用寿命，并给出估计的标准差。

表 3.5 调查数据计算结果

名称	总数	样本量	样本均值	样本标准差
一级品	12000	288	485	14
二级品	8000	192	400	23
三级品	1000	24	325	44
合计	21000	504	—	—

3. 某厂商对各区的居民消费洗漱用品情况进行电话调查。按区号分层，样本量按比例分配，各层抽样比忽略不计，居民购买洗漱用品支出（单位：元）的调查数据见表 3.6。试估计该市每户居民购买洗漱用品的月平均支出，并给出在置信概率 95%下的置信区间。

表 3.6 居民购买洗漱用品支出数据

区号	层权	样本量	样本均值	样本标准差
1	8.2	16	89	105
2	6.5	13	65	74
3	13.7	27	102	186
4	5.6	11	76	97
5	11.8	24	97	106
6	11.6	23	79	89
7	17.0	34	83	112
8	9.8	20	52	73
9	8.8	18	36	44
10	7.0	14	100	65

4. 某地区欲调查某品牌网络在该省的覆盖率，将该省的城市划分为东西南北四个区域，对每个区域的住户进行分层随机抽样，调查结果见表 3.7。试估计该品牌网络在该省的覆盖率，并给出相应的标准差。

表 3.7 某品牌网络覆盖率数据

区域组	层权	样本量	覆盖率
东区	0.281	300	0.083
西区	0.322	750	0.174
南区	0.213	600	0.380
北区	0.184	450	0.504

5. 已知某工厂欲调查该工厂两个车间今年防护服产量 Y。分别在两个车间中以简单随机抽样的方式抽取车间的机器，记录其产量，从一车间中抽取 10 台机器，二车间中抽取 14 台机器。已知一车间共 135 台机器，去年产量 75650 套，二车间共 1228 台机器，去年产量 315612 套，调查数据如表 3.8 所示，y_i 表示今年产量，x_i 表示去年产量。试用比率估计法对今年工厂的两个车间总产量进行估计，并给出标准差估计。

表 3.8 两个车间的机器产量分布

一车间			二车间		
序号	x_i/套	y_i/套	序号	x_i/套	y_i/套
1	215	224	1	87	94
2	1082	1110	2	123	132
3	675	714	3	59	62
4	382	393	4	14	17
5	180	189	5	657	702
6	632	677	6	83	88
7	56	61	7	208	227
8	812	828	8	42	45
9	98	101	9	38	42
10	217	228	10	148	165
			11	390	429
			12	97	104
			13	103	107
			14	284	290

第4章

两级抽样

整群抽样的抽样单元为群单元，先采用简单随机抽样方法抽取群，再对群内所有基本单元进行调查。当群规模较大时，对群内单元进行全部调查会增加调查成本。当群内基本单元的观测值差异小时，整群抽样的精度会低于相同基本单元数的简单随机抽样。为此，对抽中的群单元再进行抽样，对抽中的基本单元进行调查，这样的抽样过程称为两级抽样。本章主要介绍两级抽样方法，4.1 节介绍两级抽样的基础知识，包括两级抽样的过程、特点，两级抽样估计量和样本量确定；4.2 节介绍两级抽样的案例；4.3 节介绍两级抽样的扩展知识。

4.1 两级抽样的基础知识

4.1.1 两级抽样概述

1）两级抽样的过程

两级抽样的过程包括两次抽样。先建立以群单元为抽样单元的抽样框，采用概率抽样方式抽取群单元，也称为一级抽样单元；再对每个抽取的群内基本单元建立抽样框，采用概率抽样方式抽取基本单元，也称为二级抽样单元。最终抽取的所有二级抽样单元构成两级抽样样本。

两级抽样的实际应用非常广泛。依据调查背景，两级抽样的两个阶段抽样方式可以相同也可以不相同。例如，采用两级抽样开展省域人口抽样调查，省内的每个城市作为一级抽样单元，各城市的每个调查小区作为二级抽样单元。首先，采用简单随机抽样方法抽取城市；其次，对入样的城市再采用简单随机抽样方法抽取调查小区。或者，对入样城市的调查小区进行分层，分为城市层和农村层并独立编制抽样框，采用分层随机抽样方法抽取调查小区。

2）两级抽样的特点

两级抽样的主要特点包括如下三个方面。

第一，两级抽样能显著降低调查成本，提高调查效率。两级抽样可以看作整群抽样的改进。例如，在省域人口抽样过程中，两级抽样样本的地理位置相对集中，易于开展调查，提高调查效率。在满足估计量精度要求下，两级抽样的样本量比整群抽样的样本量少，调查成本低。当群内基本单元的观测值差异较小时，两级抽样的优势更明显。

第二，两级抽样能降低编制抽样框的难度。两级抽样需要两次编制抽样框，即群单元的抽样框和入样群单元的基本单元抽样框。两个抽样框都与一级抽样单元有关。编制完善的抽样框一直是抽样技术应用的难点。降低编制抽样框的难度能为实际调查工作带来很大方便，有效控制编制抽样框引入的非抽样误差。

第三，两级抽样适用于群单元可以细分的抽样设计中。例如，如果基本单元具有明确的行政隶属关系，如省、市、区县等，可定义省为一级抽样单元，市为二级抽样单元，进一步可定义区县为三级抽样单元（三级抽样）。并不是说分级越细越好，每增加一个阶段的抽样，都会引入抽样误差。

此外，两级抽样也适用于矿石、煤、粮食等散料抽样。先从所有麻袋中抽取部分麻袋（一级单元），再从麻袋的不同部位抽取一定数量的散料（二级单元）进行测试或检验。

4.1.2 群规模相等的两级抽样估计量

群规模是指群单元包含的基本单元个数。依据群规模，两级抽样可分为群规模相等的两级抽样和群规模不等的两级抽样。本节介绍群规模相等的两级抽样的总体均值估计量和总体总值估计量。当群规模不等时，若群规模差异不大，则可以用平均群规模进行代替，仍视为群规模相等的两级抽样。若群规模差异较大时，有两种处理方法：一是对群单元进行分层，使各层内的群规模大致相等，在各层内构建群规模相等的两级抽样估计量，再按分层随机抽样方式进行估计量求和；二是以群规模作为辅助变量构造比估计量，或依据群规模采用有放回不等概率抽样方法抽取群，构造两级抽样估计量。

记总体的群单元总数为N，群规模为$M_1,M_2,\cdots,M_N$。群规模（包含的基本单元个数）相等，有$M_1=M_2=\cdots=M_N=M_0$，总体单元总数$M=\sum_{i=1}^{N}M_i=NM_0$。总体中第i个群单元的第j个基本单元观测值为Y_{ij}，第i个群单元的总值为Y_i，则总体总值为$Y=\sum_{i=1}^{N}\sum_{j=1}^{M_0}Y_{ij}$，总体均值为$\overline{\overline{Y}}=\dfrac{1}{NM_0}\sum_{i=1}^{N}\sum_{j=1}^{M_0}Y_{ij}$。第$i$个群单元的基本单元标志值均值称为第$i$个群均值，$\overline{Y}_i=Y_i/M_0$。总体群内方差为$S_w^2=\sum_{i=1}^{N}\sum_{j=1}^{M_0}(Y_{ij}-\overline{Y}_i)^2/[(M_0-1)N]$，总体群间方差为$S_b^2=M_0\sum_{i=1}^{N}(\overline{Y}_i-\overline{\overline{Y}})^2/(N-1)$。

记抽取的群单元总数为n，抽样比为$f_1=n/N$。从群单元中抽取的基本单元相等，即$m_1=m_2=\cdots=m_n=m_0$，抽样比为$f_2=m_0/M_0$。第i个样本的群总值为y_i，第i个样本的群均值为$\overline{y}_i$，样本均值$\overline{\overline{y}}=\dfrac{1}{nm_0}\sum_{i=1}^{n}\sum_{j=1}^{m_0}y_{ij}$。样本群内方差为$s_w^2=\sum_{i=1}^{n}\sum_{j=1}^{m_0}(y_{ij}-\overline{y}_i)^2/[(m_0-1)n]$，样本群间方差为$s_b^2=M_0\sum_{i=1}^{n}(\overline{y}_i-\overline{\overline{y}})^2/(n-1)$。

1）总体均值估计量

两个阶段的抽样都是简单随机抽样。在群规模相等的情形下，以样本均值作为总体均值的估计，总体均值估计量为

$$\hat{\bar{\bar{Y}}}=\frac{1}{nm_0}\sum_{i=1}^{n}\sum_{j=1}^{m_0}y_{ij} \tag{4.1}$$

总体均值估计量 $\hat{\bar{\bar{Y}}}$ 是总体均值 $\bar{\bar{Y}}$ 的无偏估计，即 $E(\hat{\bar{\bar{Y}}})=\bar{\bar{Y}}$。总体均值估计量的方差为

$$V(\hat{\bar{\bar{Y}}})=\frac{(1-f_2)S_w^2}{m_0 n}+\frac{(1-f_1)S_b^2}{nM_0} \tag{4.2}$$

上式表明，两级抽样总体均值估计量的方差由群内方差和群间方差共同决定。$(1-f_2)S_w^2/(m_0 n)$ 主要由群内方差的平均值决定，描述了群内基本单元观测值的离散程度；$(1-f_1)S_b^2/(nM_0)$ 主要是由群间方差决定，描述群单元之间基本单元观测值的离散程度。特别地，当 $f_1=1$ 时，相应的抽样方法为分层随机抽样，估计量 $\hat{\bar{\bar{Y}}}$ 的方差 $V(\hat{\bar{\bar{Y}}})=(1-f_2)S_w^2/(m_0 n)$ 也是分层随机抽样简单估计量的方差。当 $f_2=1$ 时，相应的抽样方法为单级整群抽样，估计量 $\hat{\bar{\bar{Y}}}$ 的方差 $V(\hat{\bar{\bar{Y}}})=(1-f_1)S_b^2/(nM_0)$ 也是单级整群抽样的简单估计量的方差。总体均值估计量的方差估计为

$$v(\hat{\bar{\bar{Y}}})=\frac{(1-f_2)f_1 s_w^2}{m_0 n}+\frac{(1-f_1)s_b^2}{nM_0} \tag{4.3}$$

2）总体总值估计量

两个阶段的抽样都是简单随机抽样。类似于总体均值估计量，总体总值估计量为

$$\hat{Y}=M\hat{\bar{\bar{Y}}}=\frac{M}{nm_0}\sum_{i=1}^{n}\sum_{j=1}^{m_0}y_{ij} \tag{4.4}$$

总体总值估计量 $\hat{Y}$ 是总体总值 Y 的无偏估计量，即 $E(\hat{Y})=Y$。总体总值估计量的方差为

$$V(\hat{Y})=\frac{(1-f_2)M^2 S_w^2}{m_0 n}+\frac{(1-f_1)M^2 S_b^2}{nM_0} \tag{4.5}$$

方差估计为

$$v(\hat{Y})=\frac{(1-f_2)M^2 f_1 s_w^2}{m_0 n}+\frac{(1-f_1)M^2 s_b^2}{nM_0} \tag{4.6}$$

4.1.3　样本量确定

两级抽样属于复杂抽样，利用设计效应计算样本量。设计效应定义为在相同样本量（基本单元）下复杂抽样的估计量方差与简单随机抽样的估计量方差之比。采用简单随机抽样估计总体均值 $\bar{Y}$，样本量为 n。构建总体均值的简单估计量 $\hat{\bar{Y}}_{\text{srs}}$，方差为 $V(\hat{\bar{Y}}_{\text{srs}})$。采用复杂抽样，抽取基本单元样本量也为 n，复杂抽样的总体均值估计量为 $\hat{\bar{Y}}_A$，方差为 $V(\hat{\bar{Y}}_A)$。复杂抽样的设计效应为

$$\text{Deff}(\hat{\bar{Y}}_A)=\frac{V(\hat{\bar{Y}}_A)}{V(\hat{\bar{Y}}_{\text{srs}})} \tag{4.7}$$

当复杂抽样的总体均值估计量方差小于简单随机抽样的总体均值估计量方差时，即$V(\hat{\bar{Y}}_A)<V(\hat{\bar{Y}}_{\text{srs}})$，则设计效应$\text{Deff}(\hat{\bar{Y}}_A)<1$，表明在基本单元数量相同的情况下，复杂抽样的总体均值估计量精度高于简单随机抽样。反之，如果复杂抽样的总体均值估计量方差大于简单随机抽样的总体均值估计量方差，则$V(\hat{\bar{Y}}_A)>V(\hat{\bar{Y}}_{\text{srs}})$，设计效应$\text{Deff}(\hat{\bar{Y}}_A)>1$，表明在基本单元数量相同的情况下，复杂抽样的总体均值估计量精度低于简单随机抽样。

在两级抽样中，设计效应的重要应用是确定样本量。设要求的估计量方差界限为$V_{\hat{\bar{Y}}_A}$，首先利用简单随机抽样的样本量确定方法，若抽样比f忽略不计，总体方差预估计为S^2，最优样本量为$n^*=S^2/V_{\hat{\bar{Y}}_A}$。若抽样比$f$不能忽略不计，最优样本量为$n^*=(S^2/V_{\hat{\bar{Y}}_A})/[1+(S^2/V_{\hat{\bar{Y}}_A})/NM_0]$，其中，$N$和$M_0$分别表示群单元个数以及群规模，二者乘积为基本单元个数。两级抽样需要抽取的基本单元数量为

$$n_A=\text{Deff}(\hat{\bar{Y}}_A)\times n^* \tag{4.8}$$

即抽取的样本量n_A为不小于$\text{Deff}(\hat{\bar{Y}}_A)\times n^*$的最小整数。在实践应用中，一般选择两级抽样的设计效应为2～3。

4.2 案例：基于两级抽样的学生体质抽样调查

4.2.1 调查目标

当前，中国中学生体质水平备受瞩目，体质水平的高低直接关系到中学生身心健康的全面发展。教育部出台了《国家学生体质健康标准》，是《国家体育锻炼标准》的有机组成部分，是国家对不同年龄段学生体质健康方面的基本要求，给予了学生体质健康的个体评价标准。某地区教育系统计划通过抽样调查方式了解和掌握该市中学生体质发展现状，为完善学业课程设置提供数据依据。体质测试的方式通常是要求被调查学生在规定时间内完成多项活动，如 1000 米跑、坐位体前屈、立定跳远等，进而汇总得到综合成绩（百分制）。学生综合成绩与体质水平的关系如表 4.1 所示。概括来看，本次调查的目标是：估计该地区中学生体质测试得分，判断该地区中学生体质水平。

表 4.1 学生综合成绩与体质水平关系

学生综合成绩	体质水平
[0, 60)	不合格
[60, 80)	合格
[80, 90)	良好
[90, 100)	优秀

4.2.2　确定目标总体

经与该市教育部门共同协商，为了在保障估计量精度的要求下尽量控制调查成本，综合考虑该地区所有 52 所中学的地理分布以及学生规模，本次调查采用两级抽样技术。在第一级抽样中，以 52 所学校作为抽样单元，采用简单随机抽样方法抽取学校；在第二级抽样中，以入样学校的所有学生作为抽样单元，抽取学生，进而开展体质测试。

4.2.3　编制抽样框

采用两级抽样需要先对 52 所学校编制抽样框，再对入样学校的学生编制抽样框。依据本年度该地区教育系统登记注册的 52 所学校，编制抽样框并从 1～52 逐一编号，再给出各学校提供的本年度注册的学生人数，如表 4.2 所示。汇总 52 所学校提供的本年度注册学生人数共计 104000 人。

表 4.2　学校抽样框

学校编号	学校名称	学生人数/人
1	博恒中英学校	2042
2	明德中学	1976
3	雅礼中学	2122
4	长郡中学	1892
5	培正中学	1970
6	执信中学	2002
7	培英学校	2376
8	协和中学	1921
9	周南中学	1862
⋮	⋮	⋮
51	华文中学	1768
52	康桥中学	1823

4.2.4　计量方法的选择

本次体质测试由该地区各学校的体育老师以及从事体质测评有经验的专家共同组成，主要项目包括 1000 米跑、立定跳远、坐位体前屈。采用专业仪器对学生进行测试，并使用移动终端设备直接联网上传数据。

4.2.5　确定样本量

本次调查目标是估计该地区中学生体质测试的平均成绩，教育系统希望控制平均成绩的绝对误差小于 1.23 分，即 $d_{\hat{\bar{Y}}}=1.23$ 。调查方案设计者计划采用复杂抽样的设计效应确定两级抽样的样本量。先依据绝对误差界限确定以学生为抽样单元时简单随机抽样需要的样本量。在成本可控条件下，为了尽可能保证估计量精度，给定设计效应为 3，计算两级抽样需要的样本量。

在简单随机抽样下，已知前一次体质测试中总体方差为$S^2 = 78.76$，将其用于本次调查计算最优样本量为$n_0 = Z_{\alpha/2}^2 S^2 / d_{\hat{\bar{Y}}}^2 = 199.98$，即至少需要抽样调查 200 名学生。抽样比$f = n_0 / N = 200/104000 < 0.05$，不需要调整样本量。依据设计效应确定两级抽样方法抽取的学生数量为$n = n_0 \times \text{Deff} = 600$人，即抽取 600 名中学生以确保估计量的绝对误差限不超过 1.23。进一步地，考虑利用学生总样本量确定抽取学校的样本量，一方面为了满足实际调查估计量的需要，在成本可控条件下每个学校的学生人数应尽可能不少于 30 人；另一方面该地区 52 所学校的学生规模虽有差异，但差异程度不大，每所学校的学生规模在 2000 人左右，对其取均值可视为群规模相等的两级抽样。在这样的约束下，确定每所学校抽取学生人数为 50 人，共需抽取 600/50=12 所学校。即本次该地区学生体质抽样调查测试，从 52 所学校中抽取 12 所学校，每所入样学校抽取 50 名中学生参加调查。

4.2.6 抽取样本

依据表 4.2 列出的学校抽样框，采用简单随机抽样从 52 所学校中抽取 12 所学校。生成 12 个 1～52 以内不重复的随机数，随机数对应的学校编号即为入样的学校。对入样的学校编制学生抽样框，对学生进行编号，生成随机数，对应的学生编号即为抽取的学生样本。

4.2.7 组织实施调查

对入样的学生，由专业人员定时定点进行体质测试，对三个项目测试的得分进行汇总，调查测试结果如表 4.3 所示。

表 4.3 两级抽样样本的中学生测试结果

学生标号	学校编号	姓名	成绩	学生标号	学校编号	姓名	成绩
14	44 培正中学	赵汶妍	66	10	36 东华中学	张溯	93
32		钱炎辉	88	25		戴雨晴	93
⋮		⋮	⋮	⋮		⋮	⋮
1956		孙艳双	83	1893		凌伊	79
17	34 皇御苑中学	李晨曦	100	16	18 文成中学	尹家茂	83
25		周璞	79	34		吴汶妍	81
⋮		⋮	⋮	⋮		⋮	⋮
1922		王炎烯	72	1209		刘笑红	86
89	49 金源中学	冯依依	84	21	5 请秀中学	赵艳双	64
100		陈英	96	25		钱晨曦	100
⋮		⋮	⋮	⋮		⋮	⋮
2001		魏熠	92	1797		孙玲	86

续表

学生标号	学校编号	姓名	成绩	学生标号	学校编号	姓名	成绩
19	22 华源中学	蒋伟群	75	81	50 华文中学	李炎烯	87
72		沈信和	77	56		葛依依	78
⋮		⋮	⋮	⋮		⋮	⋮
1995		韩浙	77	1982		李溥	64
48	52 弘基中学	杨贞霖	83	3	51 文德中学	何熠	79
52		朱新瑞	65	26		吕伟群	80
⋮		⋮	⋮	⋮		⋮	⋮
1950		秦昀铮	69	1875		欧泳臻	89
1	24 东湾中学	许玉玲	75	56	17 上陆中学	田浙	64
92		何益	54	72		李贞霖	68
⋮		⋮	⋮	⋮		⋮	⋮
1921		施明华	91	2015		连宜	73

4.2.8　调查数据分析

1）调查数据的描述性分析

表 4.4 给出了对样本数据的描述性统计分析结果。描述性统计分析的结果显示，在入样的 12 所中学中平均成绩最低的是第 51 号中学，平均成绩为 78.92 分，平均成绩最高的是 50 号学校，平均成绩为 82.54 分。在 12 所中学中，成绩差异最大的是 44 号中学，成绩的方差为 118.15。成绩差异最小的是 17 号中学，成绩的方差为 70.14。

表 4.4　样本数据的描述性统计分析结果

群编号	群规模	组内方差	群样本数	群样本均值
44	1956	118.15	50	80.76
34	2022	108.42	50	80.48
49	2005	90.07	50	80.18
22	2019	92.01	50	80.54
52	1959	108.05	50	80.70
24	2001	82.73	50	79.40
36	1985	94.72	50	79.66
18	2009	104.04	50	79.20
5	1970	100.03	50	80.36
50	1982	105.36	50	82.54
51	1975	103.46	50	78.92
17	2019	70.14	50	80.84

图 4.1 给出了 12 所中学学生体质测试成绩的箱线图。从图中可以看出，12 所中学

的中学生体质测试成绩中位数最高的是华文中学，但华文中学的学生体质测试成绩中存在着异常值。图 4.2 给出了 600 名中学生体质测试成绩的频数分布，从该曲线中可以看出，300 名学生成绩主要集中在 70～90 分这一区间。

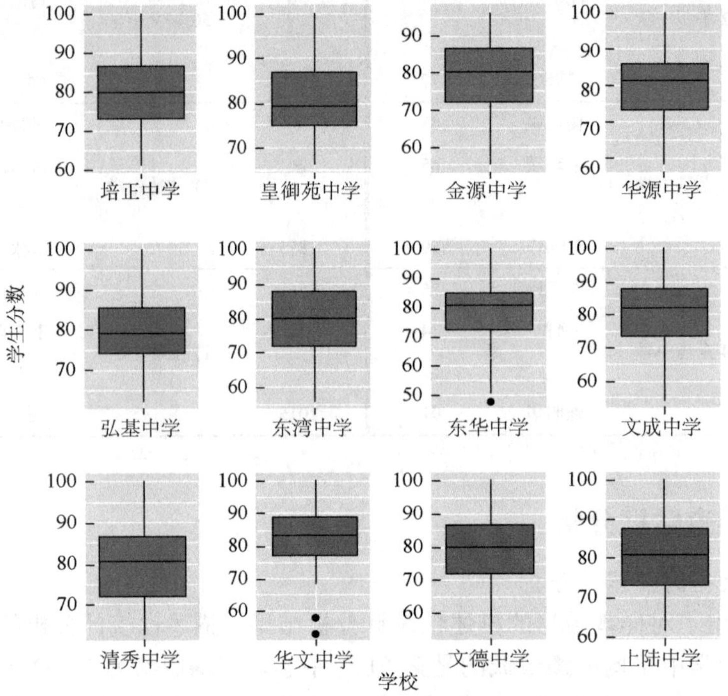

图 4.1　12 所中学学生体质测试成绩的箱线图

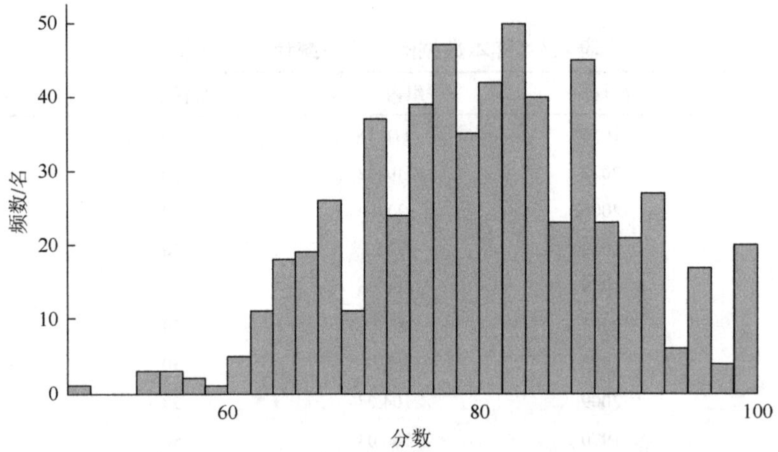

图 4.2　600 名中学生体质测试成绩的频数分布图

2）两级抽样下体质测试平均成绩估计量

采用群规模相等的两级抽样，群单元数 $N=52$，样本的群单元数 $n=12$。群规模差异不大，视为群规模相等，群内基本单元数为 $M_1=\cdots=M_{12}=2000$，各群的样本量为

$n_1=\cdots=n_{12}=50$，第一级抽样比为 $f_1=n/N=12/52=0.23$，第二级抽样比为 $f_2=m_i/M_i=50/2000=0.025$。总体均值的估计为

$$\begin{aligned}\hat{\bar{\bar{Y}}}&=\frac{1}{n}\sum_{i=1}^{n}\left(\frac{1}{m_0}\sum_{j=1}^{m_0}y_{ij}\right)\\&=80.30\end{aligned}$$

即该地区中学生体质测试平均成绩估计为 80.30 分。利用样本数据，群间样本方差为 $s_b^2=M_0\sum_{i=1}^{n}(\bar{y}_i-\bar{\bar{y}})^2/(n-1)=1840.50$，群内样本方差为 $s_w^2=\sum_{i=1}^{n}\sum_{j=1}^{m_0}(y_{ij}-\bar{y}_i)^2/[n(m_0-1)]=98.10$。估计量的方差估计和标准差估计分别为

$$\begin{aligned}v(\hat{\bar{\bar{Y}}})&=\frac{(1-f_2)f_1^2s_w^2}{nm_0}+\frac{(1-f_1)s_b^2}{nM_0}\\&=\frac{1035927891}{104000^2}=0.10\end{aligned}$$

$$\sqrt{v(\hat{\bar{\bar{Y}}})}=\sqrt{0.10}=0.32$$

即平均成绩估计量的标准差为 0.32 分。在置信概率 95%下，平均成绩的置信上限为

$$\hat{\bar{\bar{Y}}}+1.96\times\sqrt{v(\hat{\bar{\bar{Y}}})}=80.30+1.96\times0.32=80.93$$

置信下限为

$$\hat{\bar{\bar{Y}}}-1.96\times\sqrt{v(\hat{\bar{\bar{Y}}})}=80.30-1.96\times0.32=79.67$$

即该地区中学生体质水平的平均成绩在 79.67 分至 80.93 分之间。

综合该地区本次调查数据的分析结果，该地区中学生体质的平均水平为 80.3 分，处于良好水平的较低值，表明该地区中学生体质水平仍需进一步提高。地区教育系统应保持或者适当加大现阶段体质锻炼强度。

4.3　两级抽样的扩展知识

4.3.1　群规模不等的两级抽样

当两级抽样的群规模不等时，可以构造总体均值或总体总值的简单估计量。另外，在已知各群基本单元总数的前提下，以群规模作为辅助变量，构造总体均值或总体总值的比估计量，提高估计量的精度。记群规模为 $M_1,M_2,\cdots,M_N$，基本单元总数 $M=\sum_{i=1}^{N}M_i$，第 i 个群的样本均值为 $\bar{y}_i=\sum_{j=1}^{m_i}y_{ij}/m_i$。总体均值的比估计量 $\hat{\bar{\bar{Y}}}_R$ 为

$$\hat{\bar{\bar{Y}}}_R = \hat{R} = \frac{\sum_{i=1}^{n} M_i \bar{y}_i}{\sum_{i=1}^{n} M_i} \tag{4.9}$$

当抽取的群数n足够大，各群抽取的单元数足够大时，在近似意义下总体均值比估计量$\hat{\bar{\bar{Y}}}_R$的方差为

$$V\left(\hat{\bar{\bar{Y}}}_R\right) = \frac{N}{nM^2}\sum_{i=1}^{N}\frac{M_i^2(1-f_{2i})}{m_i}S_{2i}^2 + \frac{N^2(1-f_1)}{nM^2}\frac{\sum_{i=1}^{N}M_i^2(\bar{Y}_i-\bar{\bar{Y}})^2}{N-1} \tag{4.10}$$

当抽取的群数n足够大，各群抽取的单元数足够大时，在近似意义下总体均值比估计量$\hat{\bar{\bar{Y}}}_R$的方差估计为

$$v\left(\hat{\bar{\bar{Y}}}_R\right) = \frac{N}{nM^2}\sum_{i=1}^{n}\frac{M_i^2(1-f_{2i})}{m_i}s_{2i}^2 + \frac{N^2(1-f_1)}{nM^2}\frac{\sum_{i=1}^{n}M_i^2(\bar{y}_i-\hat{\bar{\bar{Y}}}_R)^2}{n-1} \tag{4.11}$$

基于总体均值比估计量$\hat{\bar{\bar{Y}}}_R$，总体总值的比估计量$\hat{Y}_R$为

$$\hat{Y}_R = \frac{M\sum_{i=1}^{n} M_i \bar{y}_i}{\sum_{i=1}^{n} M_i} \tag{4.12}$$

当抽取的群数n足够大，各群抽取的单元数足够大时，在近似意义下总体总值的比估计量$\hat{Y}_R$为无偏估计量。当抽取的群数n足够大，各群抽取的单元数足够大时，在近似意义下总体总值的比估计量$\hat{Y}_R$的方差为

$$V(\hat{Y}_R) = \frac{N}{n}\sum_{i=1}^{N}\frac{M_i^2(1-f_{2i})}{m_i}S_{2i}^2 + \frac{N^2(1-f_1)}{n}\frac{\sum_{i=1}^{N}M_i^2(\bar{Y}_i-\bar{\bar{Y}})^2}{N-1} \tag{4.13}$$

方差估计为

$$v(\hat{Y}_R) = \frac{N}{n}\sum_{i=1}^{n}\frac{M_i^2(1-f_{2i})}{m_i}s_{2i}^2 + \frac{N^2(1-f_1)}{n}\frac{\sum_{i=1}^{n}M_i^2(\bar{y}_i-\hat{\bar{\bar{Y}}}_R)^2}{n-1} \tag{4.14}$$

对于 4.2 节案例，12 个学校学生数如表 4.4 第二列所示，将其视为群规模不等的两级抽样。已知该地区本年度注册的中学生人数为$M=104000$。以群规模作为辅助变量，平均成绩的比估计量为

$$\hat{\bar{\bar{Y}}}_R = \hat{R} = \frac{\sum_{i=1}^{n} M_i \bar{y}_i}{\sum_{i=1}^{n} M_i} = 80.30$$

即该地区中学生体质测试平均成绩的比估计值为 80.30 分。由于群规模差异并不大，平均成绩的比估计值与群规模相等下平均成绩估计值无明显差异。当群规模差异较大时，两个估计值往往会存在一定差异。平均成绩比估计量的方差估计和标准差估计为

$$v\left(\hat{\bar{\bar{Y}}}_R\right) = \frac{N}{nM^2}\sum_{i=1}^{n}\frac{M_i^2(1-f_{2i})}{m_i}s_{2i}^2 + \frac{N^2(1-f_1)}{nM^2}\frac{\sum_{i=1}^{n} M_i^2(\bar{y}_i - \hat{\bar{\bar{Y}}}_R)^2}{n-1} = 0.09$$

$$\sqrt{v\left(\hat{\bar{\bar{Y}}}_R\right)} = 0.30$$

即该地区中学生体质测试平均成绩的比估计量的标准差估计值为 0.30 分，略小于群规模相等的平均成绩估计量标准差估计。在置信概率 95%下平均成绩的置信上限为

$$\hat{\bar{\bar{Y}}}_R + 1.96 \times \sqrt{v(\hat{\bar{\bar{Y}}}_R)} = 80.30 + 1.96 \times 0.30 = 80.89$$

置信下限为

$$\hat{\bar{\bar{Y}}}_R - 1.96 \times \sqrt{v(\hat{\bar{\bar{Y}}}_R)} = 80.30 - 1.96 \times 0.30 = 79.71$$

即在置信概率 95%下，该地区中学生体质测试的平均成绩在 79.71 分至 80.89 分之间。

4.3.2　不等概率抽群的两级抽样

1）不等概率抽样

概率抽样分为等概率抽样和不等概率抽样。前面介绍的简单随机抽样属于等概率抽样，即在抽样过程中每个抽样单元的入样概率相等。不等概率抽样是指每个抽样单元的入样概率不相等。当总体的群单元规模差异大，总体方差大或者由于某原因不能直接对规模小的基本单元抽样时，不等概率抽样是更好的选择。

按照在抽样过程中抽样单元是否被放回，不等概率抽样分为有放回不等概率抽样和无放回不等概率抽样。其中，不放回不等概率抽样在操作实施、估计量构建等方面较为复杂，在实践中常采用有放回不等概率抽样。

例如，采用有放回不等概率的抽样方法抽取表 4.5 中的群单元。有放回不等概率抽样的步骤是：首先，按照抽样框中群单元的排列顺序，计算群规模的累计数，如表 4.5 的第二列和第三列所示；其次，根据累计数，依次计算群单元的取值范围，如表 4.5 的第四列所示；最后，生成随机数，根据随机数对应的取值范围抽取群单元。第 i 个群被抽中的概率为 $z_i = M_i / M$， $M = \sum_{i=1}^{N} M_i$，满足 $\sum_{i=1}^{N} z_i = 1$。

表 4.5 有放回不等概率抽样

群序号 i	群规模 M_i	累计数	取值范围	入样概率
1	10	10	1～10	0.106
2	12	22	11～22	0.128
3	15	37	23～37	0.159
4	6	43	38～43	0.064
5	8	51	44～51	0.085
6	14	65	52～65	0.149
7	12	77	66～77	0.128
8	8	85	78～85	0.085
9	9	94	86～94	0.096

2）有放回不等概率抽群的两级抽样

有放回不等概率抽群的两级抽样过程如下：先根据群规模计算每个群的入样概率，采用有放回不等概率抽样抽取群单元；再采用简单随机抽样抽取基本单元，所有被抽中的基本单元组成有放回不等概率抽群的两级抽样样本。采用有放回不等概率抽群的两级抽样，入样概率与群规模成比例，与样本规模大小成比例的概率抽样（sampling with probability proportional to size）的总体均值的 PPS 估计量为

$$\hat{\bar{\bar{Y}}}_{\text{PPS}} = \frac{1}{Mn}\sum_{i=1}^{n}\frac{M_i\bar{y}_i}{z_i} = \frac{1}{n}\sum_{i=1}^{n}\bar{y}_i \tag{4.15}$$

其中，z_i 表示第 i 个群单元的入样概率。总体均值的 PPS 估计量为无偏估计量，即 $E(\hat{\bar{\bar{Y}}}_{\text{PPS}}) = \bar{\bar{Y}}$。总体均值的 PPS 估计量的方差为

$$V(\hat{\bar{\bar{Y}}}_{\text{PPS}}) = \frac{1}{nM}\left(\sum_{i=1}^{N}M_i(\bar{Y}_i - \bar{\bar{Y}})^2 + \sum_{i=1}^{N}\frac{M_i\,(1-f_{2i})S_{2i}^2}{m_i}\right) \tag{4.16}$$

方差估计为

$$v(\hat{\bar{\bar{Y}}}_{\text{PPS}}) = \frac{1}{n(n-1)}\sum_{i=1}^{n}\left(\bar{y}_i - \hat{\bar{\bar{Y}}}_{\text{PPS}}\right)^2 \tag{4.17}$$

总体总值的 PPS 估计量为

$$\hat{Y}_{\text{PPS}} = \frac{1}{n}\sum_{i=1}^{n}\frac{M_i\bar{y}_i}{z_i} = \frac{M}{n}\sum_{i=1}^{n}\bar{y}_i \tag{4.18}$$

总体总值的 PPS 估计量为无偏估计量，即 $E(\hat{Y}_{\text{PPS}}) = \hat{Y}$。总体总值的 PPS 估计量的方差为

$$V(\hat{Y}_{\mathrm{PPS}})=\frac{M}{n}\left(\sum_{i=1}^{N}M_i(\overline{Y}_i-\overline{\overline{Y}})^2+\sum_{i=1}^{N}\frac{M_i(1-f_{2i})S_{2i}^2}{m_i}\right) \tag{4.19}$$

总体总值的 PPS 估计量的方差估计为

$$v(\hat{Y}_{\mathrm{PPS}})=\frac{M^2}{n(n-1)}\sum_{i=1}^{n}\left(\overline{y}_i-\hat{\overline{\overline{Y}}}_{\mathrm{PPS}}\right)^2 \tag{4.20}$$

若 4.2 节案例采用有放回不等概率的两级抽样。已知该地区本年度注册中学生人数为 $M=104027$，每个学校的入样概率如表 4.6 所示。

表 4.6　有放回不等概率两级抽样的学校入样概率

群编号	群规模	入样概率	群编号	群规模	入样概率
44	1956	0.0188	36	1985	0.0191
34	2022	0.0194	18	2009	0.0193
49	2005	0.0193	5	1970	0.0189
22	2019	0.0194	50	1982	0.0191
52	1959	0.0188	51	1975	0.0190
24	2001	0.0192	17	2019	0.0194

利用表 4.6 的数据，采用有放回不等概率抽群的两级抽样，平均成绩的 PPS 估计为

$$\begin{aligned}\hat{\overline{\overline{Y}}}_{\mathrm{PPS}}&=\frac{1}{n}\sum_{i=1}^{n}\overline{y}_i\\&=80.30\end{aligned}$$

即该地区中学生体质测试平均成绩的 PPS 估计为 80.30 分。平均成绩的 PPS 估计量的方差估计和标准差估计为

$$\begin{aligned}v(\hat{\overline{\overline{Y}}}_{\mathrm{PPS}})&=\frac{1}{n(n-1)}\sum_{i=1}^{n}\left(\overline{y}_i-\hat{\overline{\overline{Y}}}_{\mathrm{PPS}}\right)^2\\&=0.08\end{aligned}$$

$$\sqrt{v(\hat{\overline{\overline{Y}}}_{\mathrm{PPS}})}=0.28$$

即该地区体质测试平均成绩的 PPS 估计量的标准差估计为 0.28 分。在置信概率 95%下平均成绩的置信上限为

$$\hat{\overline{\overline{Y}}}_{\mathrm{PPS}}+1.96\times\sqrt{v(\hat{\overline{\overline{Y}}}_{\mathrm{PPS}})}=80.30+1.96\times0.28=80.85$$

置信下限为

$$\hat{\overline{\overline{Y}}}_{\mathrm{PPS}}-1.96\times\sqrt{v(\hat{\overline{\overline{Y}}}_{\mathrm{PPS}})}=80.30-1.96\times0.28=79.75$$

即在置信概率 95%下，该地区中学生体质水平的平均成绩在 79.75 分至 80.85 分之间。

4.3.3 三级抽样

若能准确定义三级抽样单元或更低级别的抽样单元，两级抽样也可以推广到三级抽样或更高级别的抽样。假设总体包含 N 个一级抽样单元，每个一级单元又包含 M 个二级抽样单元，每个二级抽样单元又分为 K 个三级抽样单元。记每个阶段抽取的样本量分别为 n、m和k，Y_{abc} 为第 a 个一级抽样单元第 b 个二级抽样单元第 c 个三级抽样单元的响应变量值，y_{abc} 是响应变量的样本观测值。若每个阶段都采用简单随机抽样，且抽取群内单元的过程相互独立，则仍可采用样本均值估计总体均值，总体均值的无偏估计量为

$$\hat{\bar{\bar{Y}}}=\frac{1}{nmk}\sum_{a=1}^{n}\sum_{b=1}^{m}\sum_{c=1}^{k}y_{abc} \tag{4.21}$$

估计量 $\hat{\bar{\bar{Y}}}$ 的方差为

$$V(\hat{\bar{\bar{Y}}})=\frac{1-f_1}{n}S_1^2+\frac{1-f_2}{nm}S_2^2+\frac{1-f_3}{nmk}S_3^2 \tag{4.22}$$

其中，f_1、f_2和f_3 分别为三个阶段的抽样比，S_1^2、S_2^2和S_3^2 分别为总体一级抽样单元、二级抽样单元和三级抽样单元的方差，即

$$S_1^2=\frac{1}{N-1}\sum_{a=1}^{N}(\bar{\bar{Y}}_a-\bar{\bar{Y}})^2$$

$$S_2^2=\frac{1}{N(M-1)}\sum_{a=1}^{N}\sum_{b=1}^{M}(\bar{Y}_{ab}-\bar{\bar{Y}}_a)^2$$

$$S_3^2=\frac{1}{NM(K-1)}\sum_{a=1}^{N}\sum_{b=1}^{M}\sum_{c=1}^{K}(Y_{abc}-\bar{Y}_{ab})^2$$

估计量 $\hat{\bar{\bar{Y}}}$ 方差的无偏估计是

$$v(\hat{\bar{\bar{Y}}})=\frac{1-f_1}{n}s_1^2+\frac{f_1(1-f_2)}{nm}s_2^2+\frac{f_1f_2(1-f_3)}{nmk}s_3^2 \tag{4.23}$$

其中，s_1^2、s_2^2和s_3^2 分别为一级抽样单元、二级抽样单元和三级抽样单元的样本方差

$$s_1^2=\frac{1}{n-1}\sum_{a=1}^{n}(\bar{\bar{y}}_a-\bar{\bar{\bar{y}}})^2$$

$$s_2^2=\frac{1}{n(m-1)}\sum_{a=1}^{n}\sum_{b=1}^{m}(\bar{y}_{ab}-\bar{\bar{y}}_a)^2$$

$$s_3^2=\frac{1}{nm(k-1)}\sum_{a=1}^{n}\sum_{b=1}^{m}\sum_{c=1}^{k}(y_{abc}-\bar{y}_{ab})^2$$

更多级抽样的估计量及其方差和方差估计的计算公式越复杂。

习　题　4

1. 某高校欲利用两级抽样调查下述指标，请分别选择两级抽样的单元，并叙述理由。

（1）全校学生拥有的电脑数；

（2）每位同学拥有的各种英语学习书籍；

（3）男同学平均每分钟仰卧起坐次数。

2. 试验田划分为 160 个小地块，每个地块有 9 株植物。现采用简单随机抽取 40 个地块，再从每个地块中抽取 3 株植物，观察植物生长情况。结果显示，无病害植物的地块有 22 个，有 1 株病害植物的地块有 11 个，有 2 株病害植物的地块有 4 个，3 株全部为病害的地块有 3 个。试估计整个试验田发生病害的植物总数及其占总植物数的比例，给出估计量的标准差估计。

3. 某省市共有 200 个街区，16000 户居民，欲调查该居民区的平均用网时长。现以街区作为群单元，采用简单随机抽样抽取 3 个街区。再以住户作为二级抽样单元，简单随机抽样从被抽中的街区中抽得住户，调查其每天的用网时长，得到调查数据如表 4.7 所示。试估计该居民区居民每天平均用网时长。

表 4.7　居民区的网络使用时间

名称	台数	一周内使用时间/h			
向阳街	$M_1=80$	$y_{11}=3$	$y_{12}=7$	$y_{13}=5$	
南斜街	$M_2=200$	$y_{21}=6$	$y_{22}=4$	$y_{23}=12$	$y_{24}=10$
北园街	$M_3=120$	$y_{31}=0$	$y_{32}=2$	$y_{33}=10$	$y_{34}=8$

4. 某高校学生会欲对全校男学生每月生活费进行调查。全校共有男学生宿舍 200 间，每间住 6 位学生。学生会采用两级抽样，从 200 间宿舍中无放回等概率抽取 10 间宿舍，再从被抽中的每间宿舍中采用简单随机抽样独立抽取 3 位学生进行调查，调查数据见表 4.8。试估计该学校男学生的平均每月生活费，并给出估计量的标准差估计。

表 4.8　学生会的调查数据

宿舍	3 位被调查学生本月生活费/元	宿舍	3 位被调查学生本月生活费/元
1	1695　1300　820	6	1494　1192　1592
2	1042　1308　1820	7	1901　707　1438
3	732　1224　1825	8	1898　1522　1850
4	1046　1518　1119	9	1000　748　1533
5	1901　1886　1672	10	1104　1638　1244

5. 某工厂欲对 10 个车间的机器每天工作时长进行调查。已知该工厂有 500 台机器，

从 10 个车间中抽取 4 个车间，再从被抽取的每个车间中独立抽出若干机器，两个阶段都采用简单随机抽样，调查机器每天的工作时间，调查数据见表 4.9（单位：h)。试估计该工厂机器每天的平均工作时长，并给出方差估计。再构造比估计量，估计该工厂机器每天的平均工作时长，给出比估计量的方差估计。如果表 4.9 的数据是采用有放回不等概率抽群的两级抽样，被抽中概率与机器数成比例，估计该工厂机器每天的平均工作时间，给出估计量的方差估计，并进行比较。

表 4.9 抽中的车间单元及车间机器工作时长

单元	总机器数/台	样本量	时间/h					
1	32	4	4	2	3	6		
2	45	5	2	2	4	3	6	
3	36	4	3	2	5	8		
4	54	6	4	3	6	2	4	6

第5章

试验设计基础

在人类社会发展过程中，试验是人们所从事的最普遍的活动，对人类认识自然发挥着至关重要的作用。试验的应用范围非常广泛，从日常生活的吃穿住行，到科学研究的技术创新，如蒸汽机、电子计算机、机器人技术、互联网通信等都会用到试验。试验允许研究者通过有目的地调整一个系统输入变量的设置，观察和发现系统输出的响应变量（即试验结果）变化，研究输入变量和输出结果之间的统计关系，探索输入变量如何影响输出结果的统计规律性，为优化响应变量提供依据①。试验设计是试验需要的技术和方法的总称，为研究者提供好的试验设计，使其有效地进行数据分析，并建立来自分析的结论和最初研究目标之间的联系。目前，很多物理过程，例如，在系统科学和工程学中，试验设计是新制造过程的设计与研发的基本组成部分。科学的试验设计可以提高产出、减少变异性、缩减开发时间、降低总成本。在开发新产品、改良旧产品的工程设计中，试验设计可以用于选择最优的原材料，确定影响产品性能的关键因素等②。此外，试验设计也可以用于在社会民生中评价人们生活习惯、工作生活环境、休闲方式对生活满意度的影响。本章主要介绍试验设计的基础知识和常用的试验设计方法。

5.1 试验设计的基本思想

为了更好理解试验设计，本章简单地将研究对象解释为一个系统。系统可以是一件产品，如农作物、工业品、医疗器械、大型交通设备等，也可以是一个过程，包括生产工艺、客观现象的物理过程以及管理或服务过程等。这个系统可以属于工程、生物、医学或物理等科学领域，也可以属于其他科学领域，如政治学、经济学、心理学和社会学等。例如，研究物价上涨对居民消费支出的影响。把居民消费过程看作一个系统，这个系统的重要输入变量包括物价变化指数、居民消费结构、居民收入水平等，输出变量是居民消费支出，可以利用试验设计研究这些输入变量的变化对居民消费支出的影响。

再如，一位工程师想要研究两种类型生产工艺对手机屏幕使用寿命的影响。把手机屏幕的生产过程看作一个系统，系统的重要输入变量是生产工艺类型等，输出变量是屏

① Wu C F J，Hamada M. 试验设计与分析及参数优化[M]. 张润楚，等译. 北京：中国统计出版社, 2003.

② Montgomery D C. Design and Analysis of Experiments[M]. 6th ed. New York: Wiley, 2004.

幕使用寿命，可以利用试验设计研究这些输入变量的变化对使用寿命的影响。工程师的目的是确定哪种类型生产工艺能使得手机屏幕使用寿命更长。工程师决定对每种类型生产工艺提供若干相同原材料并制造手机屏幕后，测量手机屏幕的使用寿命，以每种类型生产工艺制造的手机屏幕试验品的平均寿命来确定哪种类型生产工艺是最好的。利用试验设计，对一个系统进行研究，为了给出可信的分析结果，还需要关心很多其他的问题。例如：

（1）要研究手机屏幕的生产是否只有这两种类型的生产工艺？

（2）在手机屏幕生产试验中，是否还有其他可能影响手机屏幕使用寿命的因素应该被研究（如手机屏幕的大小和厚度）？

（3）利用每种类型生产工艺需要制造多少个手机屏幕？

（4）怎么样把原材料分配给每种类型生产工艺？

（5）应该按什么顺序收集数据？

（6）应该采用什么样的数据分析方法？

（7）两种类型生产工艺的手机屏幕使用寿命观测平均值差异多大时，认为手机屏幕使用寿命差异是显著的？

图 5.1 给出了黑箱模型，描述手机屏幕生产过程。手机屏幕的两种类型生产工艺对手机屏幕使用寿命的影响机理是未知的，很难用函数表达出来，只能将其作为一个完全未知的黑箱。输入变量主要是指手机屏幕的生产工艺类型，输出变量就是手机屏幕使用寿命。原材料、手机屏幕的大小和厚度是可控因子，手机屏幕寿命测试的温度和湿度是不可控因子。系统根据输入变量的值，相应地输出响应变量数值。输出数值会受到可控因子的影响，也会受到不可控因子的影响。研究问题不同，试验设计的目的也不同。在实际应用中，试验设计还能用于其他试验目的，例如：

（1）确定哪些输入变量对输出变量的影响显著；

（2）确定显著输入变量的哪些设置可使输出变量满足预期要求；

（3）确定显著输入变量的哪些设置可使输出变量的变异性最小；

（4）确定可控且显著输入变量的哪些设置可使不可控变量的效应最小。

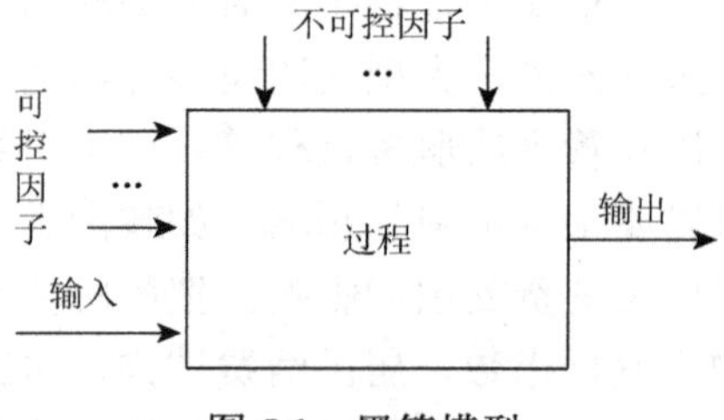

图 5.1 黑箱模型

在试验设计的实际应用中，选择优良的设计很重要，直接影响响应变量和结论的可信度。在手机屏幕使用寿命的试验中，如果两种类型生产工艺制造的手机屏幕使用寿命差异非常大，生产工人凭借自己工作经验，就能准确区分哪种类型生产工艺更好时，试验设计的应用价值小。更多的实际情况是，两种类型生产工艺所制造的手机屏幕使用寿命差异并不清楚。换句话说，即使是新生产工艺比原生产工艺好，新生产工艺所制造的手机屏幕使用寿命也没有非常大的改善。需要认真权衡手机屏幕使用寿命改进成本与其经济效益，才能做出决策。在这种情况下，可以利用试验设计识别影响手机使用寿命的干扰因素，更合理描述生产工艺类型对手机屏幕使用寿命的效应。如果供应商提供的原材料对手机屏幕使用寿命的效应也有影响，所收集的数据需要明确区分所观察的手机屏幕使用寿命的差异有多少是来自生产工艺类型不同所致，有多少来自原材料不同所致。如果选择的试验设计很差，将原材料所导致的差异归入生产工艺类型对手机屏幕使用寿命的效应，数据分析的结果和结论可能出现很大偏差，有时甚至是很严重的错误，对数据分析结论起到负面影响。

在试验设计的实际应用中，还有必要了解实体模型（或机理模型）和替代模型。在有些科学研究过程中，对客观现象研究比较深入，直接应用物理原理就能得到有用的结果。将直接由物理原理得到的模型叫实体模型。一个例子就是圆周运动的向心力计算公式为 $f = mv^2 / r$，其中 f 为向心力，m 为物体的质量，v 是圆周运动的线速度，r 为圆周的半径。实体模型作为所研究客观现象的真实模型，往往是未知的。很多实际应用都要求对系统的运行进行观测和试验，利用系统输出揭示系统运行的原理和方式。优良的试验设计常常可以导出接近真实系统运行的替代模型，作为实体模型替代，这类模型称为替代模型。替代模型是由统计推断所得到的实体模型的近似，也像实体模型一样被研究者所使用。试验设计就是由试验中收集的数据推断出替代模型的方法和技术。

在手机屏幕使用寿命的试验中，试验包括几个因子，如生产工艺类型、手机屏幕大小和厚度等。假定这些就是我们主要感兴趣的因子，还有其他影响手机使用寿命的因子，但认为那些因子的影响小，没有考虑的必要，这应该是工程师和科学家依据长期工作经验所做出的决定。进行试验的人称为试验者。试验目的是比较两种类型生产工艺对手机屏幕使用寿命的影响，筛选出其中更优良的生产工艺类型。试验者可以采取多种试验设计。假定由于资金和时间的限制，试验过程最多能制造 16 个试验屏幕进行测试。一种试验方法是猜测法。先选择这些因子的某个组合，进行测试和统计分析，组合的选择是由于研究者的偏好或者便于制造等原因。例如，选择最小的屏幕尺寸和最薄的屏幕厚度，分别采用每种类型生产工艺制造 1 个试验屏幕进行测试。下一轮选择其他的因子组合，分别采用每种类型生产工艺制造 1 个试验屏幕进行测试。这种方法在实践中经常被研究者所采用，主要是由于研究者往往具有大量的技术上或理论上的知识，以及丰富的实际经验。这种方法的缺点是最初的响应变量与试验者预期一致，统计推断结果可能达不到预期精度要求，但试验者也可能会终止试验。

另一种是一次一因子方法。选择屏幕大小、屏幕厚度和供应商原材料的初始水平组合，依次选择两种类型生产工艺制造手机屏幕，进行测试。再确定屏幕厚度、供应商原材料和生产工艺类型组合，依次选择屏幕大小因子不同水平制造手机屏幕，进行试验测试。每次只改变一个试验因子水平，其他因子水平组合不变。直到所有因子测试完成，进行统计分析。一次一因子方法也是在实际中经常采用的方法。如果两个因子之间存在显著的交互效应，这种方法的统计分析结果往往很不好。简单地说，交互效应是一个因子和另一个因子的不同水平组合产生的效应增加值。

在存在多个因子的情况下，更好的方法是选择因析设计。这种设计考虑有代表性的因子水平组合，不是易于操作，也不是一次一因子。因析设计是一类非常重要的试验设计，可以更高效率地收集和分析试验数据。后面有专门章节介绍。假设只考虑屏幕大小、屏幕厚度、不同供应商原材料和生产工艺类型 4 个因子，每个因子有 2 个水平，选择 4 因子 2 水平的因析设计，16 次试验包含了 4 个因子的全部水平组合，相应的设计为完全因析设计，见表 5.1。表 5.1 给出了生产工艺类型、屏幕尺寸、屏幕厚度和原材料的水平取值，生产工艺的“+”代表新生产工艺，“−”代表原生产工艺；屏幕尺寸的“+”代表大尺寸，“−”代表小尺寸；屏幕厚度的“+”代表厚型，“−”代表薄型；原材料的“+”代表供应商 1 的原材料，“−”代表供应商 2 的原材料。这样设计可以研究每个因子的主效应和两因子交互效应。生产工艺类型对手机使用寿命的效应，是通过新生产工艺和原生产工艺分别对应的平均观测值之差得到的，即

$$
\begin{aligned}
\text{生产工艺效应} &= \frac{42379+41081+41521+40830+41048+41935+42710+38427}{8} \\
&\quad - \frac{39623+41500+40348+39856+39834+40449+40865+40262}{8} \\
&= 899
\end{aligned}
$$

其他主效应和交互效应的计算过程类似。可以利用统计检验判定生产工艺类型影响是否显著，新生产工艺是否比原生产工艺更有利于延长手机屏幕使用寿命。

表 5.1 手机屏幕使用寿命试验的 4 因子 2 水平完全因析设计

序号	生产工艺类型	屏幕尺寸	屏幕厚度	原材料	观测值
1	+	+	+	+	42379
2	+	+	+	−	41081
3	+	+	−	+	41521
4	+	+	−	−	40830
5	+	−	+	+	41048
6	+	−	+	−	41935
7	+	−	−	+	42710
8	+	−	−	−	38427
9	−	+	+	+	39623
10	−	+	+	−	41500
11	−	+	−	+	40348
12	−	+	−	−	39856
13	−	−	+	+	39834
14	−	−	+	−	40449
15	−	−	−	+	40865
16	−	−	−	−	40262

在上述的生产工艺效应估计过程中，如果知道实体模型，直接采用实体模型计算每种工艺制造的手机屏幕使用寿命，然后计算两者的差值，作为生产工艺类型对手机屏幕使用寿命的效应。上述的效应估计往往不是两个实体模型的差值，只是一个替代值，或者在统计意义下是非常好的近似值。只要不影响统计分析结论的合理性，研究者更倾向于选择替代模型，即利用替代模型代替实体模型进行统计分析和推断。

5.2 试验设计发展简介

试验成为人们认识自然、认识社会的活动，试验设计的历史很长。本书将要讲述的试验设计是指近代试验设计，发展过程大致划分为三个阶段。

第一个阶段主要开展农业试验。20 世纪 30 年代，英国著名统计学家 Fisher 的开创性工作与 Yates 和 Finney 的杰出工作都是因为受到了农业和生物遗传中具体问题的启发。农业试验注重试验处理的比较。农业试验的特征是规模较大、试验时间长、需要考虑试验田间的差异。这些特征导致了分区组、随机化、可重复试验，以及正交性、方差分析和部分因析等技术的出现和发展。这个时期的研究成果在纺织工业和社会科学领域中也得到了普遍应用。

第二个阶段主要开展工业试验。第二次世界大战后，工业发展迅速，试验设计也获得了快速发展。Box 及其合作者发现原有的试验设计技术不能满足工业试验的要求，必须发展新技术处理流程工业的特殊问题。流程工业重视流程的建模和优化，其试验的输出结果通常可以被直接观测。受试验费用限制，流程工业的试验更倾向于考虑更省时间和更经济的设计试验次数，这促进了序贯试验的迅速发展。同时，这些需求也促进了试验设计的技术（如中心复合设计和最优设计等）的发展。这些技术的分析更多依赖于回归模型和图表。随着计算方法的发展，最优设计也获得了快速发展和广泛应用。

20 世纪 70 年代后期，为了增加产品的竞争优势，需要使产品的缺陷尽可能减少。对产品质量控制和改进提出了更高要求，导致试验更重视降低产品质量的变异性。Taguchi 提出了稳健参数设计来改善产品质量，使得产品对于在正常使用条件下难以控制的那些变量不敏感。降低产品对环境因子或其他难以控制因子的敏感度，从而保证产品质量，使产品均值达到目标值并降低目标值的变异程度。80 年代中期许多统计学家也发展了其他的一些统计技术。稳健参数设计被广泛应用于汽车制造、航空航天、计算机和电子产品等产业。

第三个阶段主要开展计算机试验。20 世纪 80 年代至今，试验设计应用于几乎所有科学或工程领域的研究和实践。很多商业服务、财务服务、政府运行等也开始了有关试验设计的实践应用。近年来计算机技术的飞速发展，使计算机试验成为新的研究和应用领域。传统的试验方法是在实验室或工农业现场进行，依赖于经费、设备、材料、工人操作；而计算机试验则能够达到多、快、好、省的目的。计算机试验的模型可以分为两类：一类统称为计算机模拟计算，即用计算机产生特定分布的样本，计算需要的各种统计量，再研究统计量的优良性质；另一类计算机试验的模型是确定的，不包含随机误差，但模型复杂得难以快速分析和处理，计算机试验的目的就是通过试验找到实体模型的简单替代模型。

5.3 试验设计的目的

目前，实际应用领域的试验设计问题多种多样。按照试验设计应用划分，试验设计目的大致划分为五大类。

（1）处理比较。试验设计应用的主要目的是比较两种或多种处理的效应是否相等，若不相等则选择其中最好的。处理就是试验设计中试验因子的水平组合。在实际应用中，处理可以是生产工艺类型（新生产工艺和原生产工艺）、农作物的品种（大豆、玉米、高粱等）。例如，比较三种医疗康复方案，它们的治疗效果是否相同？如果不同，哪种方案最好？

（2）变量筛选。实际的统计问题往往受到许多因素的干扰。影响响应观测的因素都称为变量，其中只有少数变量是重要的，其他大部分变量是冗余变量。试验设计要能够识别这些重要的变量，使得它们的估计尽可能少地受到其他变量的影响；或者能够识别不重要的变量，把它们当作随机干扰。筛选试验可以用于识别重要变量，之后再实施跟随试验，更深入研究这些重要变量的效应。

（3）响应曲面分析。响应变量与影响因素之间的关系有时称为响应曲面。利用试验数据，拟合响应曲面，能够搜索到影响因素的最优取值区域，这个区域包含响应变量的最优取值。常用的响应曲面设计能够用于估计这些变量的线性效应和二次效应以及变量之间的交互效应，建立响应变量与其他变量的二次函数，作为实体模型的替代。响应曲面设计比筛选试验设计需要的试验规模要大一些，参数模型和半参数模型都可能用到。

（4）系统优化。很多实际应用往往也会关注系统的优化，使得系统的收益最大，或者损失最小。研究物价上涨对居民消费支出的影响，响应变量是居民消费支出，而物价变化指数、居民消费结构、居民收入水平等都是影响因素。一旦居民消费支出与物价变化指数、居民消费结构、居民收入水平之间的响应曲面函数被估计，就可以进行系统优化，将物价变化指数控制在指定范围之内，使其对居民消费支出的影响最小。这类试验设计并不是遍历所有可能的影响因素组合，而是快速地使试验移动到含有响应变量最优取值的重要影响因素组合区域，在这个区域进行更深入细致分析。

（5）系统稳健性。在统计质量控制中，保证响应变量的取值在可接受的范围之内，并使得响应变量对于难以控制因子（也称为噪声）变化具有稳健性，有着广泛而重要的应用。解决这类问题，常常选择那些使得系统对噪声变化不敏感的控制因子水平组合。同时，对于给定的控制因子水平组合，在重复试验中响应变量的方差或方差的函数也将被关注，有时直接将其用作试验设计响应变量。

5.4 试验设计的典型应用

试验设计在实际中应用的方式和方法有很多种。试验作为科学研究和生产实践的一部分，既可以作为对未知结果的探索方法以及系统研究的一种途径和手段，又可以作为科学猜想和生产预期的验证性方法。先提出一些猜想，再进行试验，收集试验数据，利用这些试验数据进行统计推断，对猜想和预期进行验证。在有些情况下，研究实际问题是逐步深入的，试验设计对当前问题进行验证性分析，又会利用这一试验数据提出新的假设，进行新的试验。通过一系列试验设计对实际问题进行逐步解决。在科学研究和生产实践中，应用试验设计的好处主要是优化响应变量取值，缩短开发时间，降低总成本。

试验设计的应用主要集中于过程刻画、过程优化、产品设计、产品配方。过程刻画是确定哪些试验因子（可控的与不可控的）对产品有显著影响。采用的试验设计，能够估计因子效应的正负和大小。过程优化是确定获取最优响应变量的重要因子设置范围。当确定重要因子的最优区域时需要再进行追加试验，得到重要因子设置的精确估计。产品设计是识别对产品性能有重要影响的变量及其参数，为产品的可靠性与平稳性提供重要信息。利用系统的计算机模型，重点关注重要因子及其最优设置，缩短产品开发时间和减少产品开发成本。产品配方可以确定产品的最优混合比。配方主要是指生物材料、化学试剂和其他材料混合物的配方。下面介绍几个具体例子，演示试验设计的应用。

（1）测试键盘试验。某电子企业的研发部门研发了 4 款新型键盘，在进行市场推广之前，需要对 4 款新型键盘的打字效率进行测试，检验打字效率是否存在显著性差异。试验只包含一个因子，即键盘型号。这是单因子试验设计问题。为了保证试验过程不受其他因素影响，选取一份相同稿件，打字并记录完成稿件所需要的时间。综合考虑成本和试验条件等因素，给定误差方差、显著性水平和检验功效等参数，确定试验的重复次数。打字员指定的键盘型号将采取完全随机化方法，记录每名打字员完成稿件所需的打字时间，获得试验数据。利用方差分析模型，检验打字员分别使用 4 个型号键盘的平均打字时间是否存在显著性差异。如果 4 个型号键盘的平均打字时间存在显著性差异，再采用 Tukey 多重比较法选择出打字时间最短的键盘型号。

（2）测试打字效率的影响因素。若打字员的打字效率会受到键盘型号和稿件类型两个因子影响。键盘型号分为 A、B 和 C 三种，稿件类型分为中文稿件和英文稿件两种。有些情况下，键盘型号与稿件类型的交互效应也可能会影响打字效率。响应变量是打字时间，试验因子是键盘型号和稿件类型，分析键盘型号和稿件类型对打字时间的影响。给定误差方差、显著性水平和检验功效等参数，计算重复试验次数。采用完全随机化方法，将试验组合随机指定打字员。按照上述的计划安排试验，记录相应的响应变量，采用两因子试验的方差分析模型，检验两因子交互效应是否显著，以及每个因子主效应是否显著。如果试验的两因子交互效应显著或主效应显著，采用 Tukey 多重比较法，选择最优的因子水平或因子水平组合。

（3）水稻种植试验。某研究小组比较四个品种水稻产量是否存在差异。响应变量是水稻产量。水稻的 4 个品种分别用 A、B、C 和 D 表示。选取 6 个土壤环境不同的地区，分别用数字 1～6 表示。每个地区选取 4 块土壤环境、面积和形状都非常接近的试验田。不同地区间的土壤环境存在明显差异。水稻因子的 4 个品种是 4 个水平，也是 4 个处理。不同土壤环境的 6 个地区是 6 个区组。每个地区的 4 块试验田作为一个区组。在每个区组内，4 个品种水稻被随机地分配到 4 块试验田中，进行随机化完全区组试验。收集随机化完全区组试验数据，进行方差分析，检验 4 个品种水稻产量是否相等。如果不同品种的水稻产量存在统计显著性差异，采用 Tukey 多重比较法，判断哪个水稻品种的产量最大。

（4）化工品生产试验。某化工厂为提高某种化工品的产量，研究影响产量的因素。考虑 4 个影响因素，分别为催化剂种类、反应时间、反应温度和溶剂用量。受限于试验成本，每个因子只取 2 个水平。试验的目标是检验各个因子对化工品产量的影响是否存在显著差异，找出化工品产量最大的试验水平组合。这是正交设计问题，选择 2 水平正交表实施试验。不考虑因子之间的交互效应，4 个因子可以放在正交表的任意 4 列中，1 个因子占 1 列。在试验过程中，8 次试验的顺序必须是随机的，尽量避免试验因子之外的其他因子对响应变量的影响以及对操作人员、仪器设备等区组因子的影响。对于正交设计试验数据，直观分析法通过综合比较各因子在不同水平下对响应变量的影响大小，判断各因子重要程度和最优试验水平组合，最优水平组合可能不在已做试验的水平组合中。在实际应用中，若发生这种情况，需要进一步分析或者追加验证试验。比如，在得到的最优水平组合下重复做几次试验，考察平均响应值是否好于已做试验的响应均值。为了检验因子效应的显著性，对试验数据进行方差分析，将总离差平方和分解为各主效应平方和与误差平方和。也可以利用正交设计试验数据，建立产量与 4 个因子的回归模型，计算最优产量的因子设置。

（5）生产工艺试验。某化工厂为了提高某类化工产品的产量，欲通过试验设计寻找化工产品最优的生产工艺条件。根据专业人员的经验，影响该类化工产品的主要因子有 6 个，每个因子取 2 个水平。响应变量是化工产品产量。根据公司预算，可以安排 12 次试验。在试验次数为 12 的情形下，主效应模型对应的 *D*-最优设计是正交设计。如果两因子交互效应是显著的，模型阵不再满足正交性，两因子交互效应列与主效应列的水平组合重复次数并不相同，设计表不是正交表。拟合交互效应模型的变量选择过程要考虑效应遗传原则、效应稀疏原则和效应排序原则，参见 Wu 和 Hamada 的书①。

（6）计算机试验。给定试验区域，计算在试验区域上的定积分。采用拉丁超立方体抽样，计算定积分估计值，比采用简单随机抽样计算的定积分估计值更接近定积分真值，且估计方差更小。

对于复杂的实体模型，利用拉丁超立方体设计进行计算机模拟，构建替代模型，考察替代模型的预测误差。替代模型函数的选择决定了拟合模型与实体模型之间的差异。然而，实体模型往往是未知的，合理的替代模型选择离不开实际经验。

5.5 试验设计的三原则：可重复、随机化、分区组

试验设计的实际应用必须考虑三个基本原则，分别是可重复（replication）、随机化（randomization）和分区组（blocking）。在试验设计中这是最重要的三个原则，其他的原则在需要时再介绍。

可重复原则是指每个处理都要施用于多个试验单元。试验单元是承载试验的基本单

① Wu C F J, Hamada M. 试验设计与分析及参数优化[M]. 张润楚，等译. 北京：中国统计出版社, 2003.

元，可以是生化材料、工程机械、有机生物、地块区域、时间段等。这些试验单元是研究总体的代表。重复有两个重要作用：一是允许研究者估计试验误差的方差，并将其作为统计推断的基础；二是能够使研究者得到更精确的参数估计。试验重复次数越多，处理效应估计的方差就越小。重复可以分为同单元重复和不同单元重复。同单元重复是针对同一试验单元的多次观测，也称为同单元重复试验。不同单元重复是针对不同试验单元的多次观测，也称为不同单元重复试验。例如，为了研究一种新开发减肥药的疗效，招募 50 人参加试验。一种试验方法是先测试 50 人的体重，之后要求每个人都按照要求服用减肥药，两个月后再测试这 50 人的体重，前后两次体重的差值代表每个人的减肥效果。另一种方法是随机地将招募的 100 人分为两组，要求一组所有人都按照要求服用减肥药，另一组所有人都不服用减肥药，两个月后测试这 100 个人的体重，将服用减肥药物组的平均体重和未服用减肥药物组的平均体重之差作为两组人员的减肥效果。第一种方法是同单元重复试验，体重下降主要是由于服用减肥药物。第二种方法是不同单元重复试验，两组体重差值不仅来源于服用了减肥药物，还来源于两组人员的试验初期测量的体重差异。相比较，不同单元重复试验的误差更大，容易导致效应显著性检验的失真。

随机化原则用于试验过程中处理在单元上的分配，也可用于在试验中试验单元的排列顺序以及观测顺序。在上述减肥药物试验的例子中，有 50 份减肥药物和 50 份安慰剂，招募 100 人，一种试验方法是每个人服用的是减肥药还是安慰剂是随机指定的，之后要求每个人都按照相同要求服用药物，两个月后再测试这 100 人的体重，两组平均体重的差值代表减肥药物的疗效。另一种方法是事前将 100 人中体重偏重的受试人指定服用减肥药，体重偏轻的受试人指定服用安慰剂，所有人都按照要求服用，两个月后测试这 100 个人的体重，服用减肥药物的受试人体重平均值与服用安慰剂的受试人体重平均值之差作为减肥药物的疗效。第一种方法遵循了随机化原则，减肥药物随机指定给受试人，有效避免在处理分配过程中人为主观判断的影响，还可以有效抵消试验者未知但会影响响应变量的干扰，保证统计分析结论的可信度。第二种方法没有遵循随机化原则，将减肥药物被人为主观指定给受试人，不能有效抵消试验者在试验开始时体重差异的影响，也不能有效减少影响响应变量的其他未知变量干扰，尽管可能得到显著的统计分析结论，但这种显著往往是虚假的。也就是说，随机化有助于抵消其他变量干扰，避免不必要的系统偏差。

分区组是第三个重要原则。区组是指一组满足齐性的单元。齐性与试验设计目的相关。区组的例子很多，如一对双胞胎的身体机能更相同，同一年出生人的社会经历更相当，同一个人的两只脚对鞋的磨损程度差异小，同一批次陶瓷的颜色更接近等。分区组的目的是合理安排试验单元，使得区组内的试验单元差异明显小于区组间的试验单元差异。有效分区组可以消除区组效应的影响，同一区组内的处理单元按照随机化原则指定处理，进一步减小其他变量的影响。能分区组分区组，不能分区组随机化的策略常用于随机化区组设计。在上述减肥药物的疗效测试中，假设有 50 对双胞胎，每对双胞胎都是同性的，身材体重以及生活习惯都一样，随机指定一个人服用减肥药物，另一个服用安慰剂，所有人每天都按照要求服用药物，每个受试人对服用的是减肥药还是安慰剂都是未知的，按照相同食谱安排饮食，两个月后测试这 100 个人的体重。将服用减肥药物的受试人体重平均值与服用安慰剂的受试人体重平均值之差作为减肥药物的疗效。在这个随机化区组试验中，每对双胞胎作为一个区组，共计 50 个区组。每个区组内两个受试人的体重差值排除了由于试验期间每天食谱差异对体重变化的影响，其差值几乎都是由于是否服用减肥药物和安慰剂所导致的。分区组可以在同一区组内比较减肥药物对体重的影响，避免了区组效应的影响，使感兴趣的因子效应尽可能少地混杂其他因子效应。

可重复、随机化和分区组是适用于实体试验的三个原则，但并不适用于计算机试验，因为计算机试验中相同的输入会给出相同的输出。

5.6 试验设计应用步骤

试验设计是设计试验的过程，以便收集适合于统计分析方法的数据，充分发挥统计分析方法的优势，得到可信的统计分析结果和结论。试验设计包括试验数据的收集和统计分析两个部分。这两个部分互相依赖，统计分析方法依赖于试验收集的数据，试验数据的收集也是为统计分析服务的。试验设计的过程可以简单地划分为七个步骤，分别是试验数据收集前的识别和阐述问题、选择响应变量、选择因子和水平、选择试验设计计划、进行试验并收集试验数据、试验数据的统计分析，以及提出结论和对策建议。本节对试验设计过程进行简要介绍，强调试验过程中必须注意的一些重要步骤和指导原则。

（1）识别和阐述试验目标。试验设计的目标必须阐述清楚，这是试验设计的第一步，也是最重要的步骤。试验设计的整个过程都需要投入人力、物力和财力，这些投入的试验应该有明确的目标。试验设计的问题各种各样，试验设计的相关人员需要对试验目标有一个明确、清晰的认识，有助于更有效地理解和掌握正在研究的对象以及该问题的可能最优方案。有些情况下，试验设计也不只关注一个问题，可能同时关注多个问题，这些问题都要清楚准确阐述。

（2）选择响应变量。响应就是试验的观察或结果。在试验之前，确定响应的定义及测量方式是非常关键的。一个试验可能有一个响应，也可能有多个响应。响应变量可以是连续型，也可以是离散型。一般情况下，连续型响应变量相对更多。连续型响应变量和离散型响应变量的选择需根据试验设计的目的和已有的条件。例如，在火炮射击过程中，发现炮弹多次偏离预期目标的问题。为了解决这个问题，在进行的试验设计中炮弹命中率可以作为响应变量。但炮弹飞离炮口的速度和角度是炮弹命中率的最主要影响因素，并且几乎完全决定炮弹命中率。因而，可以将炮弹射出的速度和角度作为响应变量。这并没有损失炮弹命中率的相关信息，并且还能针对炮弹射出的速度和角度分别收集必要的信息，有利于改进火炮的炮弹命中率问题。

响应变量可根据试验设计的目标进行分类，通常划分为三大类型，即望目特征问题、望大特征问题、望小特征问题。望目特征问题是响应变量有固定的目标值，试验设计的目的是响应变量尽可能地靠近目标值。在上述炮弹射击的试验中，炮弹射出炮口的角度有固定的目标值，不是射出炮口的角度越大越好。炮手掌握炮弹射出炮口的角度，调整火炮发射状态，以便更好地提升炮弹命中率。

（3）选择因子和水平。因子就是试验设计中研究的变量。为了研究因子对响应变量的影响，每个因子都要有多个不同取值，这些因子的取值称为水平或设置。处理是指所有因子的水平组合。若只有一个因子，它的水平就是处理。在计划阶段，准确识别潜在的重要因子是决定试验设计成功的关键。

识别潜在因子的方法有两种，一是过程或系统的流程图，二是因果图。流程图描述了实际的全部过程或整个系统，包括各环节或组成部分的相关影响因子。从流程图中，容易发现因子在多阶段过程中的哪个环节是重要的。因果图也称为鱼骨图，列出和组织安排可能影响响应变量的所有潜在因子。所有潜在因子都是按照类目排列，类目可以是人、环境、工艺、设备及材料等。必须识别因子的不同特征，明确指出，哪些因子水平在试验中是难以变化的，哪些因子水平可能是难以设置的，哪些因子水平是很难或不可能控制的。在一个连续区域内取值的因子被称为定量因子，在离散点上取值的因子被称为定性因子。一般要求定量因子的水平取值应该适当分散，这有利于统计建模和检验。当水平个数的选择比较灵活时，选择因子和确定水平必须要考虑费用和实际情况的限制。定性因子的水平选择就缺乏灵活性。比如，要比较三种仪器的测量准确度，这三种仪器都必须考虑作为“测量仪器”因子的三个水平。除非研究者暂时不想研究其中某一种仪器，其他两种仪器在两水平试验中做比较。选择因子必须满足实体试验的限制。如果一个因子水平组合会导致破坏性或灾难性的结果，试验设计要避免出现这种组合，选择能回避这种组合的设计。

（4）选择试验计划。试验计划选择要依据可重复、随机化和分区组等试验设计的基本原则。不好的试验设计获取的信息量十分有限。好的试验设计可以使响应变量和结论简洁合理可信，数据收集和数据分析工作有较低的复杂性。还需要提及的是，在选择试验计划时，要牢记试验目的。

（5）实施试验。为了收集到高质量的数据，要监控试验的过程以确保试验能够按计划进行。试验进程中的错误有可能会影响试验结论的有效性。研究者与试验工作人员之间要保持密切交流，随时协商解决在试验过程中出现的预料之外的情况。试验计划安排要准确地整理为计划矩阵，明确试验因子及其实际取值或水平。在试验前，可以预先进行尝试性试验，对试验的结果和数据误差有一个初步估计，并检验在试验中需要用到的技术，完善事前选择的试验步骤。在试验过程中，任何与试验计划有偏离的内容都必须记录下来，供未来使用。

（6）数据的统计分析。对从试验过程中得到的数据进行统计分析，分析方法要与所采用的试验设计方法相适应。常用的统计分析包括参数估计、方差分析、模型拟合和统计检验等。若分析方法与所采用的试验设计方法不适应，得到的统计结论应该谨慎使用。

（7）统计推断与对策建议。对试验收集的数据进行分析之后，得到相关的统计推断结果或结论。结论包括筛选出的统计显著因子，及相对于最优响应的重要因子水平组合设置，或利用这些统计显著因子对响应变量所建立的模型等。统计推断的结果应该实现试验的目标。在有必要的情况下，进行验证性试验，以验证所得到的统计结果是否为真。

统计结论还可以给出是否要做跟随试验的建议。跟随试验通常是在试验目的未达到的情况下实施的。

试验设计的应用步骤是对研究对象认识逐步深入的过程。很难保证周密组织安排的试验设计一定能够达到预期的试验目标。试验设计的失败随时可能会出现。在实际应用中，上述的试验设计步骤也可能会是一个迭代的循环过程，是不断试错纠错的过程。关于试验设计过程的更深入讨论，可参看 Wu 和 Hamada①以及 Montgomery②的书。

5.7 常用的试验设计

本节将介绍几种常用的试验设计。

（1）单因子试验设计。响应变量是试验中关注的变量，如产品的产量或性能等变量。影响响应变量的变量称为因子。单因子试验只有 1 个因子。因子的不同取值称为水平。每个因子水平为试验处理。单因子试验设计常采用完全随机化方法，试验处理随机分配给试验单元。试验单元（或试验单位）指的是能接受不同试验处理的独立的试验载体。随机分配是指任一试验单元分配与其他试验单元分配是等概率的，消除了以某种系统方法分配试验单元时可能带来的偏差。检验因子效应是否相等的常用方法是方差分析。方差分析的假设条件为观测值满足独立性、正态性和方差齐性等。若被考察的因子水平差异对响应变量没有显著影响，则各正态总体均值相等，试验数据的波动完全由随机误差引起。方差分析将试验数据的总离差平方和分解为两部分：一部分是纯随机误差造成的，称为误差平方和；另一部分是因子水平差异造成的，称为效应平方和。如果后者显著大于前者，说明因子水平差异对响应变量影响大，各因子效应不相等。检验单因子试验的两个因子水平效应之间是否有显著差异，常用 t 检验法。

如果同时进行多组两两因子水平对的效应之间差异的显著性检验，给定检验的显著性水平，即在多组两两因子水平对中至少有一对因子水平的效应差异显著的概率不超过显著性水平，相应的概率称为试验误差率。针对这个检验问题，常用的是 Bonferroni 检验法和 Tukey 检验法。Bonferroni 检验法的思想是将每个因子对效应差异的 t 检验的显著性水平设定为显著性水平除以组数，使多组两两因子水平对的效应差异显著性检验的第一类错误概率控制在显著性水平以下。Tukey 检验法是两个正态总体 t 检验法的自然推广，相应的临界值选择为学生氏极差分布的分位数。给定试验处理的个数、显著性水平、处理均值间差值、误差方差、检验功效，确定试验重复次数的依据是只要有处理均值之差超过界限值，就拒绝原假设。

在试验因子为定量因子的情况下，假设定量因子具有均匀相隔的三个水平，因子和响应之间的线性关系称为线性对照，因子和响应之间的二次函数关系称为二次对照。线性对照和二次对照的估计是独立的。

（2）两因子试验设计。两因子试验是指影响响应变量的因子个数为 2 的试验。根据因子类型，两个因子可能都是定性因子，也可能都是定量因子，或一个定量因子一个定

① Wu C F J, Hamada M. 试验设计与分析及参数优化[M]. 张润楚，等译. 北京：中国统计出版社, 2003.

② Montgomery D C. Design and Analysis of Experiments[M]. 6th ed. New York: wiley, 2004.

性因子。对于不同因子类型，试验数据的分析方法不同。定性两因子试验的方差分析过程类似于单因子试验。观测值满足独立性、正态性和方差齐性等假设条件。在两因子试验中，每个因子对响应变量有各自独立的影响，还可能存在着两者联合的影响，称为交互作用或交互效应。重复是指每个处理都施用于数个试验单元，可以更好估计试验误差的方差。对于有重复观测的定性两因子试验，方差分析是将总离差平方和分解为两个主效应平方和、两因子交互效应的平方和及误差平方和。误差的均方是误差方差的无偏估计。若主效应的均方显著大于误差均方，则认为主效应对响应变量有显著影响。若交互效应的均方显著大于误差均方，则认为交互效应对响应变量有显著影响。当两因子交互效应统计显著时，因子主效应间的比较就可能由于两因子交互效应统计显著而变得复杂。在这种情况下，方法之一是将一个因子固定在某一特定水平上，再对另一因子效应进行多重比较。当两因子交互效应统计显著时，可以比较所有因子水平组合的效应，筛选出效应显著的因子水平组合。为了使假设检验满足指定的功效要求，确定单因子试验的重复试验次数的方法也适用于确定两因子试验的重复试验次数。

无重复观测的定性两因子试验在每个水平组合下只做 1 次试验，主要用于两因子交互效应不存在或者两因子交互效应对响应变量影响小的情形。在这种情形下，试验数据分析可以不考虑两因子交互效应，主要关注因子的主效应。无重复观测的定性两因子试验数据的方差分析将总离差平方和分解为主效应平方和与误差平方和。误差的均方是误差方差的无偏估计。若主效应的均方显著大于误差均方，则认为主效应对响应变量有显著影响。

对于含有一个定量因子一个定性因子的两因子试验，利用方差分析检验两因子交互效应是否统计显著。若两因子交互效应不是统计显著的，再进行定性因子的水平之间效应比较，利用多项式效应分析定量因子对响应变量影响的线性效应和二次效应。若定性因子与定量因子之间存在显著的交互效应，再考察在定性因子的每个水平上定量因子的多项式效应（线性效应、二次效应等），进一步分析两因子交互效应。这种方法称为嵌入分析。

（3）随机化区组试验设计。在很多试验中，存在对响应变量有影响但不可控的因子或者并不重要的因子，这些因子通常被称为噪声因子。若噪声因子是未知且不可控的，随机化设计在一定程度上会克服噪声因子的不利影响。若噪声因子的来源已知且是可控的，随机化区组设计会系统地消除噪声因子的不利影响。区组是试验条件接近的一组试验单元。如果每个区组中的试验单元数是因子水平数的整数倍，这种区组称为完全区组。在随机化区组中，每个区组内的试验单元往往比区组间的试验单元具有更好的齐性特征。在随机化区组试验中，区组效应并不属于研究范围，但对响应变量会产生潜在影响，甚至可能完全改变因子效应的统计估计结果。对于随机化完全区组设计，方差分析模型将总离差平方和分解为主效应平方和、区组效应平方和与误差平方和。若主效应的均方显著大于误差均方，则认为主效应对响应变量有显著影响。有的试验有两个区组变量，称为双向区组试验。双向区组试验常采用拉丁方设计。用 n 个不同的拉丁字母排成一个 $n \times n$ 方阵，每个字母在任一行中只出现一次，在任一列中只出现一次，这样的方阵被称为 $n \times n$ 阶拉丁方，简称 n 阶拉丁方。n 阶拉丁方设计的方差分析是将 n^2 个观察值的总离差平方和分解为行区组效应平方和、列区组效应平方和、主效应平方和与误差平方和。

在有些情况下，区组包含的试验单元数小于因子水平数，这种区组被称为不完全区组。不完全区组设计的目标是力图使每个因子水平的试验单元尽可能均衡。也就是说，处理在每个区组中随机分配应该尽可能均衡，任意处理出现次数相同，任意处理对出现次数也相同，在区组内的处理完全随机指定试验单元，称这类设计为平衡不完全区组设计。

配对比较试验可以看作区组容量为 2 的随机化区组设计。如双胞胎、一双眼睛、动物体内的一对肾、左右腿等都可以作为容量为 2 的区组。配对比较试验将 2 个处理分配在同一区组的两个同质的试验单元中，处理比较可以消除由于试验单元差异而引入的偏差，提高试验数据分析精度。配对比较试验的处理对差异的显著性检验常用配对 t 检验。如果不能将 2 个处理安排在同质试验单元的同一区组中，这种试验称为非配对试验。非配对试验由于试验单元间的差异可能会导致处理比较中存在较大偏差。

（4）正交设计。包含很多因子的试验常采用正交设计。两水平正交设计表 $L_n(2^m)$ 表示为 $n\times m$ 矩阵，满足：①每列中两个水平出现的次数相同；②对于任意两列，所有的 4 个水平组合都出现且出现的次数相同。正交表满足的两条要求即为正交性。对于两水平正交表 $L_n(2^m)$，若 $n=r\cdot 2^m$，r 为正整数，该设计称为完全因析设计。这里，r 表示在每个水平组合下试验的重复次数。从全部水平组合中选取部分有代表性的水平组合，称为部分因析设计。部分因析设计的应用更广泛。应用正交表安排试验，需先明确试验的响应变量与涉及的因子个数和因子水平数；选择正交表，把因子安排到正交表的列上去；进行试验并记录响应变量数据；选择合适的统计方法进行数据分析。正交设计常采用方差分析模型或回归分析模型进行数据分析。

若在一个因子的不同水平下响应变量观测受另一个因子的水平制约，则两个因子之间存在交互效应。用正交表安排试验，若某一列上出现的因子和交互效应不止一个，称为效应混杂（或别名）。当效应混杂的列显著时，很难区分是因子效应显著，或是交互效应显著。应尽量避免出现混杂现象。

在因子效应数量较大而不能全部进行估计时，常用下面的三个因子效应基本原则，分别为效应排序原则、效应稀疏原则、效应遗传原则。效应排序原则是指：①低阶效应比高阶效应更重要；②同阶效应的重要性是相同的。效应排序原则表明，当试验资源匮乏时，低阶效应的估计享有优先权。效应稀疏原则是指在因析试验中只有少数的相对重要因子效应。效应遗传原则是指如果一个交互作用是显著的，至少它的一个亲本因子是显著的。

正交表 $L_n(q_1^{m_1}\cdots q_r^{m_r})$ 是包含 n 行 m 列的矩阵，其中 $m=m_1+\cdots+m_r$，m_i 个列有 $q_i\geqslant 2$ 个水平，对任意两列，所有的水平组合出现的次数相同。特别地，当所有因子的水平个数相同时，称正交表为对称正交表，简记为 $L_n(q^m)$。若因子的水平不全相等时，称正交表为非对称正交表或混水平正交表。在上述的正交设计中，任意两个因子效应要么彼此独立可估，要么完全混杂，称这类正交设计为正规设计。不具有这一性质的设计称为非正规设计。非正规设计具有水平组合个数节俭性和灵活性，应用更广泛。

Plackett 和 Burman①给出了一大类试验次数为 4 的倍数而非 2 的幂次的正交表，这种设计被称为 Plackett-Burman（PB）设计。

（5）最优设计。试验次数为 4 的倍数的正交设计总是存在。然而，有些两水平试验的试验次数并不总是 4 的倍数，或者由于某些因子水平组合限制而不允许使用正交设计。此时，常常选用最优设计。“最优”是指在某种准则下的未知参数估计最优或模型预测最优。

已知响应变量和因子之间的关系可以用回归模型表示，回归模型包含待估计的未知参数。为了使未知参数估计的统计性质尽可能好，试验设计使得未知参数估计的方差尽可能小，相当于选择的信息阵尽可能大。称矩阵 $M = X^{\mathrm{T}}X$ 为未知参数向量的信息阵，其中 X 为模型阵。称最大化信息矩阵行列式 $|M|$ 的设计为 D-最优设计。称最小化信息阵的特征根倒数之和的设计为 A-最优设计。给定试验次数和先验模型，可能存在多个 D-最优设计。D-最优设计依赖于先验模型，先验模型的有效性直接决定 D-最优设计的优良性。D-最优设计常用坐标交换算法生成。

有些试验设计的目的是刻画响应变量与试验因子之间的关系，找出最优的水平组合，优化响应变量。若试验因子是定量的，且个数不多，常用响应曲面法。响应曲面法是寻找一个适当的替代模型来逼近未知实体模型。响应变量的期望与试验因子之间的函数称为响应曲面。响应曲面法包括建模、数据分析和最优化的试验过程。如果试验包含较多因子，常需要先进行筛选试验以剔除不重要的因子。响应曲面法计算过程大致分为如下两个阶段：第一阶段是判断试验的因子水平组合是否接近响应曲面的最优区域，常用方法有最速上升法和方格搜索法；第二阶段是当试验的因子水平组合接近或者位于最优组合的附近区域时，在最优组合的附近区域构造更为精确的替代模型，识别最优水平组合，常用的模型为二阶曲面模型，相应地选用中心复合设计。Box 和 Behnken②提出的三水平响应曲面设计，是 2^k 因析设计与不完全区组设计的组合。这类设计是可旋转的或接近可旋转的。

稳健参数设计又称为三阶段设计，主要针对产品开发过程的三个阶段，分别为系统设计阶段、参数设计阶段和容差设计阶段。稳健参数设计是要选择适当的可控因子水平组合，使噪声因子对产品质量特性的影响达到最小。也就是说，既要减小系统（即一个产品或一个生产过程）对噪声的灵敏度，输出的响应变量均值保持为所期望的水平或目标；又要减小整个系统质量性能的波动，围绕目标值的变异性尽可能小。稳健参数设计优良性的常用标准是最小化平方损失函数。可控因子与噪声因子之间的交互效应是稳健参数设计的关键。稳健参数设计表常用包含可控因子和噪声因子的乘积表。乘积表包含两个部分，一部分是控制表，用来安排可控因子的正交表；另一部分是噪声表，用来安排噪声因子的设计表。

（6）计算机试验设计。在给定模型下，通过改变输入变量值来观察其如何影响系统

---

① Plackett R L, Burman J P. The design of optimum multifactorial experiments[J]. Biometrika, 1946, 33: 305-325.

② Box G E, Behnken D W. Some new three level designs for the study of quantitative three variables[J]. Technometrics, 1960, 2: 455-475.

或过程的输出变量的模拟过程称为计算机试验。和实体试验相比，计算机试验具有如下三个特点：①计算机试验往往需要较长的运行时间；②计算机试验模拟不存在随机误差，相同输入值会产生相同输出值；③计算机试验模拟的响应函数往往更加复杂，试验因子个数以及因子水平数众多，导致传统的试验设计准则和建模方法可能不再适用。比如，传统试验设计的随机化原则、可重复原则和分区组原则都不再适用于计算机试验模拟。

为了获得高质量的替代模型，计算机试验要求设计点尽可能均匀地分布于试验区域中，以便获得较全面的信息。一般认为，通过不均匀散布的设计点（比如，全部的设计点集中在试验区域的局部上）做试验得到的信息是有偏的，往往会导致替代模型与实体模型之间存在较大偏差。计算机试验常用的设计是空间填充设计和均匀设计。这两类设计将试验点均匀地散布在试验区域中，较好地满足了计算机试验的基本需要。拉丁超立方体设计是一类常用的空间填充设计。该设计只保证一维投影均匀性，并不能保证二维及以上投影均匀性。为了改进拉丁超立方体设计，出现了均匀拉丁超立方体设计、正交拉丁超立方体设计、随机化正交阵列等。在实体模型未知的情况下，需要对于模型比较稳健的设计，即不管实体模型的函数形式，利用均匀设计做计算机试验都不会太差。均匀设计的均匀性度量主要有 L_p-星偏差、中心化偏差和可卷偏差等。在建模分析方面，普通的线性模型及其估计方法依然可以在计算机试验中应用，但众多的因子数及水平数使得设计列之间很难正交，甚至有较强的相关性，给参数的估计带来了很大的方差。由 Sacks 等①从空间几何中引入的 Kriging 方法，其特有的插值性质（建立的模型严格经过试验点）使其很快成为最流行的计算机试验建模方法之一。

近些年，受科学技术发展的推动，计算机试验考虑的试验情形越来越复杂，产生了很多新的研究方向，比如多精度计算机试验和含有定性定量因子的计算机试验等。多精度计算机试验在设计方面需要满足的三个原则：①节约，高精度的试验次数要少于低精度的试验次数；②嵌套关系，高精度设计嵌套在低精度设计中；③空间填充性质，高精度设计和低精度设计在低维投影上达到均匀性，出现了嵌套空间填充设计或嵌套拉丁超立方体设计。在建模方面，由于在高精试验点上，可以同时收集到高精数据和低精数据，先用低精度试验数据建立低精高斯 Kriging 模型，再用公共试验点的高低精数据差对低精模型进行修正，从而得到更加精确的高斯 Kriging 模型。含有定性定量因子的计算机试验采用分片空间填充设计，就是一个大的拉丁超立方体按行可以分成若干片，每一片都是一个小的拉丁超立方体设计（往往需要水平塌陷），对应于定性因子的一个水平组合。

习 题 5

1. 请依据表 5.1 中手机屏幕使用寿命试验的数据，计算其余三个因子的主效应以及所有四个因子的两两交互效应。

2. 假设采用微波炉加工爆米花，结果发现有的玉米粒没有爆开，有的玉米粒爆焦了。若想通过试验的方法确定最优加工条件，请问你会如何设计这个试验？

---

① Sacks J, Welch W J, Mitchell T J, et al. Design and analysis of computer experiments[J]. Statistical Science, 1989, 4: 409-435.

第6章

单因子试验

6.1 单因子试验的基础知识

在实际应用中，影响响应变量的因子（因素）往往有很多，例如，不同型号的机器、不同的原材料、不同的技术人员以及不同的操作方法等，都会影响产品产量和产品性能。对于响应变量的影响，有的因子影响程度相对大，有的因子影响程度相对小。有的因子取值可以控制，有的因子取值不能控制。人们希望从多种可控因子中找出主要因子，通过对主要因子的控制调整，提高产品的产量、性能等。解决这个问题的有效方法之一就是方差分析。

上述产品的产量、性能等称为**响应变量**或**试验指标**。响应变量受因子状态或取值的影响，因子的状态或取值称为**水平**，一个因子往往有多个水平。通过观测可以收集试验数据，分析不同因子、不同水平对响应变量影响程度的相对大小。为了便于说明试验设计研究的问题，先介绍单因子试验。

6.1.1 单因子试验的安排

为了提高工作效率，产品开发工程师希望知道接受 5 种培训计划（分别记为 A_1，A_2，A_3，A_4和 A_5）培训后工人装配一种设备所需的时间。试验只包含 1 个因子——培训计划；培训计划有 5 种，即培训计划因子有 5 个水平。培训计划是试验的唯一一个因子，因子水平即为**试验处理**。假定希望判断接受 5 种培训计划培训的工人平均装配一种设备所需时间是否相等，决定指派相同数量的工人分别接受 5 种培训计划的培训。将试验处理指派给试验单元（此例为工人）最常用的方法是**完全随机化方法**，即将试验处理完全随机指派给试验单元。假设接受每种培训计划的工人数为 $n_1 = n_2 = \cdots = n_5 = 5$，完全随机化设计就是随机分配 25 名工人到 5 种培训计划中，每种培训计划随机分配 5 人。随机分配是指每名工人被等概率地分配到其中 1 种培训计划中，此分配方式抵消了以某种系统方法分配工人时可能带来的偏差。例如，将大多数熟练灵巧的工人指派到同一种培训计划，就会低估接受相应培训计划工人的真实装配时间。

为了说明试验的随机安排过程，将工人按照 1～25 进行编号。采用随机数方法在 1～25 中不放回等概率随机抽取 5 个数字，对应的工人分配给培训计划 A_1，在剩余的 20 个编号中不放回等概率随机抽取 5 个数字，对应的工人分配给培训计划 A_2，以此类推，直至所有工人都被随机分配给全部培训计划。不妨假设试验方案由表 6.1 给出。

表 6.1　工人的随机分配方案

试验序列	工人编号	培训计划	试验序列	工人编号	培训计划
1	8	A_1	14	7	A_3
2	18	A_1	15	1	A_3
3	10	A_1	16	24	A_4
4	23	A_1	17	21	A_4
5	17	A_1	18	11	A_4
6	5	A_2	19	2	A_4
7	14	A_2	20	13	A_4
8	6	A_2	21	22	A_5
9	15	A_2	22	16	A_5
10	20	A_2	23	25	A_5
11	9	A_3	24	19	A_5
12	4	A_3	25	3	A_5
13	12	A_3			

按照随机分配方案进行试验，每名工人装配时间的观测值如表 6.2 所示。

表 6.2　工人的装配时间　　（单位：min）

培训计划 A_1	培训计划 A_2	培训计划 A_3	培训计划 A_4	培训计划 A_5
7	12	14	19	7
7	17	18	25	10
15	12	18	22	11
11	18	19	19	15
9	18	19	23	11

不失一般性，记 y_{ij} 为接受第 i 种培训计划 A_i 中第 j 名工人的装配时间。例如，$y_{11}=7$ 为接受第 1 种培训计划 A_1 中第 1 名工人的装配时间。利用表 6.2 中的数据，可以计算接受每种培训计划中工人的平均装配时间为

$$\overline{y}_{1\cdot}=9.8,\quad \overline{y}_{2\cdot}=15.4,\quad \overline{y}_{3\cdot}=17.6,\quad \overline{y}_{4\cdot}=21.6,\quad \overline{y}_{5\cdot}=10.8$$

其中，$\overline{y}_{i\cdot}=\sum_{j=1}^{n_i}y_{ij}/n_i$ 为接受第 i 种培训计划 A_i 的平均装配时间。记因子水平数 $c=5$，则接受培训计划的工人总数为 $n=\sum_{i=1}^{c}n_i=25$，称为总样本容量。$\overline{y}_{\cdot\cdot}=\sum_{i=1}^{c}\sum_{j=1}^{n_i}y_{ij}/n$ 为平均装配时间，即样本均值。表 6.2 中数据的样本均值为 $\overline{y}_{\cdot\cdot}=15.04$。

从每种培训计划的平均装配时间差异来看，接受第 1 种培训计划 A_1 中工人的平均装配时间低于其他 4 种培训计划，接受第 4 种培训计划 A_4 中工人的平均装配时间最长。利用表 6.2 中的数据，检验所有 5 种培训计划中工人的平均装配时间是否存在显著差异，

也就是判断所有 5 种培训计划的平均装配时间是否都相等。检验多个总体均值相等的常用方法是方差分析。

方差分析的基本思想是：假设每个总体都为正态总体且相互独立，总体方差都相等。若被考察的因子水平差异对响应变量没有显著影响，则各正态总体均值相等，试验数据的波动完全由随机误差引起。如果各正态总体均值不全相等，试验数据的波动除了随机误差的影响外，还包括被考察因子水平差异的影响。为此，需要构造适当的统计量来分解试验数据的波动。将试验数据波动分解为两部分：一部分是随机误差造成的，另一部分是因子水平差异造成的。两个部分进行比较，如果后者大于前者，说明因子水平差异对响应变量影响大，各正态总体均值不相等。进行方差分析时，需要满足如下条件：

（1）各因子水平的观察数据服从正态分布；

（2）正态总体的方差相同（称为方差齐性）；

（3）观测数据具有独立性。

在满足上述 3 个条件下，判断被考察的因子水平差异对响应变量是否有显著影响，就是检验具有同方差正态总体的均值是否相等。如果总体均值都相等，观测数据来源于相同的正态总体，所观察的样本均值之间差异小。反之，若样本均值之间差异小，也倾向于观测数据来源于相同的正态总体，即可判断总体均值相等。

6.1.2 单因子试验数据分析

设单因子试验的因子有 c 个水平，分别记为 $A_1, A_2, \cdots, A_c$，在水平 $A_i(i=1,2,\cdots,c)$ 下，独立进行 n_i 次试验，总试验次数为 $n=\sum_{i=1}^{c} n_i$，响应变量的观察数据见表 6.3 所示。

表 6.3 试验数据的列表形式

水平	重复数			
	1	2	$\cdots$	n_i
A_1	y_{11}	y_{12}	$\cdots$	y_{1n_1}
A_2	y_{21}	y_{22}	$\cdots$	y_{2n_2}
$\vdots$	$\vdots$	$\vdots$	$\cdots$	$\vdots$
A_i	y_{i1}	y_{i2}	$\cdots$	y_{in_i}
$\vdots$	$\vdots$	$\vdots$		$\vdots$
A_c	y_{c1}	y_{c2}	$\cdots$	y_{cn_c}

对于单因子试验设计，方差分析的模型为

$$\begin{cases} y_{ij}=\mu_i+\varepsilon_{ij}, & i=1,2,\cdots,c, j=1,2,\cdots,n_i \\ \varepsilon_{ij}\sim N(0,\sigma^2), & \text{各}\varepsilon_{ij}\text{相互独立} \end{cases} \tag{6.1}$$

其中，y_{ij} 表示第 i 个处理的第 j 次观测值；μ_i 为第 i 个处理 A_i 的均值；ε_{ij} 为相互独立的随机误差项，随机误差的方差 σ^2 未知。记

$$\mu=\frac{1}{n}\sum_{i=1}^{c}n_i\mu_i \tag{6.2}$$

称 μ 为总均值，其中 $n=\sum_{i=1}^{c}n_i$ 。称 $\tau_i=\mu_i-\mu$ 为第 i 个水平 A_i 的效应，满足 $\sum_{i=1}^{c}n_i\tau_i=0$ 。模型（6.1）可改写为

$$\begin{cases}y_{ij}=\mu+\tau_i+\varepsilon_{ij}, \quad i=1,2,\cdots,c, \quad j=1,2,\cdots,n_i\\ \varepsilon_{ij}\sim N(0,\sigma^2), \quad 各\varepsilon_{ij}相互独立\end{cases} \tag{6.3}$$

模型（6.3）中只有一个因子，被称为**单因子方差分析模型**或**单向方差分析模型**。单因子方差分析模型要求试验顺序是随机的，进行试验的个体（通常叫做**试验单元**）尽可能保持特性一致，采用完全随机化方法分配试验单元。

方差分析的任务是检验线性模型（6.1）中 c 个总体 $N(\mu_i,\sigma^2)$ 的均值 μ_i 是否相等。原假设和备择假设分别为

$$H_0: \mu_1=\cdots=\mu_c, \quad H_1:\mu_1,\mu_2,\cdots,\mu_c 不全相等$$

等价的原假设和备择假设分别为

$$H_0: \tau_1=\cdots=\tau_c=0, \quad H_1: \tau_1,\cdots,\tau_c 不全为 0 \tag{6.4}$$

对线性统计模型（6.3）进行式（6.4）的假设检验，若原假设 H_0 成立，试验因子水平的效应 τ_i 之间不存在显著差异。若原假设 H_0 不成立，因子水平的效应 τ_i 之间存在显著差异。模型（6.3）称为**固定效应模型**。固定效应模型中 c 个处理由试验者具体选定，检验处理均值是否相等的假设，或者估计模型参数 $(\mu,\tau_1,\cdots,\tau_c,\sigma^2)$ ，结论仅适用于所具体考察的因子水平，不能推广到未被考察的处理情况。若 c 个处理是来自同一总体的随机样本，能够把（根据样本所得的）统计结论推广到该总体的所有处理，无论其是否被考察。此时，τ_i 是一个随机变量，相应的模型（6.3）被称为**随机效应模型**或**方差分量模型**。

本节主要讨论固定效应模型（包括多因子的情形）。分析固定效应模型的具体步骤如下。

1. *总离差平方和分解*

记在处理 A_i 下的样本均值为

$$\bar{y}_{i\cdot}=\frac{1}{n_i}\sum_{j=1}^{n_i}y_{ij} \tag{6.5}$$

样本总均值为

$$\bar{y}_{\cdot\cdot}=\frac{1}{n}\sum_{i=1}^{c}\sum_{j=1}^{n_i}y_{ij} \tag{6.6}$$

记

$$S_{\mathrm{T}}=\sum_{i=1}^{c}\sum_{j=1}^{n_i}(y_{ij}-\bar{y}_{\cdot\cdot})^2 \tag{6.7}$$

则称 S_{T} 为总离差平方和，表示全部样本数据与总平均值之间的差异。将式（6.7）改写并分解为

$$S_{\mathrm{T}}=\sum_{i=1}^{c}\sum_{j=1}^{n_i}[(\overline{y}_{i\cdot}-\overline{y}_{\cdot\cdot})+(y_{ij}-\overline{y}_{i\cdot})]^2$$
$$=\sum_{i=1}^{c}\sum_{j=1}^{n_i}(\overline{y}_{i\cdot}-\overline{y}_{\cdot\cdot})^2+\sum_{i=1}^{c}\sum_{j=1}^{n_i}(y_{ij}-\overline{y}_{i\cdot})^2+2\sum_{i=1}^{c}\sum_{j=1}^{n_i}(\overline{y}_{i\cdot}-\overline{y}_{\cdot\cdot})(y_{ij}-\overline{y}_{i\cdot})$$

展开式中第三项为 0。因为

$$2\sum_{i=1}^{c}\sum_{j=1}^{n_i}(\overline{y}_{i\cdot}-\overline{y}_{\cdot\cdot})(y_{ij}-\overline{y}_{i\cdot})=2\sum_{i=1}^{c}(\overline{y}_{i\cdot}-\overline{y}_{\cdot\cdot})\sum_{j=1}^{n_i}(y_{ij}-\overline{y}_{i\cdot})$$
$$=2\sum_{i=1}^{c}(\overline{y}_{i\cdot}-\overline{y}_{\cdot\cdot})\left(\sum_{j=1}^{n_i}y_{ij}-n_i\overline{y}_{i\cdot}\right)$$
$$=0$$

若记

$$S_A=\sum_{i=1}^{c}\sum_{j=1}^{n_i}(\overline{y}_{i\cdot}-\overline{y}_{\cdot\cdot})^2$$
$$S_{\mathrm{E}}=\sum_{i=1}^{c}\sum_{j=1}^{n_i}(y_{ij}-\overline{y}_{i\cdot})^2$$

则有

$$S_{\mathrm{T}}=S_A+S_{\mathrm{E}} \tag{6.8}$$

其中，S_A 表示所有 c 个水平下样本均值和样本总平均值之间的差异，称为**效应平方和**，又称为处理（即处理之间的）平方和或组间平方和；S_{E} 表示在每个处理下样本观测值与样本均值之间的差异，是由随机误差引起的，称为**误差平方和**，又称为组内（即处理内部的）平方和。试验共有 n 个观察值，总离差平方和 S_{T} 有 $n-1$ 个自由度。试验有 c 个处理，处理平方和 S_A 有 $c-1$ 个自由度。在处理 A_i 下进行了 n_i 次独立重复试验，有 n_i-1 个自由度，误差平方和 S_{E} 共有 $\sum_{i=1}^{c}(n_i-1)=\sum_{i=1}^{c}n_i-c=n-c$ 个自由度。

2. 均值相等的假设检验

在 H_0：$\tau_1=\cdots=\tau_c=0$ 成立的条件下，方差分析模型（6.1）的 $y_{ij}\sim N(\mu,\sigma^2)$。将 S_{T} 改写为

$$S_{\mathrm{T}}=\sum_{i=1}^{c}\sum_{j=1}^{n_i}(y_{ij}-\overline{y}_{\cdot\cdot})^2=(n-1)S^2$$

其中，S^2 是样本方差，即

$$S^2=\frac{1}{n-1}\sum_{i=1}^{c}\sum_{j=1}^{n_i}(y_{ij}-\overline{y}_{\cdot\cdot})^2 \tag{6.9}$$

于是

$$\frac{S_{\mathrm{T}}}{\sigma^2}=\frac{(n-1)S^2}{\sigma^2}\sim\chi^2(n-1) \tag{6.10}$$

将 S_{E} 改写为

$$S_{\mathrm{E}}=\sum_{i=1}^{c}\sum_{j=1}^{n_i}(y_{ij}-\overline{y}_{i\cdot})^2=\sum_{i=1}^{c}(n_i-1)S_i^2 \tag{6.11}$$

其中，S_i^2 为在处理 A_i 下的样本方差，即

$$S_i^2=\frac{1}{n_i-1}\sum_{j=1}^{n_i}(y_{ij}-\overline{y}_{i\cdot})^2$$

因为

$$\frac{(n_i-1)S_i^2}{\sigma^2}\sim\chi^2(n_i-1) \tag{6.12}$$

再由 χ^2 分布的可加性知

$$\frac{S_{\mathrm{E}}}{\sigma^2}=\sum_{i=1}^{c}\frac{(n_i-1)S_i^2}{\sigma^2}\sim\chi^2(n-c) \tag{6.13}$$

于是

$$E\left(\frac{S_{\mathrm{E}}}{\sigma^2}\right)=n-c \tag{6.14}$$

即有

$$E\left(\frac{S_{\mathrm{E}}}{n-c}\right)=\sigma^2 \tag{6.15}$$

对于处理平方和

$$S_A=\sum_{i=1}^{c}\sum_{j=1}^{n_i}(\overline{y}_{i\cdot}-\overline{y}_{\cdot\cdot})^2=\sum_{i=1}^{c}n_i(\overline{y}_{i\cdot}-\overline{y}_{\cdot\cdot})^2$$

展开后可化为

$$S_A=\sum_{i=1}^{c}n_i\overline{y}_{i\cdot}{}^2-n\overline{y}_{\cdot\cdot}{}^2 \tag{6.16}$$

由于

$$\overline{y}_{i\cdot}\sim N\left(\mu_i,\frac{\sigma^2}{n_i}\right) \tag{6.17}$$

$$\overline{y}_{\cdot\cdot}\sim N\left(\mu,\frac{\sigma^2}{n}\right) \tag{6.18}$$

可以计算

$$E(\overline{y}_{i\cdot})=\mu_i,\quad E(\overline{y}_{\cdot\cdot})=\mu$$

$$V(\overline{y}_{i\cdot})=\frac{\sigma^2}{n_i},\quad V(\overline{y}_{\cdot\cdot})=\frac{\sigma^2}{n}$$

由 $E(\overline{y}_{i\cdot}^2)=V(\overline{y}_{i\cdot})+[E(\overline{y}_{i\cdot})]^2$，$E(\overline{y}_{\cdot\cdot}^2)=V(\overline{y}_{\cdot\cdot})+[E(\overline{y}_{\cdot\cdot})]^2$，得

$$
\begin{aligned}
E(S_A) &= E\left(\sum_{i=1}^{c} n_i \overline{y}_{i\cdot}^{\ 2} - n\overline{y}_{\cdot\cdot}^{\ 2}\right) \\
&= \sum_{i=1}^{c} n_i E(\overline{y}_{i\cdot}^{\ 2}) - nE(\overline{y}_{\cdot\cdot}^{\ 2}) \\
&= \sum_{i=1}^{c} n_i \left(\frac{\sigma^2}{n_i} + \mu_i^2\right) - n\left(\frac{\sigma^2}{n} + \mu^2\right) \\
&= c\sigma^2 + \sum_{i=1}^{c} n_i(\mu+\tau_i)^2 - \sigma^2 - n\mu^2 \\
&= (c-1)\sigma^2 + \sum_{i=1}^{c} n_i\mu^2 + 2\mu\sum_{i=1}^{c} n_i\tau_i + \sum_{i=1}^{c} n_i\tau_i^2 - n\mu^2
\end{aligned}
$$

给定 $\sum_{i=1}^{c} n_i = n$， $\sum_{i=1}^{c} n_i\tau_i = 0$，

$$E(S_A) = (c-1)\sigma^2 + \sum_{i=1}^{c} n_i\tau_i^2 \tag{6.19}$$

在 H_0：$\tau_1 = \cdots = \tau_c = 0$ 成立的条件下，有

$$E(S_A) = (c-1)\sigma^2 \tag{6.20}$$

$$E\left(\frac{S_A}{c-1}\right) = \sigma^2 \tag{6.21}$$

可以证明，处理平方和 S_A 与误差平方和 S_E 相互独立（证明略）。由式（6.8）、式（6.10）、式（6.14）和 χ^2 分布可加性质，

$$\frac{S_A}{\sigma^2} \sim \chi^2(c-1) \tag{6.22}$$

记

$$MS_A = \frac{S_A}{c-1} \tag{6.23}$$

$$MS_E = \frac{S_E}{n-c} \tag{6.24}$$

分别称之为**效应均方和随机误差均方**。由式（6.15）可知，MS_E 是随机误差方差 σ^2 的无偏估计。当 H_0：$\tau_1 = \cdots = \tau_c = 0$ 成立时，由式（6.21）可知，MS_A 也是 σ^2 的无偏估计。在 H_0：$\tau_1 = \cdots = \tau_c = 0$ 成立时，统计量

$$F = \frac{\frac{S_A}{\sigma^2}/(c-1)}{\frac{S_E}{\sigma^2}/(n-c)} = \frac{MS_A}{MS_E} \sim F(c-1, n-c) \tag{6.25}$$

给定 α，计算自由度分别为 $n-1$， $n-c$ 的 F 分布上概率 α 的分位数 $F_\alpha(c-1, n-c)$。利用样本数据计算 S_A 和 S_E，以及检验统计量 F 的观测值。由式（6.19）可知，若 H_0：$\tau_1 = \cdots = \tau_c = 0$ 不成立，即存在 $\tau_i \neq 0$（至少一个 i），导致处理平方和 S_A 偏大，检验统计量 F 也偏大。若 $F > F_\alpha(c-1, n-c)$，则有充分证据拒绝原假设 H_0。若 $F < F_\alpha(c-1, n-c)$，则没有充分证据拒绝原假设 H_0。

将上述的分析过程和结果，整理为表 6.4，表 6.4 称为单因子方差分析表。

表 6.4 单因子方差分析表

方差来源	自由度	平方和	均方	F 值
因子	$c-1$	$S_A=\sum_{i=1}^{c} n_i(\overline{y}_{i\cdot}-\overline{y}_{\cdot\cdot})^2$	$MS_A=S_A/(c-1)$	$F=MS_A/MS_{\mathrm{E}}$
误差	$n-c$	$S_{\mathrm{E}}=\sum_{i=1}^{c}\sum_{j=1}^{n_i}(y_{ij}-\overline{y}_{i\cdot})^2$	$MS_{\mathrm{E}}=S_{\mathrm{E}}/(n-c)$	
总计	$n-1$	$S_{\mathrm{T}}=\sum_{i=1}^{c}\sum_{j=1}^{n_i}(y_{ij}-\overline{y}_{\cdot\cdot})^2$		

方差分析主要用于检验不同处理下响应变量均值之间是否存在显著差异。方差分析模型是线性模型。对线性模型检验与评估的重点是分析拟合模型的残差，常用图示法进行检验，主要包括三个方面的检验。第一，检验残差是否相互独立且服从正态分布，可以通过绘制残差的 QQ（quantile-quantile）图，即分位数-分位数图。若拟合模型的残差大多数落在置信概率 95%的置信区间以内，判断残差基本服从正态分布。第二，绘制拟合模型的残差与模型拟合值之间的散点图。预期的残差基本在均值 0 的附近上下均匀波动。如果拟合模型的残差，随着拟合值增大而增大，倾向于误差的方差随着均值增加而增大，不满足方差齐性假设。第三，在重复观测的情况下，绘制在每个处理下残差的箱线图，考察残差的散布状态。在每个处理下残差散布的密集程度应该大致相同。若在每个处理下残差散布的密集程度出现明显差异，则表明误差方差可能还依赖其他潜在的因子。

3. 多重比较

在方差分析中，若拒绝原假设 H_0：$\tau_1=\cdots=\tau_c=0$，说明因子 A 对响应变量 Y 有显著影响，在某些因子水平下响应变量 Y 取值倾向于偏大，在另外一些因子水平下响应变量 Y 取值倾向于偏小。需要识别出在哪些水平下响应与其他水平下响应之间差异大，在哪些水平下响应无显著差异。

为了检验因子 A 的第 i 个和第 j 个水平的效应之间是否有显著差异，选用 t 检验统计量

$$t_{ij}=\frac{\overline{y}_{j\cdot}-\overline{y}_{i\cdot}}{S_{\mathrm{E}}\sqrt{1/n_j+1/n_i}} \tag{6.26}$$

其中，$\overline{y}_{i\cdot}$ 表示第 i 个因子水平下 n_i 个观测值的平均；$\overline{y}_{j\cdot}$ 表示第 j 个因子水平下 n_j 个观测值的平均；S_{E}^2 是随机误差方差 σ^2 的无偏估计，由式（6.15）、式（6.24）给出，即为 MS_{E}；S_{E} 是其平方根，也称为**均方根误差**，记为 $\mathrm{RMS_E}$。对于两正态总体的 t 检验，若

$$|t_{ij}|>t_{\alpha/2}(n-c) \tag{6.27}$$

在显著性水平 α 下，有充分证据认为第 i 个和第 j 个因子水平的效应之间存在显著差异。$t_{\alpha/2}(n-c)$ 是自由度为 $n-c$ 的 t 分布上概率 $\alpha/2$ 的分位数。

如果进行 $m=c(c-1)/2$ 组两两不同因子水平效应之间的假设检验，每组检验的显著

性水平均为α，则在m组两两因子水平中至少有一组因子水平的效应差异显著的概率会超过α，相应的概率称为试验误差率。而且m越大，试验误差率越大，即假设检验犯第一类错误概率越大。例如，某试验因子有 10 个水平，采用标准的t检验进行比较，共需进行 45 组两两因子水平对的假设检验。虽然每个假设检验都把犯第一类错误概率α控制在 0.05 水平下，但试验误差率为$1-(1-0.05)^{45}\approx 0.90$。这表明进行 45 组两两因子水平对的$t$检验，犯第一类错误的概率达到 0.90。因而，标准的t检验不适合多组两两因子水平效应之间差异的显著性检验。多重比较能够克服这类问题，如下面介绍的 Bonferroni 检验法和 Tukey 检验法。其他的多重假设检验不做详细讨论，有兴趣读者可参考相关文献①。

（1）Bonferroni 检验法。设单因子试验中因子有c个水平，比较任意两个水平下响应均值有无显著差异，则要比较共计$m=c(c-1)/2$组两两水平对。Bonferroni 检验法的思想是将式（6.26）中t检验的显著性水平降为α/m，使m组两两水平对的效应差异显著性检验的第一类错误概率控制在显著性水平α以下。

当假设检验的显著性水平为α/m时，如果

$$|t_{ij}|>t_{\alpha/(2m)}(n-c) \tag{6.28}$$

那么第i个和第j个因子水平的效应之间有显著差异。式（6.28）中，m是需要进行假设检验的组数。可以证明（此处略），Bonferroni 检验法能把试验误差率控制在显著性水平α以下。Bonferroni 检验法简单易用，是较为常用的多重比较方法。

（2）Tukey 检验法。Tukey 检验法是两个正态总体t检验法的自然推广，与 Bonferroni 检验法不同之处在于检验临界值的选取。假设任意一对因子水平i和j，$1\leqslant i<j\leqslant c$，若

$$|t_{ij}|>\frac{1}{\sqrt{2}}q_{\alpha}(c,n-c) \tag{6.29}$$

则认为第i个和第j个因子水平的效应之间存在显著差异。式（6.29）中，c是因子水平总数，n是总试验次数，t_{ij}如式（6.26）所示，$q_{\alpha}(c,n-c)$表示自由度分别为c和$n-c$的学生氏极差分布上概率α的分位数。Tukey 检验法被广泛应用于单因子试验的多重比较，尤其是每个因子水平下重复试验次数相同的情形，即$n_1=n_2=\cdots=n_c$。

6.1.3 试验次数确定

在进行试验之前，有必要确定每个处理需要重复的试验次数，或者收集的观测次数。一般来说，因子效应小比因子效应大的试验往往需要更多试验重复次数。针对每个因子水平下试验次数相等的固定效应模型，计算试验次数的方法如下。

对于单个总体均值检验，假设简单随机样本$X_1,X_2,\cdots,X_n$来自正态总体$N(\mu,\sigma^2)$，总体方差σ^2未知，μ_0为已知常数。对于假设检验问题H_0：$\mu=\mu_0$；H_1：$\mu\neq\mu_0$，α为显著性水平，β为发生第二类错误的概率，即原假设H_0不真时接受H_0的概率。$1-\beta$是当原假设H_0不真时拒绝H_0作出正确判断的概率，称为假设检验的功效。为了控制犯第一类错误和犯第二类错误的概率，公式$(Z_{\alpha/2}+Z_{\beta})^2S^2/\Delta_1^2$给出试验次数的下限值，即

① Miller R G J. Simultaneous Statistical Inference[M]. 2nd Ed. New York：Spinger Verlag，1981.

试验所需要的重复次数n为不小于$(Z_{\alpha/2}+Z_{\beta})^2 S^2/\Delta_1^2$的最小整数。其中，$S^2$为样本方差，$Z_{\alpha/2}$和$Z_{\beta}$分别为标准正态分布上概率$\alpha/2$和上概率$\beta$的分位数。只要试验的重复次数$n$满足

$$n \geqslant \frac{(Z_{\alpha/2}+Z_{\beta})^2 S^2}{\Delta_1^2}$$

当$\mu \in H_1$且$|\mu_0-\mu| \geqslant \Delta_1$（$\Delta_1 > 0$，为事前取定的值）时，就能使假设检验犯第一类错误的概率不超过给定值α，并且犯第二类错误的概率不超过给定值β。

对于两个及两个以上总体的均值之间是否存在显著差异的假设检验，设有c个总体均值，对每个总体分别独立重复r次试验，总试验次数为$n=cr$。原假设H_0：$\mu_1=\mu_2=\cdots=\mu_c$和备择假设H_1：至少有两个μ_i，μ_j $(i \neq j)$不相等。在原假设成立的情况下，检验统计量为

$$F=\frac{S_A/(c-1)}{S_{\mathrm{E}}/(n-c)}=\frac{MS_A}{MS_{\mathrm{E}}} \sim F(c-1,n-c)$$

给定显著性水平α，若$MS_A/MS_{\mathrm{E}} > F_{\alpha}(c-1,n-c)$，有充分证据说明原假设$H_0$不成立。为了控制犯第二类错误的概率，即

$$\begin{aligned}\beta &= 1-P(\text{拒绝 } H_0 \mid H_0 \text{ 不真}) \\ &= 1-P(F > F_{\alpha}(c-1,n-c) \mid H_0 \text{ 不真})\end{aligned} \tag{6.30}$$

假设检验的功效是H_0不真时拒绝H_0的概率，即

$$\pi = 1-\beta = P(F > F_{\alpha}(c-1,n-c) \mid H_0 \text{ 不真})$$

为了计算式（6.30）的概率β，需要知道当原假设不真时检验统计量MS_A/MS_{E}的分布。能够证明，当原假设H_0：$\mu_1=\mu_2=\cdots=\mu_c$不真时，检验统计量MS_A/MS_{E}服从非中心F分布，自由度分别为$c_1=c-1$和$c_2=n-c$，非中心参数为δ^2，相应的分布记为$F(c-1,n-c,\delta^2)$。当每个处理取相同的观测次数r时，$\delta^2=r\sum_{i=1}^{c}(\mu_i-\mu)^2/\sigma^2$，其中$\mu=\sum_{i=1}^{c}\mu_i/c$。当$\delta^2=0$，$MS_A/MS_{\mathrm{E}}$的分布为常用的$F$分布；若$\delta^2>0$，$MS_A/MS_{\mathrm{E}}$的均值和离散程度都大于常用的$F$分布。当给定检验功效$\pi$，显著性水平$\alpha$，分子$MS_A$自由度$c_1=c-1$以及分母$MS_{\mathrm{E}}$的自由度$c_2=n-c$，可以利用 SAS 软件或 R 软件计算出检验功效$\pi=P(F(c_1,c_2,\phi) > F_{\alpha}(c_1,c_2))$下参数$\phi$的值，其中$\phi^2=\delta^2/c$与非中心参数$\delta^2$有关。

确定试验次数的方法是：只要有两个处理均值之差超过界限值，就拒绝原假设。若有两个处理均值之差的界限为Δ，其他处理均值相差不大，则可证明

$$\delta^2=r\sum_{i=1}^{c}\frac{(\mu_i-\mu)^2}{\sigma^2}=\frac{r\Delta^2}{2\sigma^2}$$

由于

$$\phi^2=\frac{\delta^2}{c}=\frac{r\Delta^2}{2c\sigma^2}$$

故重复观测次数r为

$$r=\frac{2c\sigma^2\phi^2}{\Delta^2}$$

给定处理个数c，显著性水平α，处理间均值之差的界限Δ，误差方差σ^2，检验功效π以及通过SAS软件或R软件计算出的ϕ值，就可以计算出每个处理所需的试验次数r。需要注意的是：Δ，π，α和c的值可以由试验者确定，但是误差方差σ^2需从前期研究或者其他相关的试验中推算。通常情况下，应该使用最有可能的σ^2值。如果猜测的σ^2太小，检验功效π就会比预先指定的值低；如果推算的σ^2太大，那么检验功效π将高于预先指定值。

由于分母MS_E的自由度$c_2 = n - c = c(r-1)$依赖未知的试验次数r，需要通过迭代方法来确定最终的重复次数，具体过程如下。

（1）当给定处理个数c，显著性水平α，处理间均值之差的界限Δ，误差方差σ^2，检验功效π，利用SAS软件或R软件计算出相应的ϕ值。分母的自由度在第一次迭代时使用$c_2 = 1000$，接下来的迭代中用$c_2 = n - c = c(r-1)$计算。

（2）计算$r = 2c\sigma^2\phi^2 / \Delta^2$，并取整（根据实际需要选择向上或向下取整）。

（3）重复步骤（1）与（2），直到r的值不再变化或者在连续两个值之间交替变化，依据试验条件及成本选取一个合适的重复试验次数r。

6.2 案例：单因子试验设计的应用

本节介绍测试不同型号键盘的打字效率试验，演示单因子试验设计的分析及应用。

6.2.1 问题描述

某打字企业的研发部门研发了4种不同型号的键盘（分别用型号A_1，A_2，A_3和A_4表示），在进行市场推广之前，需要对不同型号键盘的打字效率进行测试。该试验只有一个影响因素，即键盘型号，检验的目标是确认不同型号键盘的打字效率是否存在显著性差异。因此，需要将不同型号键盘下获得的试验数据视为来自不同总体的样本，检验各总体均值是否相等。这是单因子试验设计的问题。

6.2.2 变量选取

为了保证试验过程不受其他因素影响，选取同一份稿件，分给不同的打字员并记录下完成该稿件所需要的时间。试验的处理变量为键盘的型号，响应变量为打字员完成一份稿件所需的打字时间，试验的目标为望小，即完成同一份稿件所需打字时间最少的键盘型号最好。

试验只有键盘型号这一个试验因子，因子的4个水平就是4个处理。接下来，将确定所需的试验次数。

6.2.3 试验次数的确定

试验前要综合考虑成本和试验条件等因素，确定合理的试验次数。在前期研究中，推算误差的方差在0.3左右，即$\sigma^2 = 0.3$。假设检验的原假设和备择假设分别为H_0：$\mu_1 = \mu_2 = \mu_3 = \mu_4$和$H_1$：$\mu_i \neq \mu_j$至少有一对$(i, j)$，$i \neq j$。试验者认为以0.95的功效检测出使用任意两种型号键盘完成同一份稿件所需的打字时间差别至少为$\Delta = 2$是特别重要的，而且允许犯第一类错误的概率为$\alpha=0.05$。对于单因子试验的方差分析模型，r的计算过程如下。

（1）对于$c=4$，$c_1=c-1=3$，$\alpha=0.05$，$\sigma^2=0.3$，$\Delta=2$，当检验功效$\pi=0.95$时，取$c_2=1000$，利用 SAS 软件或 R 软件计算出相应的$\phi=2.33$。

（2）将$\phi=2.33$代入$r=2c\sigma^2\phi^2/\Delta^2$，则$r=2c\sigma^2\phi^2/\Delta^2=3.26$，向上取整可得$r=4$。

（3）将$r=4$代入$c_2=4(r-1)$，可得$c_2=12$。将$c_2=12$代回步骤（1）重新计算ϕ的值，此时$\phi=2.67$。再将$\phi=2.67$代入$r=2c\sigma^2\phi^2/\Delta^2$，向上取整可得$r=5$。

（4）重复步骤（3），直到r的值不再变化或者在两个值之间交替变化。r的取值过程见表 6.5 所示。

表 6.5　试验次数 r 的确定过程

r	$c_2=4(r-1)$	ϕ	$r=0.6\phi^2$	取整[r]
	1000	2.33	3.26	4
4	12	2.67	4.28	5
5	16	2.67	4.28	5

通过计算，测试每种型号的键盘需要 5 名打字员，共需要 20 名打字速度相当的打字员进行测试。即试验参数分别为$n=20, c=4, n_1=n_2=n_3=n_4=5$。

6.2.4　试验计划

打字员分配给不同型号的键盘采取完全随机化方法。首先，选取 20 名打字速度相当的打字员，所有打字员使用同一份稿件。将这些打字员按照 1～20 进行编号，采用随机数方法在 1～20 中不放回地随机抽取 5 个数字，序号与数字对应的打字员分配给第一个型号的键盘，在剩下的 15 个编号中再随机抽取 5 个数字，对应的打字员分配给第二个型号的键盘，以此类推，直至所有的打字员都分配给不同型号的键盘。实际上，共有$C_{20}^5C_{15}^5C_{10}^5C_5^5=11.7\times10^9$种不同的分配方法。不妨假设得到的试验方案由表 6.6 给出。

表 6.6　打字员的随机分配方案

序号	打字员编号	键盘型号	序号	打字员编号	键盘型号
1	8	A_1	11	4	A_3
2	18	A_1	12	12	A_3
3	10	A_1	13	7	A_3
4	17	A_1	14	1	A_3
5	5	A_1	15	11	A_3
6	14	A_2	16	2	A_4
7	6	A_2	17	13	A_4
8	15	A_2	18	16	A_4
9	20	A_2	19	19	A_4
10	9	A_2	20	3	A_4

6.2.5　试验数据收集

按照 6.2.4 节的试验计划安排试验，并记录每名打字员完成一份稿件所需的打字时间，获得的试验数据如表 6.7 所示。

表 6.7　每名打字员完成一份稿件所需要的打字时间　　（单位：s）

键盘型号 A_1	键盘型号 A_2	键盘型号 A_3	键盘型号 A_4
88.6	90.7	90.2	89.5
89.0	91.4	89.7	89.4
89.8	90.3	89.2	90.8
88.4	91.9	89.8	90.4
90.8	90.4	89.4	90.3

可以计算，观测数据的总平均值为 $\overline{y}_{..}=90.00$，A_1, A_2, A_3, A_4 型号键盘的平均打字时间分别为 $\overline{y}_1=89.32, \overline{y}_2=90.94, \overline{y}_3=89.66, \overline{y}_4=90.08$。

6.2.6　试验数据分析

利用单因子方差分析模型，检验打字员分别使用 $c=4$ 个型号键盘的平均打字时间是否存在显著性差异。模型为

$$y_{ij}=\mu+\tau_i+\varepsilon_{ij}, \quad i=1,2,3,4, \quad j=1,2,\cdots,5$$

式中，y_{ij} 表示第 i 个型号键盘第 j 名打字员的观测值；μ 为打字时间的总均值；τ_i 为第 i 个型号键盘的效应；误差 ε_{ij} 相互独立且都服从正态分布 $N(0,\sigma^2)$。该试验需检验不同型号键盘对打字时间是否有显著的影响，即检验

$$H_0:\tau_1=\cdots=\tau_4=0, \quad H_1:\tau_1,\cdots,\tau_4\text{ 不全为 }0$$

若原假设 H_0 成立，说明不同的键盘型号的打字时间不存在显著差异；若拒绝原假设 H_0，说明不同键盘型号的打字时间存在显著差异。计算不同键盘型号的打字时间的总离差平方和为

$$S_{\mathrm{T}}=\sum_{i=1}^{4}\sum_{j=1}^{5}(y_{ij}-\overline{y}_{..})^2=15.18$$

效应（处理间）平方和为

$$S_A=5\times\sum_{i=1}^{4}(\overline{y}_{i.}-\overline{y}_{..})^2=7.34$$

误差（处理内）平方和为

$$S_{\mathrm{E}}=\sum_{i=1}^{4}\sum_{j=1}^{5}(y_{ij}-\overline{y}_{i.})^2=7.84$$

相应的均方分别为

$$MS_A=\frac{S_A}{c-1}=2.447$$

$$MS_{\mathrm{E}}=\frac{S_{\mathrm{E}}}{n-c}=0.49$$

均方分别反映了不同键盘型号之间观测值差异的大小，以及每个键盘型号中不同打字员打字时间差异的大小。当原假设H_0：使用不同型号键盘的打字时间不存在显著差异成立时，MS_A与MS_{E}差异不大。若MS_A与MS_{E}差异大，有理由认为这种差异是由不同型号的键盘造成的。在显著性水平$\alpha=0.05$下，使用F统计量检验两者差异是否显著。表 6.8 给出了该试验的方差分析表。服从自由度为 3 和 16 的F分布的统计量$F(3,16)$满足

$$P(F(3,16)>4.993)=0.01$$

有足够理由认为不同型号键盘的打字时间有显著差异。

表 6.8　单因子试验设计方差分析表

方差来源	自由度	平方和	均方	F值
键盘型号	3	7.34	2.447	4.993
误差	16	7.84	0.490	
总计	19	15.18		

接着对拟合模型进行检验与评估。首先，绘制拟合模型残差的 QQ 图，如图 6.1 所示。从图 6.1 中可以看出，拟合模型的残差全部落在了置信水平 95%的置信区间内，认为残差基本服从正态分布。其次，绘制拟合模型残差与拟合值的散点图，如图 6.2 所示。从图 6.2 中可以看出，拟合模型残差与拟合值基本在 0 均值附近波动，认为拟合模型的残差基本服从同方差假设。再次，绘制拟合模型残差与各型号键盘处理水平下的箱线图，如图 6.3 所示。从图 6.3 中可以看出，不同处理水平下残差的散布状态基本一致，认为未遗漏其他重要因子。

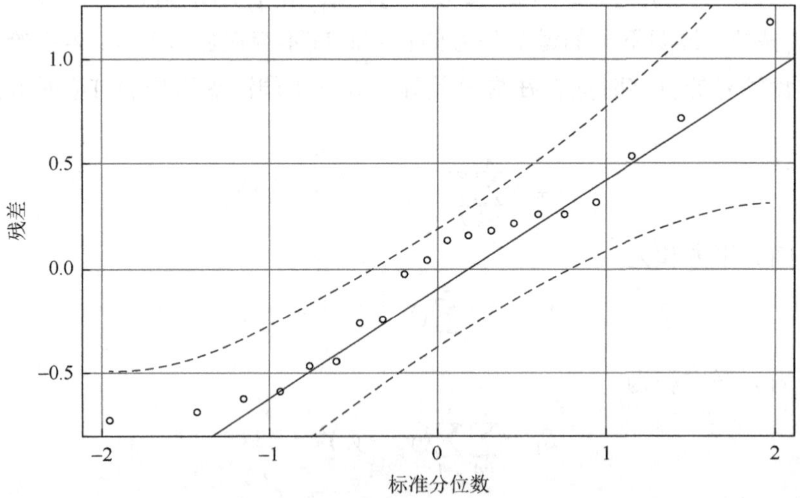

图 6.1　拟合模型残差的 QQ 图

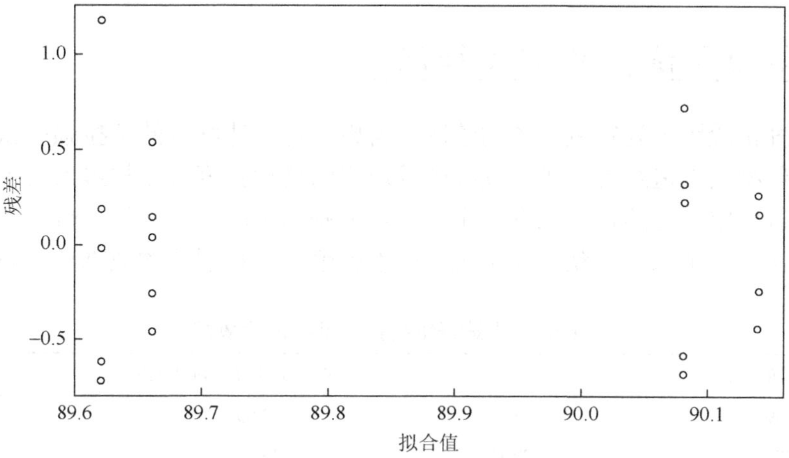

图 6.2　拟合模型的残差与拟合值的散点图

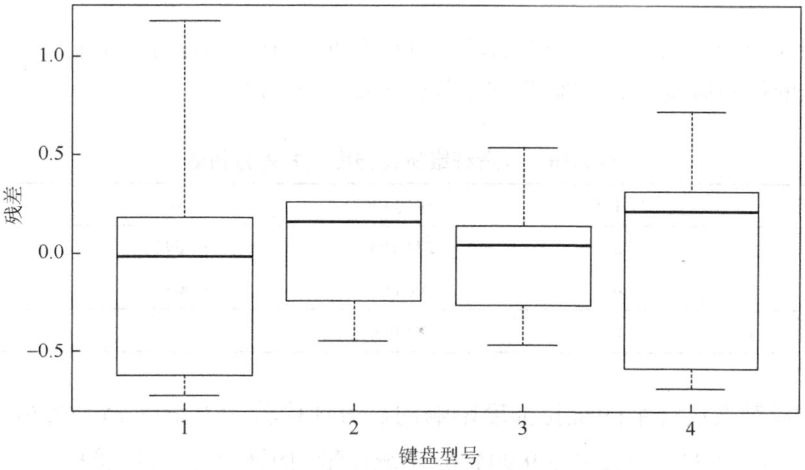

图 6.3　不同键盘型号下残差的箱线图

为了具体比较不同型号键盘打字时间的差异，再进行 Tukey 检验。检验结果表明，键盘型号 A_1 和 A_2 之间的 t 统计量、键盘型号 A_2 和 A_3 之间的 t 统计量的 P 值分别为 0.01、0.04，小于 $\alpha = 0.05$ 的显著性水平。

6.2.7　结论

通过上述数据分析过程，可以得到如下结论：在方差分析表中，由于检验统计量观测值落入拒绝域中，有足够理由认为使用不同型号键盘的打字时间有显著差异。根据 Tukey 多重检验方法，具体比较不同型号键盘之间打字时间差异。检验结果表明，在给定显著性水平 $\alpha = 0.05$ 下，键盘型号 A_1 和 A_2 之间的打字时间存在显著差异，键盘型号 A_2 和 A_3 之间打字时间存在显著差异，而其他型号键盘之间并无显著差异。如果消费者更多地关注键盘的打字速度，可以推荐 A_1 型号键盘或者 A_3 型号键盘。

6.3 单因子试验的扩展知识

本节研究试验因子为定量因子的情况，考虑一种人造纤维的抗拉强度试验。某公司研制出一种新型的人造纤维，研究过程中发现它的抗拉强度可能与掺入其中的棉花的百分比有关。现确定棉花的百分比有 3 个水平，分别为 10%，20%和 30%。考虑到测试的成本，公司决定每个水平下观测 3 个抗拉强度的值。抗拉强度的数据列于表 6.9 中。

表 6.9 人造纤维抗拉强度的试验数据

棉花含量的百分比	人造纤维的抗拉强度/MPa		
10%	25.66	28.00	20.66
20%	29.15	35.09	29.79
30%	35.73	39.56	35.66

此试验是一个单因子 3 水平的试验，其中影响因子为棉花含量的百分比，响应变量为人造纤维的抗拉强度。该试验的方差分析表如表 6.10 所示。

表 6.10 人造纤维抗拉强度的方差分析表

方差来源	自由度	平方和	均方	*F* 值
棉花含量	2	224.184	112.092	11.318
误差	6	59.422	9.904	
总计	8	283.606		

棉花含量对人造纤维的抗拉强度影响的显著性检验的 P 值（$P(F(2,6)>11.318)$）是 0.009，其中 $11.318\approx 112.092/9.904$ 是 F 统计量的观测值。该试验提供了关于棉花含量影响人造纤维抗拉强度的有力证据。棉花含量因子在试验中有 3 个水平，它的显著性可以通过将棉花含量因子的平方和（具有两个自由度）分解为一个线性成分和一个二次成分再作进一步的研究。

假设一个定量因子具有均匀相隔的 3 个水平。例如，上述人造纤维试验的棉花含量，有均匀间隔的水平 10%，20%和 30%。这时可研究因子和响应之间的关系在 3 个水平上是线性的还是二次的。分别以 y_1, y_2, y_3 记在低水平、中水平、高水平的响应值，线性关系可用 $y_3-y_1=-1y_1+0y_2+1y_3$ 来估计，称之为线性对照。为了定义二次效应，可做如下分析。若因子和响应之间关系是线性的，那么 y_3-y_2 与 y_2-y_1 应大致相同，即 $(y_3-y_2)-(y_2-y_1)=1y_1-2y_2+1y_3$ 应接近 0；否则，它应该比较大。可用 $y_1-2y_2+y_3$ 来估计二次关系，称之为二次对照。线性对照和二次对照可分别表示为 $(-1,0,1)(y_1,y_2,y_3)^{\mathrm{T}}$ 和 $(1,-2,1)(y_1,y_2,y_3)^{\mathrm{T}}$。系数向量 (–1, 0, 1) 和 (1, –2, 1) 分别称为**线性对照向量**和**二次对照向量**。两个向量 $u=(u,u_2,\cdots,u_p)^{\mathrm{T}}$ 和 $v=(v_1,v_2,\cdots,v_p)^{\mathrm{T}}$ 称为正交的，若它们的内积 $u^{\mathrm{T}}v=\sum_{i=1}^{p}u_iv_i=0$，容易验证：线性对照向量和二次对照向量是正交的，即它们的内积

$(-1,0,1)(1,-2,1)^{\mathrm{T}}=-1+0+1=0$。正交性是非常好的统计性质，基于这些对照的估计量是相互独立的。为了比较回归系数，这些对照向量还应该用其长度来标准化，即分别用 $\sqrt{2}(=((-1)^2+0^2+1^2)^{\frac{1}{2}})$ 和 $\sqrt{6}(=((-1)^2+2^2+(-1)^2)^{\frac{1}{2}})$ 来标准化。标准化后的向量称为模型阵中的协变量。

为弄清楚棉花含量是否对人造纤维的抗拉强度有线性效应和（或）二次效应的影响，拟合含有线性对照和二次对照（即 $(-1,0,1)/\sqrt{2}$ 对应线性对照，$(1,-2,1)/\sqrt{6}$ 对应二次对照）的线性模型，并检验效应的显著性。于是

$$y=(25.66, 29.15, 35.73, 28.00, 35.09, 39.56, 20.65, 29.79, 35.66)^{\mathrm{T}}$$

并且模型阵 X 是

$$X=\begin{pmatrix} 1 & -1 & 1 \\ 1 & 0 & -2 \\ 1 & 1 & 1 \\ 1 & -1 & 1 \\ 1 & 0 & -2 \\ 1 & 1 & 1 \\ 1 & -1 & 1 \\ 1 & 0 & -2 \\ 1 & 1 & 1 \end{pmatrix}$$

其中，X 的第二、三列要分别除以 $\sqrt{2}$ 和 $\sqrt{6}$。用 $\hat{\beta}=(X^{\mathrm{T}}X)^{-1}X^{\mathrm{T}}y$ 和 $\hat{\sigma}^2=(y-X\hat{\beta})^{\mathrm{T}}\cdot(y-X\hat{\beta})/(n-c-1)$ 来计算系数估计值和标准误差的估计值，结果在表 6.11 中给出。

表 6.11　线性效应和二次效应的估计结果

效应	估计	标准误	t 值	P 值
线性	8.636	1.817	4.75	0.003
二次	−0.381	1.817	−0.21	0.841

表 6.11 还包括对应的 t 统计量（截距的最小二乘估计为 31.032）。表 6.11 的结果表明，棉花含量对人造纤维的抗拉强度有显著的线性效应和不显著的二次效应。而表 6.10 中的方差分析表明棉花含量对人造纤维的抗拉强度有显著影响，因此棉花含量的线性效应是显著性的主要贡献者。

习　题　6

1. 在一个单因子试验中，因子有两个水平，每个水平下各重复 4 次试验，试验数据及均值、组内平方和如表 6.12 所示：

表 6.12 题 1 的试验数据

水平	试验数据	均值	组内平方和
1	8, 5, 7, 4	6	10
2	0, 1, 5, 2	2	14

试计算误差平方和 S_E，因子平方和 S_A，总平方和 S_T，并计算相应的自由度。

2. 用 4 种安眠药在兔子身上进行试验，特选 24 只健康的兔子，完全随机地把它们均分为 4 组，每组各服用一种安眠药，睡眠时间如表 6.13 所示。在显著性水平 $\alpha = 0.05$ 下对其进行方差分析，可以得到什么结果？

表 6.13 兔子的睡眠时间

安眠药	睡眠时间/h					
A_1	6.2	6.1	6.0	6.3	6.1	5.9
A_2	6.3	6.5	6.7	6.6	7.1	6.4
A_3	6.8	7.1	6.6	6.8	6.9	6.6
A_4	5.4	6.4	6.2	6.3	6.0	5.9

3. 在一项研究中，要比较治疗一种特殊疾病的 4 种药物（记为 A_1，A_2，A_3，A_4）的生物活性。在每个处理下，重复试验次数为 4，样本均值与样本标准差如表 6.14 所示：

表 6.14 药物的生物活性数据

药物品种	样本量	样本均值	样本标准差
A_1	7	66.10	1.465
A_2	8	65.75	1.475
A_3	9	62.63	1.440
A_4	6	63.85	1.762

试比较 4 种药物在生物活性指标上有无显著差异（$\alpha = 0.05$）。

4. 某粮食加工厂试验 3 种贮藏方法对粮食含水率有无显著影响。现取一批粮食分成若干份，分别用 3 种不同的方法贮藏，过一段时间后测得的含水率如表 6.15 所示。

表 6.15 粮食的含水率 （单位：%）

贮藏方法	含水率				
A_1	7.3	8.3	7.6	8.4	8.3
A_2	5.4	7.4	7.1		
A_3	7.9	9.5	10.0		

假定各种方法贮藏粮食的含水率服从正态分布，且方差相等，试在显著性水平 $\alpha = 0.05$ 下检验 3 种贮藏方法对含水率有无显著影响。

5. 某厂有 4 条生产线生产同一垫片，为了比较垫片的断裂强度有无显著差异，现分别从每条生产线随机抽取 5 个垫片，测其断裂强度，试验数据如表 6.16 所示：

表 6.16　垫片的断裂强度　（单位：MPa）

生产线	断裂强度				
A_1	86.5	92.0	85.2	87.9	86.0
A_2	93.4	87.9	90.6	85.5	88.4
A_3	88.6	93.2	88.8	92.7	90.9
A_4	94.3	93.3	92.0	89.2	92.5

在正态分布假定下，对试验数据进行方差分析，试在显著性水平 $\alpha = 0.05$ 下检验 4 条生产线的垫片有无显著差异；并对 4 条生产线的垫片在显著性水平 $\alpha = 0.05$ 下作多重比较。

6. 某商店经理给出了评价职工的业绩指标，按此将商店职工的业绩分为优、良、中 3 类。为增加客观性，经理又设计了若干项测验，现从优、良、中 3 类职工中各随机抽取 5 人，表 6.17 给出了他们各项测验的总分：

表 6.17　职工各项测验的总分　（单位：分）

序号	水平		
	优	良	中
1	104	68	41
2	87	69	37
3	86	71	44
4	83	65	47
5	86	66	33

假定各类人员的成绩都服从正态分布，且方差相同，试问 3 类职工测验的平均成绩有无显著差异（$\alpha = 0.05$）。采用固定效应模型描述，并进行多重比较。

第7章

两因子试验

在实际生活生产中，影响响应变量（试验指标）的因子可能有很多。例如，化工试验中，原料用量、反应时间、温度等都可能影响响应变量，这就构成多因子试验问题。多因子试验中最简单的情形是只包含两个因子，两个因子可能都是定性因子，也可能都是定量因子，或一个定量因子一个定性因子。对于不同因子类型，试验数据的分析方法也不同。本章将分别介绍两个定性因子试验，以及一个定量因子一个定性因子试验。

7.1 两因子试验的基础知识

定性两因子试验的方差分析方法与单因子试验类似，要求响应变量的观测值满足独立性、正态性和方差齐性等假设条件。在两因子试验中，每个因子可能对试验指标有各自独立的影响，还可能存在两者联合的影响，这种联合影响称为交互作用或交互效应。

重复是指每个处理都施用于数个试验单元，可以使试验误差的范围得以更好估计(即误差方差的估计)。为了方便，先讨论有重复观测的两因子试验，具体介绍有重复观测定性两因子试验的方差分析法。对于有重复观测的两因子试验，可以分析因子的主效应以及两因子交互效应。

（1）简单效应：在某因子同一水平上，另一因子的不同水平对响应变量的影响称为简单效应。

（2）主效应：由于因子水平的改变而引起响应变量观测平均值的改变称为主效应。主效应也是简单效应的平均。

（3）交互效应：交互效应是由两个或两个以上试验因子的相互作用而引起响应变量观测平均值的改变。或者说，某一因子的简单效应随着另一因子水平的变化而变化，称两因子间存在交互效应。

7.1.1 有重复观测的定性两因子试验

假设试验具有两个定性因子，分别记为因子 A 和 B 。因子 A 有 a 个水平，分别记为 $A_1, A_2, \cdots, A_a$ 。因子 B 有 b 个水平，分别记为 $B_1, B_2, \cdots, B_b$ 。在每一个水平组合 (A_i, B_j) 下，

都重复做 $t(t \geqslant 2)$ 次试验，响应变量记为 y_{ijk}，$i=1,2,\cdots,a,\ j=1,2,\cdots,b,\ k=1,2,\cdots,t$，观察值如表 7.1 所示。

表 7.1　有重复观测的定性两因子试验数据

因子 A	因子 B			
	B_1	B_2	$\cdots$	B_b
A_1	$y_{111}, y_{112}, \cdots, y_{11t}$	$y_{121}, y_{122}, \cdots, y_{12t}$	$\cdots$	$y_{1b1}, y_{1b2}, \cdots, y_{1bt}$
A_2	$y_{211}, y_{212}, \cdots, y_{21t}$	$y_{221}, y_{222}, \cdots, y_{22t}$	$\cdots$	$y_{2b1}, y_{2b2}, \cdots, y_{2bt}$
$\vdots$	$\vdots$	$\vdots$		$\vdots$
A_a	$y_{a11}, y_{a12}, \cdots, y_{a1t}$	$y_{a21}, y_{a22}, \cdots, y_{a2t}$	$\cdots$	$y_{ab1}, y_{ab2}, \cdots, y_{abt}$

1. 试验数据分析

设 $y_{ijk} \sim N(\mu_{ij}, \sigma^2), i=1,2,\cdots,a,\ j=1,2,\cdots,b,\ k=1,2,\cdots,t$, 各 y_{ijk} 相互独立。方差分析的线性模型为

$$\begin{cases} y_{ijk} = \mu_{ij} + \varepsilon_{ijk} \\ \mu_{ij} = \mu + \alpha_i + \beta_j + \gamma_{ij} \\ \varepsilon_{ijk} \sim N(0,\sigma^2),\quad 各\varepsilon_{ijk}相互独立 \\ i=1,2,\cdots,a,\quad j=1,2,\cdots,b,\quad k=1,2,\cdots t \end{cases} \tag{7.1}$$

其中，μ_{ij} 为在水平 A_i 和水平 B_j 下的均值；μ 为总均值；α_i 为水平 A_i 的效应；β_j 为水平 B_j 的效应；γ_{ij} 为水平 A_i 和水平 B_j 的交互效应。模型的参数约束为

$$\sum_{i=1}^{a}\alpha_i = 0,\quad \sum_{j=1}^{b}\beta_j = 0,\quad \sum_{i=1}^{a}\gamma_{ij} = 0,\quad \sum_{j=1}^{b}\gamma_{ij} = 0$$

线性模型（7.1）可以写为

$$\begin{cases} y_{ijk} = \mu + \alpha_i + \beta_j + \gamma_{ij} + \varepsilon_{ijk} \\ \varepsilon_{ijk} \sim N(0,\sigma^2),\quad 各\varepsilon_{ijk}相互独立 \\ \sum_{i=1}^{a}\alpha_i = 0,\quad \sum_{j=1}^{b}\beta_i = 0,\quad \sum_{i=1}^{a}\gamma_{ij} = 0,\quad \sum_{j=1}^{b}\gamma_{ij} = 0 \\ i=1,2,\cdots,a,\quad j=1,2,\cdots,b,\quad k=1,2,\cdots,t \end{cases} \tag{7.2}$$

其中，$\mu, \alpha_i (i=1,2,\cdots,a), \beta_j (j=1,2,\cdots,b), \gamma_{ij} (i=1,2,\cdots,a,\ j=1,2,\cdots,b)$ 和 σ^2 都是未知参数。对于模型（7.2），有以下三个假设检验。

$$H_{A0}: \alpha_1 = \alpha_2 = \cdots = \alpha_a = 0,\quad H_{A1}: 至少一个\alpha_i \neq 0$$

$$H_{B0}: \beta_1 = \beta_2 = \cdots = \beta_b = 0,\quad H_{B1}: 至少一个\beta_j \neq 0$$

$$H_{A\times B0}: \gamma_{ij} = 0,\quad i=1,2,\cdots,a,\quad j=1,2,\cdots,b,\quad H_{A\times B1}: 至少一个\gamma_{ij} \neq 0$$

针对上述假设检验问题，具体分析思路如下。

1）总离差平方和的分解

不失一般性，假设

$$\bar{y} = \frac{y_{\cdots}}{abt} = \frac{1}{abt}\sum_{i=1}^{a}\sum_{j=1}^{b}\sum_{k=1}^{t} y_{ijk}$$

$$\overline{y}_{ij\cdot}=\frac{y_{ij\cdot}}{t}=\frac{1}{t}\sum_{k=1}^{t}y_{ijk},\quad i=1,2,\cdots,a,\ j=1,2,\cdots,b$$

$$\overline{y}_{i\cdot\cdot}=\frac{y_{i\cdot\cdot}}{bt}=\frac{1}{bt}\sum_{j=1}^{b}\sum_{k=1}^{t}y_{ijk},\quad i=1,2,\cdots,a$$

$$\overline{y}_{\cdot j\cdot}=\frac{y_{\cdot j\cdot}}{at}=\frac{1}{at}\sum_{i=1}^{a}\sum_{k=1}^{t}y_{ijk},\quad j=1,2,\cdots,b$$

总离差平方和为

$$S_{\mathrm{T}}=\sum_{i=1}^{a}\sum_{j=1}^{b}\sum_{k=1}^{t}(y_{ijk}-\overline{y})^2$$

总离差平方和 S_{T} 可以进行如下分解

$$\begin{aligned}S_{\mathrm{T}}&=\sum_{i=1}^{a}\sum_{j=1}^{b}\sum_{k=1}^{t}[(\overline{y}_{i\cdot\cdot}-\overline{y})+(\overline{y}_{\cdot j\cdot}-\overline{y})+(\overline{y}_{ij\cdot}-\overline{y}_{i\cdot\cdot}-\overline{y}_{\cdot j\cdot}+\overline{y})+(y_{ijk}-\overline{y}_{ij\cdot})]^2\\&=bt\sum_{i=1}^{a}(\overline{y}_{i\cdot\cdot}-\overline{y})^2+at\sum_{j=1}^{b}(\overline{y}_{\cdot j\cdot}-\overline{y})^2+t\sum_{i=1}^{a}\sum_{j=1}^{b}(\overline{y}_{ij\cdot}-\overline{y}_{i\cdot\cdot}-\overline{y}_{\cdot j\cdot}+\overline{y})^2\\&\quad+\sum_{i=1}^{a}\sum_{j=1}^{b}\sum_{k=1}^{t}(y_{ijk}-\overline{y}_{ij\cdot})^2\end{aligned}$$

上式可以简记为

$$S_{\mathrm{T}}=S_A+S_B+S_{A\times B}+S_{\mathrm{E}}$$

其中

$$S_A=bt\sum_{i=1}^{a}(\overline{y}_{i\cdot\cdot}-\overline{y})^2$$

$$S_B=at\sum_{j=1}^{b}(\overline{y}_{\cdot j\cdot}-\overline{y})^2$$

$$S_{A\times B}=t\sum_{i=1}^{a}\sum_{j=1}^{b}(\overline{y}_{ij\cdot}-\overline{y}_{i\cdot\cdot}-\overline{y}_{\cdot j\cdot}+\overline{y})^2$$

$$S_{\mathrm{E}}=\sum_{i=1}^{a}\sum_{j=1}^{b}\sum_{k=1}^{t}(y_{ijk}-\overline{y}_{ij\cdot})^2$$

S_A 和 S_B 分别为因子 A 和因子 B 的主效应平方和，$S_{A\times B}$ 为因子 A 和因子 B 交互效应的平方和，S_{E} 为误差平方和。

2）统计分析

可以计算，总离差平方和 S_{T} 的自由度为 $abt-1$，因子 A 主效应平方和 S_A 的自由度为 $a-1$，因子 B 主效应平方和 S_B 的自由度为 $b-1$，因子 A 和因子 B 交互效应平方和 $S_{A\times B}$ 的自由度为 $(a-1)(b-1)$，误差平方和 S_{E} 的自由度为

$$(abt-1)-(a-1)-(b-1)-(a-1)(b-1)=ab(t-1)$$

各平方和除以其自由度，得到相应的均方分别为

$$MS_A=\frac{S_A}{a-1},\quad MS_B=\frac{S_B}{b-1},\quad MS_{A\times B}=\frac{S_{A\times B}}{(a-1)(b-1)},\quad MS_{\mathrm{E}}=\frac{S_{\mathrm{E}}}{ab(t-1)}$$

各均方的期望值分别为

$$E(MS_A) = \sigma^2 + \frac{bt}{a-1}\sum_{i=1}^{a}\alpha_i^2$$

$$E(MS_B) = \sigma^2 + \frac{at}{b-1}\sum_{j=1}^{b}\beta_i^2$$

$$E(MS_{A\times B}) = \sigma^2 + \frac{t}{(a-1)(b-1)}\sum_{i=1}^{a}\sum_{j=1}^{b}\gamma_{ij}^2$$

$$E(MS_\mathrm{E}) = \sigma^2$$

误差的均方 MS_E 是误差方差 σ^2 的无偏估计。当 H_{A0} 成立时，因子 A 主效应的均方 MS_A 是 σ^2 的无偏估计，检验统计量为

$$F_1 = \frac{MS_A}{MS_\mathrm{E}} \sim F(a-1, ab(t-1))$$

当 H_{B0} 成立时，因子 B 主效应的均方 MS_B 是 σ^2 的无偏估计，检验统计量为

$$F_2 = \frac{MS_B}{MS_\mathrm{E}} \sim F(b-1, ab(t-1))$$

当 $H_{A\times B0}$ 成立时，因子 A 和因子 B 交互效应的均方 $MS_{A\times B}$ 是 σ^2 的无偏估计，检验统计量为

$$F_3 = \frac{MS_{A\times B}}{MS_\mathrm{E}} \sim F((a-1)(b-1), ab(t-1))$$

利用样本观测数据，分别计算检验统计量 F_1，F_2 和 F_3 的观测值。给定显著性水平 α，计算相应的临界值，分别记 $F_\alpha(a-1, ab(t-1))$ 为自由度 $a-1$ 和 $ab(t-1)$ 的 F 分布上概率 α 的分位数，$F_\alpha(b-1, ab(t-1))$ 为自由度 $b-1$ 和 $ab(t-1)$ 的 F 分布上概率 α 的分位数，$F_\alpha((a-1)(b-1), ab(t-1))$ 为自由度 $(a-1)(b-1)$ 和 $ab(t-1)$ 的 F 分布上概率 α 的分位数。

如果 $F_1 > F_\alpha(a-1, ab(t-1))$，有充分证据说明因子 A 对响应变量有显著影响；

如果 $F_2 > F_\alpha(b-1, ab(t-1))$，有充分证据说明因子 B 对响应变量有显著影响；

如果 $F_3 > F_\alpha((a-1)(b-1), ab(t-1))$，有充分证据说明交互效应 $A\times B$ 对响应变量有显著影响。

有重复观测的定性两因子试验的方差分析表如表 7.2 所示。

表 7.2　有重复观测的定性两因子试验的方差分析表

方差来源	自由度	平方和	均方	F 值
因子 A	$a-1$	S_A	$MS_A = \frac{S_A}{a-1}$	$F_1 = \frac{MS_A}{MS_\mathrm{E}}$
因子 B	$b-1$	S_B	$MS_B = \frac{S_B}{b-1}$	$F_2 = \frac{MS_B}{MS_\mathrm{E}}$
交互效应 $A\times B$	$(a-1)(b-1)$	$S_{A\times B}$	$MS_{A\times B} = \frac{S_{A\times B}}{(a-1)(b-1)}$	$F_3 = \frac{MS_{A\times B}}{MS_\mathrm{E}}$
误差	$ab(t-1)$	S_E	$MS_\mathrm{E} = \frac{S_\mathrm{E}}{ab(t-1)}$	
总计	$abt-1$	S_T		

3）多重比较

当方差分析的结果表明因子 A 各水平的效应或因子 B 各水平的效应有显著差异时，通常会对因子 A 各水平的效应之间进行比较，或对因子 B 各水平效应之间进行比较，筛选出更有利于响应变量的因子水平。需要注意，两因子试验可能存在交互效应，两因子试验的多重比较与单因子试验的多重比较不同。当两因子交互效应 $A\times B$ 统计显著时，因子 A 各水平效应之间的比较就可能由于两因子交互效应 $A\times B$ 统计显著而变得复杂。在这种情况下，方法之一是将因子 B 固定在某一特定水平上，再对因子 A 的效应进行多重比较。当两因子交互效应 $A\times B$ 统计显著时，可以比较所有 ab 个水平组合的效应，筛选出效应显著的水平组合。ab 个水平组合需要进行 $[ab(ab-1)]/2$ 个效应对的比较。其中，常用的误差方差估计是误差均方 $MS_{\mathrm{E}}=S_{\mathrm{E}}/[ab(t-1)]$。

2. 试验次数的确定

确定两因子试验的重复试验次数是为了使假设检验满足指定的功效要求。这里，重复试验次数是指每个处理的重复观测次数，记为 t。总试验次数为 $n=abt$。不同于确定单因子试验重复试验次数的方法，确定两因子试验重复试验次数的方法是，分别确定每个因子效应的重复试验次数以及两因子交互效应的重复试验次数。当因子 A 的任意两个水平效应的观测均值之差为 Δ_A 时，重复试验次数为

$$t=2a\sigma^2\phi^2/(b\Delta_A^2)$$

当因子 B 的任意两个水平效应的观测均值之差为 Δ_B 时，重复试验次数为

$$t=2b\sigma^2\phi^2/(a\Delta_B^2)$$

当两因子任意两个水平组合效应的观测均值之差为 $\Delta_{A\times B}$ 时，重复试验次数为

$$t=2[(a-1)(b-1)+1]\sigma^2\phi^2/(\Delta_{A\times B}^2)$$

其中，ϕ 的含义及计算过程可参考 6.1.3 节。

在两因子交互效应显著的情形下，误差均方的自由度为 $c_2=ab(t-1)$。两因子交互效应均方的自由度为 $c_1=(a-1)(b-1)$。因子 A 主效应均方的自由度为 $c_1=a-1$，因子 B 主效应均方的自由度为 $c_1=b-1$。三种情况下的自由度列于表 7.3 中。若三种情况下确定的重复试验次数不同，建议选取三者中最大重复试验次数，或者依据试验成本和试验约束选取合适的重复试验次数。

表 7.3 两因子试验的重复试验次数

效应	重复观测数 t	分子自由度 c_1	分母自由度 c_2
A	$t=2a\sigma^2\phi^2/(b\Delta_A^2)$	$a-1$	$ab(t-1)$
B	$t=2b\sigma^2\phi^2/(a\Delta_B^2)$	$b-1$	$ab(t-1)$
$A\times B$	$t=2[(a-1)(b-1)+1]\sigma^2\phi^2/(\Delta_{A\times B}^2)$	$(a-1)(b-1)$	$ab(t-1)$

7.1.2 无重复观测的定性两因子试验

为了检验两因子交互效应的统计显著性，在每个两因子水平组合 (A_i,B_j) 下至少重复

2 次试验，将两因子交互效应与随机误差分别进行分析。在实际应用中，如果知道两因子交互效应不存在，或者两因子交互效应对响应变量的影响很小，试验数据分析可以不考虑两因子交互效应。在这种情形下，选择试验次数 $t=1$，数据分析主要关注因子 A 的主效应和因子 B 的主效应。无重复观测的定性两因子试验在两因子水平组合 (A_i, B_j) $(i=1,2,\cdots,a,\ j=1,2,\cdots,b)$ 下只做 1 次试验，试验数据如表 7.4 所示。

表 7.4 无重复观测的定性两因子试验数据

因子 A	因子 B				$y_{i\cdot}$
	B_1	B_2	$\cdots$	B_b	
A_1	y_{11}	y_{12}	$\cdots$	y_{1b}	$y_{1\cdot}$
A_2	y_{21}	y_{22}	$\cdots$	y_{2b}	$y_{2\cdot}$
$\vdots$	$\vdots$	$\vdots$		$\vdots$	$\vdots$
A_a	y_{a1}	y_{a2}	$\cdots$	y_{ab}	$y_{a\cdot}$
$y_{\cdot j}$	$y_{\cdot 1}$	$y_{\cdot 2}$	$\cdots$	$y_{\cdot b}$	$y_{\cdot\cdot}$

假设 $y_{ij} \sim N(\mu_{ij}, \sigma^2)$，$y_{ij}$ 相互独立，$i=1,2,\cdots,a,\ j=1,2,\cdots,b$，无重复观测的定性两因子试验的模型为

$$\begin{cases} y_{ij} = \mu_{ij} + \varepsilon_{ij} \\ \varepsilon_{ij} \sim N(0,\sigma^2)\text{且相互独立} \\ i=1,2,\cdots,a,\ j=1,2,\cdots,b \end{cases} \tag{7.3}$$

记 $\mu_{ij} = \mu + \alpha_i + \beta_j$，其中，$\mu = \sum_{i=1}^{a}\sum_{j=1}^{b}\mu_{ij}\Big/(ab)$ 为总均值，$\alpha_i(i=1,2,\cdots,a)$ 为因子 A 的主效应，$\beta_j(j=1,2,\cdots,b)$ 为因子 B 的主效应，约束条件为

$$\sum_{i=1}^{a}\alpha_i = 0, \quad \sum_{j=1}^{b}\beta_j = 0$$

无重复观测的定性两因子试验的模型（7.3）也可以表示为

$$\begin{cases} y_{ij} = \mu + \alpha_i + \beta_j + \varepsilon_{ij} \\ \varepsilon_{ij} \sim N(0,\sigma^2)\text{且}\varepsilon_{ij}\text{相互独立} \\ \sum_{i=1}^{a}\alpha_i = 0, \quad \sum_{j=1}^{b}\beta_j = 0 \\ i=1,2,\cdots,a,\ j=1,2,\cdots,b \end{cases} \tag{7.4}$$

其中，$\mu, \alpha_i(i=1,2,\cdots,a), \beta_j(j=1,2,\cdots,b)$ 和 σ^2 都是未知参数。无重复观测的定性两因子试验的假设检验有

$$H_{A0}: \alpha_1 = \alpha_2 = \cdots = \alpha_a = 0, \quad H_{A1}: \text{至少有一个}\alpha_i \neq 0$$

$$H_{B0}: \beta_1 = \beta_2 = \cdots = \beta_b = 0, \quad H_{B1}: \text{至少有一个}\beta_j \neq 0$$

针对上述假设检验问题，具体分析思路如下。

1. 总离差平方和的分解

记样本数据的总均值为

$$\overline{y}=\frac{1}{ab}\sum_{i=1}^{a}\sum_{j=1}^{b}y_{ij}$$

在因子 A 的水平 A_i 下的样本均值为

$$\overline{y}_{i\cdot}=\frac{1}{b}\sum_{j=1}^{b}y_{ij},\quad i=1,2,\cdots,a$$

在因子 B 的水平 B_j 下的样本均值为

$$\overline{y}_{\cdot j}=\frac{1}{a}\sum_{i=1}^{a}y_{ij},\quad j=1,2,\cdots,b$$

总离差平方和为

$$S_{\mathrm{T}}=\sum_{i=1}^{a}\sum_{j=1}^{b}(y_{ij}-\overline{y})^2$$

将 S_{T} 改写并分解为

$$\begin{aligned}S_{\mathrm{T}}&=\sum_{i=1}^{a}\sum_{j=1}^{b}[(\overline{y}_{i\cdot}-\overline{y})+(\overline{y}_{\cdot j}-\overline{y})+(\overline{y}_{ij}-\overline{y}_{i\cdot}-\overline{y}_{\cdot j}+\overline{y})]^2\\&=b\sum_{i=1}^{a}(\overline{y}_{i\cdot}-\overline{y})^2+a\sum_{j=1}^{b}(\overline{y}_{\cdot j}-\overline{y})^2+\sum_{i=1}^{a}\sum_{j=1}^{b}(\overline{y}_{ij}-\overline{y}_{i\cdot}-\overline{y}_{\cdot j}+\overline{y})^2\end{aligned}$$

等式成立是由于 3 个交叉项乘积之和为 0。上式可以简记为

$$S_{\mathrm{T}}=S_A+S_B+S_{\mathrm{E}}$$

其中

$$S_A=b\sum_{i=1}^{a}(\overline{y}_{i\cdot}-\overline{y})^2$$

$$S_B=a\sum_{j=1}^{b}(\overline{y}_{\cdot j}-\overline{y})^2$$

$$S_{\mathrm{E}}=\sum_{i=1}^{a}\sum_{j=1}^{b}(\overline{y}_{ij}-\overline{y}_{i\cdot}-\overline{y}_{\cdot j}+\overline{y})^2$$

S_A 和 S_B 分别为因子 A 的效应平方和与因子 B 的效应平方和，S_{E} 为误差平方和。

2. 统计分析

可以计算，总离差平方和 S_{T} 的自由度为 $ab-1$，因子 A 的效应平方和 S_A 与因子 B 的效应平方和 S_B 的自由度分别为 $a-1$ 和 $b-1$，误差平方和 S_{E} 的自由度为

$$(ab-1)-(a-1)-(b-1)=(a-1)(b-1)$$

因子 A 的效应均方及其期望为

$$MS_A=\frac{S_A}{a-1}$$

$$E(MS_A)=\sigma^2+\frac{b}{a-1}\sum_{i=1}^{a}\alpha_i^2$$

当原假设 H_{A0} 成立时，均方 MS_A 是误差方差 σ^2 的无偏估计，并有

$$\frac{S_A}{\sigma^2}\sim\chi^2(a-1)$$

因子 B 的效应均方及其期望为

$$MS_B=\frac{S_B}{b-1}$$

$$E(MS_B)=\sigma^2+\frac{a}{b-1}\sum_{j=1}^{b}\beta_i^2$$

当原假设 H_{B0} 成立时，均方 MS_B 是误差方差 σ^2 的无偏估计，并有

$$\frac{S_B}{\sigma^2}\sim\chi^2(b-1)$$

误差的均方及其期望为

$$MS_{\mathrm{E}}=\frac{S_{\mathrm{E}}}{(a-1)(b-1)}$$

$$E(MS_{\mathrm{E}})=\sigma^2$$

均方 MS_{E} 是误差方差 σ^2 的无偏估计，并有

$$\frac{S_{\mathrm{E}}}{\sigma^2}\sim\chi^2((a-1)(b-1))$$

可以证明，S_A、S_B 均与 S_{E} 独立。在原假设 H_{A0}：$\alpha_1=\alpha_2=\cdots=\alpha_a=0$ 成立下，检验统计量为

$$F_1=\frac{S_A}{a-1}\Big/\frac{S_{\mathrm{E}}}{(a-1)(b-1)}=\frac{MS_A}{MS_{\mathrm{E}}}\sim F(a-1,(a-1)(b-1))$$

在原假设 H_{B0}：$\beta_1=\beta_2=\cdots=\beta_b=0$ 成立下，检验统计量为

$$F_2=\frac{S_B}{b-1}\Big/\frac{S_{\mathrm{E}}}{(a-1)(b-1)}=\frac{MS_B}{MS_{\mathrm{E}}}\sim F(b-1,(a-1)(b-1))$$

利用样本数据，分别计算检验统计量 F_1 和 F_2 的观测值。给定显著性水平 α，计算临界值 $F_\alpha(a-1,(a-1)(b-1))$ 和 $F_\alpha(b-1,(a-1)(b-1))$。

如果 $F_1>F_\alpha(a-1,(a-1)(b-1))$，有充分证据说明原假设 H_{A0} 不成立。

如果 $F_2>F_\alpha(b-1,(a-1)(b-1))$，有充分证据说明原假设 H_{B0} 不成立。检验过程的方差分析表如表 7.5 所示。

无重复观测定性两因子试验的模型检验与评估的方法类似于单因子试验线性模型的检验与评估，主要包括三个方面：通过 QQ 图等检验模型残差的正态分布性质；绘制模型残差与模型拟合值的散点图，检验模型残差是否满足随机性和同方差性；绘制不同因子水平组合下残差的箱线图，检验模型是否可能遗漏重要因子。无重复观测两因子试验需要的总试验次数为 $n=ab$。

表 7.5 无重复观测定性两因子试验的方差分析表

方差来源	自由度	平方和	均方	F 值
因子 A	$a-1$	S_A	$MS_A=\dfrac{S_A}{a-1}$	$F_1=\dfrac{MS_A}{MS_E}$
因子 B	$b-1$	S_B	$MS_B=\dfrac{S_B}{b-1}$	$F_2=\dfrac{MS_B}{MS_E}$
误差	$(a-1)(b-1)$	S_E	$MS_E=\dfrac{S_E}{(a-1)(b-1)}$	
总计	$ab-1$	S_T		

7.2 案例：有重复观测的定性两因子试验设计应用

7.2.1 问题描述

在 6.2 节的案例中，若打字员的打字时间受到键盘型号和稿件类型两个因子影响，键盘型号分为 B_1，B_2 和 B_3 三种，稿件类型分为中文稿件 A_1 和英文稿件 A_2 两种。有些情况下，键盘型号与稿件类型的交互效应也可能会影响打字时间。现在考虑键盘型号和稿件类型的两因子试验，利用打字时间的试验数据，分析键盘型号和稿件类型对打字时间的影响。

7.2.2 变量选择

该试验包括两个因子，分别是键盘型号和稿件类型。键盘型号包含 3 个水平，分别是 B_1，B_2 和 B_3；稿件类型包含 2 个水平，分别是中文稿件 A_1 和英文稿件 A_2。键盘型号和稿件类型是两个定性因子。键盘型号和稿件类型的组合共有 6 种。试验的响应变量是稿件的打字时间。

7.2.3 试验次数的确定

在前期的试验研究中，推测误差方差在 10 左右，不妨令 $\sigma^2=10$。如果两种稿件类型下的打字时间均值之差达到 $\Delta=3$，要以较大概率拒绝原假设。对于 $a=2, c_2=6(t-1)$，$c_1=a-1=1$，$\alpha=0.05$ 且 $\pi=0.95$，类似 6.2.3 节计算试验次数的步骤，具体的迭代过程和计算结果由表 7.6 给出。

表 7.6 试验次数的确定过程

t	$c_2=6(t-1)$	ϕ	$t=1.48\phi^2$	$[t]$
	1000	2.67	10.55	10 或 11
10	54	2.67	10.55	10 或 11
11	60	2.67	10.55	10 或 11

考虑到试验成本等影响因素，选择在每种处理下重复10次试验。

7.2.4 试验计划

该试验考察键盘型号与稿件类型之间是否存在交互效应。选取60名打字速度相当的打字员。将这些打字员按照数字1～60进行编号，采用随机数方法在1～60中不放回地随机抽取30个数字，序号与数字对应的打字员分配给中文稿件组，将剩余30个编号的打字员分配给英文稿件组。在中文稿件组中，30名打字员重新按照1～30编号，采用随机数方法在1～30中不放回地随机抽取10个数字，序号与数字对应的打字员分配给键盘型号B_1。在剩余的20个数字中不放回地随机抽取10个数字，序号与数字对应的打字员分配给键盘型号B_2。剩余的10个打字员分配给键盘型号B_3。在英文稿件组中的30名打字员分配方法与在中文稿件组中的30名打字员分配方法相同。

7.2.5 试验数据收集

按照上述计划安排试验，记录相应的响应变量，表7.7给出6种处理下打字时间的试验数据。表7.7中，三种键盘型号分别为：1表示键盘型号B_1，2表示键盘型号B_2，3表示键盘型号B_3。稿件类型分别为：1表示中文稿件，2表示英文稿件。

表7.7 稿件类型和键盘型号的两因子试验数据

稿件类型	键盘型号	打字时间/min	稿件类型	键盘型号	打字时间/min	稿件类型	键盘型号	打字时间/min
1	1	18	1	3	25	2	2	28
1	1	23	1	3	30	2	2	22
1	1	24	1	3	28	2	2	19
1	1	19	1	3	28	2	2	17
1	1	20	1	3	26	2	2	25
1	1	19	1	3	25	2	2	19
1	1	21	1	3	32	2	2	22
1	1	29	1	3	23	2	2	21
1	1	20	1	3	25	2	2	18
1	1	24	1	3	23	2	2	30
1	2	26	2	1	24	2	3	26
1	2	23	2	1	21	2	3	23
1	2	28	2	1	26	2	3	27
1	2	24	2	1	31	2	3	18
1	2	34	2	1	18	2	3	27
1	2	32	2	1	23	2	3	26
1	2	32	2	1	26	2	3	20
1	2	29	2	1	19	2	3	29
1	2	25	2	1	28	2	3	19
1	2	31	2	1	21	2	3	28

7.2.6 试验数据分析

基于表 7.7 的试验数据，采用两因子试验的方差分析模型，判断各因子对响应变量的影响是否显著。对于该试验，稿件类型因子的水平数 $a=2$，键盘型号因子的水平数 $b=3$，每个水平组合的重复试验次数 $t=10$。设定的模型为

$$y_{ijk}=\mu+\alpha_i+\beta_j+\gamma_{ij}+\varepsilon_{ijk}$$

其中，$i=1,2,j=1,2,3,k=1,2,\cdots,10$；$y_{ijk}$ 为在稿件类型因子第 i 个水平和键盘型号因子第 j 个水平上第 k 次试验的观测值；α_i 是稿件类型因子第 i 个水平的效应；β_j 是键盘型号因子第 j 个水平的效应；γ_{ij} 是稿件类型因子第 i 个水平和键盘型号因子第 j 个水平的交互效应；ε_{ijk} 相互独立且服从 $N(0,\sigma^2)$。利用表 7.7 的试验数据，得到如下结果。

$$S_A=tb\sum_{i=1}^{a}(\overline{y}_{i\cdot\cdot}-\overline{y})^2=70.42$$

$$MS_A=\frac{S_A}{a-1}=70.42$$

$$S_B=ta\sum_{j=1}^{b}(\overline{y}_{i\cdot\cdot}-\overline{y})^2=92.10$$

$$MS_B=\frac{S_B}{b-1}=46.05$$

$$S_{A\times B}=t\sum_{i=1}^{a}\sum_{j=1}^{b}(\overline{y}_{ij\cdot}-\overline{y}_{i\cdot\cdot}-\overline{y}_{\cdot j\cdot}+\overline{y})^2=172.24$$

$$MS_{A\times B}=\frac{S_{A\times B}}{(a-1)(b-1)}=86.12$$

$$S_{\mathrm{E}}=\sum_{i=1}^{a}\sum_{j=1}^{b}\sum_{k=1}^{t}(y_{ijk}-\overline{y}_{ij\cdot})^2=774.10$$

$$MS_{\mathrm{E}}=\frac{S_{\mathrm{E}}}{ab(t-1)}=14.34$$

方差分析过程的数据如表 7.8 所示。

表 7.8 稿件类型和键盘型号的两因子试验的方差分析表

方差来源	自由度	平方和	均方	F 值
稿件类型	1	70.42	70.42	4.911
键盘型号	2	92.10	46.05	3.211
稿件类型×键盘型号	2	172.24	86.12	6.006
误差	54	774.10	14.34	
总和	59	1108.86		

表 7.8 显示，稿件类型因子效应的 F 统计量观测值为 4.911。服从自由度 1 和 54 的 F 分布的统计量 $F(1,54)$ 大于该观测值的概率为 $P(F(1,54)>4.911)=0.031$。在显著性水平

$\alpha = 0.05$ 下，有充分理由认为原假设不成立，认为中文稿件和英文稿件的打字时间有显著差异。

键盘型号因子效应的 F 统计量观测值为 3.211。服从自由度 2 和 54 的 F 分布的统计量 $F(2,54)$ 大于该观测值的概率为 $P(F(2,54) > 3.211) = 0.048$ 。在显著性水平 $\alpha = 0.05$ 下，有充分证据认为原假设不成立，认为三种型号键盘的打字时间有显著差异。

稿件类型因子与键盘型号因子交互效应的 F 统计量观测值为 6.006。服从自由度 2 和 54 的 F 分布的统计量 $F(2,54)$ 大于该观测值的概率为 $P(F(2,54) > 6.006) = 0.0044$ 。在显著性水平 $\alpha = 0.05$ 下，有充分证据认为原假设不成立，认为两因子交互效应有显著差异。

对拟合线性模型进行检验与评估。首先，绘制拟合模型残差的 QQ 图，如图 7.1 所示。从图 7.1 中可以看出，绝大多数残差落在置信水平 95%的置信区间内，可以认为拟合模型的残差服从正态分布。其次，绘制模型残差与模型拟合值的散点图，如图 7.2 所示。从图 7.2 中可以看出，残差基本均匀散布在 0 均值平行带内，没有随着拟合值增大而增大的趋势。可以认为模型残差满足方差齐性的假设。再次，绘制各因子水平下模型残差的箱线图，如图 7.3 所示。从图 7.3 中可以看出，在稿件类型因子的 2 个水平下，残差的散布形状基本一致。在键盘型号因子的 3 个水平下，残差的散布形状基本一致。可以认为模型未遗漏重要因子。综上所述，线性模型较好拟合试验数据。

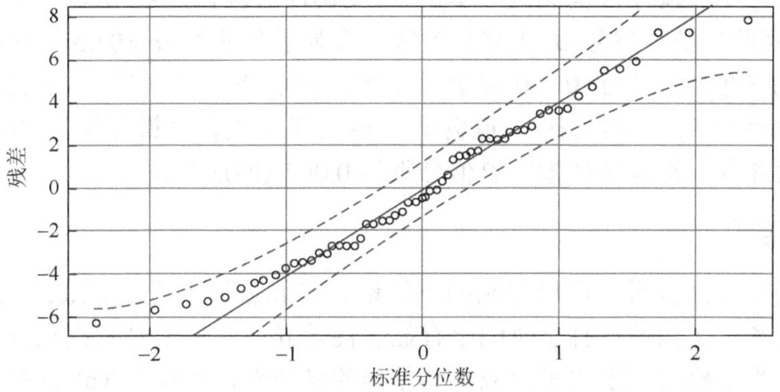

图 7.1　拟合模型残差的 QQ 图

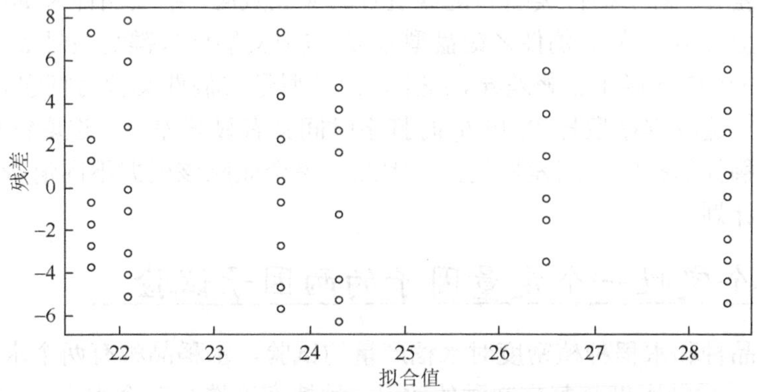

图 7.2　模型残差与模型拟合值的散点图

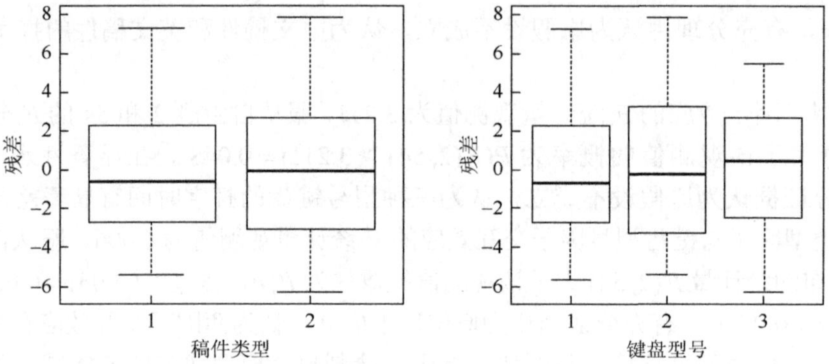

图 7.3 拟合模型残差箱线图

基于上述检验结果，稿件类型因子的效应、键盘型号因子的效应和两因子交互效应对响应变量有显著影响。采用 Tukey 多重检验法，检验每个因子效应差异的显著性。检验结果表明，在显著性水平 $\alpha=0.05$ 下，稿件类型因子的两个水平效应之间存在显著差异，检验统计量的 P 值为 0.031。在显著性水平 $\alpha=0.05$ 下，键盘型号的三个水平效应有显著差异。在显著性水平 $\alpha=0.1$ 下，键盘型号 B_1 和 B_2 之间，以及键盘型号 B_1 和 B_3 之间的效应存在显著差异，检验统计量的 P 值分别为 0.09 和 0.07。对于稿件类型和键盘型号的交互效应，中文稿件×键盘型号 B_2 与中文稿件×键盘型号 B_1、英文稿件×键盘型号 B_2 与中文稿件×键盘型号 B_2 等交互效应，在显著性水平 $\alpha=0.05$ 下存在显著差异，检验统计量的 P 值均接近于 0。在显著性水平 $\alpha=0.1$ 下，英文稿件×键盘型号 B_1 与英文稿件×键盘型号 B_3、中文稿件×键盘型号 B_2 与英文稿件×键盘型号 B_2 等交互效应之间也存在显著差异，检验统计量的 P 值分别为 0.067 和 0.077。

7.2.7 结论

通过上述的数据分析，可以得到如下结论。在显著性水平 $\alpha=0.05$ 下，有足够理由认为中文稿件和英文稿件在打字时间上有显著性差异；三种型号键盘在打字时间上也有显著性差异。为了检验因子水平效应之间差异的显著性，进行了 Tukey 多重检验。检验结果表明，在显著性水平 $\alpha=0.1$ 下，键盘型号 B_1 和 B_2，以及键盘型号 B_1 和 B_3 在打字时间上存在显著差异。对于稿件类型和键盘型号的交互效应，中文稿件×键盘型号 B_2 与中文稿件×键盘型号 B_1、英文稿件×键盘型号 B_2 与中文稿件×键盘型号 B_2 等交互效应在显著性水平 $\alpha=0.05$ 下存在显著差异。综上，键盘型号与稿件类型对打字时间都有影响。对于中文稿件，选取键盘型号 B_1 和 B_2 时打字时间具有显著差异。选取键盘型号 B_2，英文稿件和中文稿件的打字时间差异较大。因此，该企业应该根据不同消费群体，制定有针对性的销售计划。

7.3 一个定性一个定量因子的两因子试验

考虑水稻品种和水稻种植密度对水稻产量的试验，水稻品种有两个水平，分别为品种 A_1 和品种 A_2。种植密度是每亩栽种的数量，种植密度选择三个水平。在每个水平组合下重复 3 次试验，水稻产量的试验数据如表 7.9 所示。

表 7.9　水稻产量的试验数据　　　　（单位：kg）

因子	种植密度 B		
	1000	2000	3000
品种 A_1	16.1，15.3，17.5	16.6，19.2，18.5	20.8，18.0，21.0
品种 A_2	8.1，8.6，10.1	12.7，13.7，11.5	14.4，15.4，13.7

对于含有一个定量因子一个定性因子的两因子试验，利用方差分析检验两因子交互效应是否统计显著。若两因子交互效应不是统计显著的，再进行定性因子水平之间效应的比较，利用多项式效应分析定量因子对响应变量影响的线性效应和二次效应。

若定性因子与定量因子（如 A 和 B ）之间存在显著的交互效应，再考察在定性因子的每个水平上定量因子的多项式效应（线性效应、二次效应等），进一步分析两因子交互效应，这种方法称为嵌入分析。比较定性因子的不同水平之间效应和定性因子的每个水平内多项式效应。多项式效应可选用正交多项式效应。响应变量的线性模型为

$$y = \beta_0 + \beta_1 x_A + \beta_2 x_{B_l|A_1} + \beta_3 x_{B_l|A_2} + \beta_4 x_{B_q|A_1} + \beta_5 x_{B_q|A_2} + \varepsilon \tag{7.5}$$

其中，角标 A 表示因子 A 的两个效应之差；角标 $B_l \mid A_i$ 和 $B_q \mid A_i$ 分别表示在因子 A 的第 i 个水平上因子 B 的线性效应和二次效应。线性效应和二次效应分别选用对照向量 $(-1,0,1)/\sqrt{2}$ 和 $(1,-2,1)/\sqrt{6}$ 表示。模型矩阵为

$$\boldsymbol{X} = \begin{pmatrix} 1 & 0 & -1 & 0 & 1 & 0 \\ 1 & 0 & 0 & 0 & -2 & 0 \\ 1 & 0 & 1 & 0 & 1 & 0 \\ 1 & 1 & 0 & -1 & 0 & 1 \\ 1 & 1 & 0 & 0 & 0 & -2 \\ 1 & 1 & 0 & 1 & 0 & 1 \end{pmatrix} \tag{7.6}$$

其中，第 3 列和第 4 列应除以尺度常数 $\sqrt{2}$，第 5 列和第 6 列应除以尺度常数 $\sqrt{6}$。于是，式（7.5）中参数利用式（7.6）模型设计矩阵 $\boldsymbol{X}$ 的回归模型来估计。

对于水稻试验，表 7.10 给出了线性模型（7.5）中系数 β_i 的最小二乘估计。表 7.10 显示，两个品种的水稻产量之间有显著差异，两个品种的水稻产量随种植密度增加呈现线性增加趋势。分析两个品种的水稻产量线性效应是否相同。检验基于线性对照 $a^{\mathrm{T}}\beta = \beta_3 - \beta_2$，其中 $a = (0,\ 0,\ -1,\ 1,\ 0,\ 0)^{\mathrm{T}}$。对应于两个线性效应的列是正交的，表 7.10 的两个估计量是相互独立的，检验 $\beta_3 - \beta_2 = 0$ 的 t 统计量的观测值为

$$t = \frac{-2.56972 + 3.9362}{\sqrt{2} \times 0.7028} = 1.37$$

t 统计量服从自由度为 12 的 t 分布，该统计量 t 绝对值大于观测值 1.37 的概率为 $P(|t| > 1.37) = 0.196$，在显著性水平 $\alpha = 0.05$ 下，没有充分证据说明两个线性效应间存在显著差异。包含因子 A 主效应和因子 B 线性效应 B_l 的简化模型为

$$y = \beta_0 + \beta_1 x_A + \beta_2 x_{B_l} + \varepsilon$$

表 7.10 水稻试验的模型参数估计结果

效应	估计	标准误	t 值	P 值
截距项	15.0667	0.2869	52.51	0.000
水稻	−6.0889	0.5738	−10.61	0.000
$\beta_l \mid A_1$	2.5692	0.7028	3.66	0.003
$\beta_l \mid A_2$	3.9362	0.7028	5.60	0.000
$\beta_q \mid A_1$	0.0136	0.7028	0.02	0.985
$\beta_q \mid A_2$	−7.485	0.7028	−1.07	0.308

习 题 7

1. 表 7.11 给出某种化工产品在 3 种浓度和 4 种温度下的产量数据。

表 7.11 某种化工产品在不同浓度和温度下的产量 （单位：kg）

浓度（因子 A）	温度（因子 B）							
	10℃		24℃		38℃		52℃	
2%	14	10	11	11	13	9	10	12
4%	9	7	10	8	7	11	6	10
6%	5	11	13	14	12	13	14	10

试在显著性水平 $\alpha = 0.05$ 下，检验不同浓度的产量均值是否有显著差异，不同温度的产量均值是否有显著性差异；交互效应是否显著。

2. 为了研究某种金属管防腐蚀的能力，考虑 4 种不同的涂料涂层。将金属管埋在 3 种不同性质的土壤中，经过一定时间，测得金属管腐蚀的最大深度如表 7.12 所示。

表 7.12 金属管腐蚀的最大深度 （单位：mm）

涂层（因子 A）	土壤类型（因子 B）		
	1	2	3
1	1.63	1.35	1.27
2	1.34	1.30	1.22
3	1.19	1.14	1.27
4	1.30	1.09	1.32

试在显著性水平 $\alpha = 0.05$ 下，检验不同涂层的腐蚀最大深度均值有无显著差异；不同土壤的腐蚀最大深度均值有无显著差异（假设不存在两因子交互效应）。

3. 在某种金属材料的生产过程中，对时间（因子 A）与热处理温度（因子 B）各取两个水平，产品强度的测定结果（相对值）如表 7.13 所示。在同一处理条件下重复试验 2 次。设各水平组合下强度的观测值服从正态分布且方差相同，各样本独立。问热处理温度、时间及两者交互效应对产品强度是否有显著的影响（取显著性水平 $\alpha = 0.05$）？

表 7.13　某种金属材料在不同水平组合下强度的观测数据　（单位：MPa）

因子 A	因子 B		$T_{i\cdot}$
	B_1	B_2	
A_1	38.0 38.6	47.0 44.8	168.4
A_2	45.0 43.8	42.4 40.8	172
$T_{\cdot j\cdot}$	165.4	175	340.4

4. 表 7.14 给出了在 5 个不同地点和 4 不同时间的空气中颗粒状物的含量数据。试在显著性水平 $\alpha = 0.05$ 下，检验不同时间的颗粒状物含量均值有无显著差异；不同地点的颗粒状物含量均值有无显著差异。（假设不存在两因子交互效应）

表 7.14　空气中颗粒状物的含量　（单位：mg/m^3）

时间（因子 A）	地点（因子 B）					$T_{i\cdot}$
	1	2	3	4	5	
1975 年 10 月	76	67	81	56	51	331
1976 年 1 月	82	69	96	59	70	376
1976 年 5 月	68	59	67	54	42	290
1996 年 8 月	63	56	64	58	37	278
$T_{\cdot j}$	289	251	308	227	200	1275

第8章

随机化区组试验

8.1 随机化区组试验的基础知识

在某些试验中，存在对响应变量有影响但不可控的因子或者并不重要的因子，这些因子通常被称为噪声因子。若试验中噪声因子是未知且不可控的，随机化设计在一定程度上会克服噪声因子的影响。若噪声因子的来源是已知且可控的，随机化区组设计会系统地消除噪声因子的影响。“区组”的名称来源于农田试验。在农田试验中，比较多个品种的农作物产量，选择若干个不同的地块（每一地块的肥沃程度和水份含量等土壤条件基本相同），将多个品种农作物种植在同一地块上，且在同一地块上按照随机顺序种植，这样的试验是随机化区组试验。在随机化区组试验中，区组效应并不重要，但对响应变量会产生潜在影响，甚至可能完全改变因子效应的统计分析结果。

8.1.1 随机化完全区组试验

随机化完全区组设计是常用的试验设计方法。在规模较大的试验中，很难准备足够多同质的试验材料。以玉米种植试验为例，假设三个品种玉米要在 5 个不同的村子里进行试验，每个村子可以提供三块面积形状都相同的试验田。同一村内试验田的土壤土质相近，不同村子试验田的土壤土质存在一定差异。若使用完全随机化设计，可能会出现某一品种玉米被分配在较差土质条件的村子里，影响统计数据分析结果的可信度。为了克服这类问题，将一个村子里的三块试验田看作一个“区组”，要求每个组内，三个品种玉米必须分别种植在三块试验田中，采用随机方式决定各品种玉米种植的试验田。这里，将一个村子的三块试验田称为一个区组，试验田称为试验单元。区组表示试验条件接近的一组试验单元。玉米种植试验的品种因子有 $k=3$ 个水平，每个区组也有 $k=3$ 个试验单元。随机化区组试验的全部 n 个试验单元能分解为 b 个区组，满足条件 $n=bk$ 。随机化区组设计如图 8.1 所示。

在图 8.1 所示的随机化区组试验中，试验有 k 个处理和容量为 k 的 b 个区组。每个区组中 k 个处理被随机分配给 k 个试验单元，称为随机化完全区组。在随机化完全区组中，每个区组内的试验单元往往比区组间的试验单元具有更好的齐性特征。随机化完全区组设计的模型为

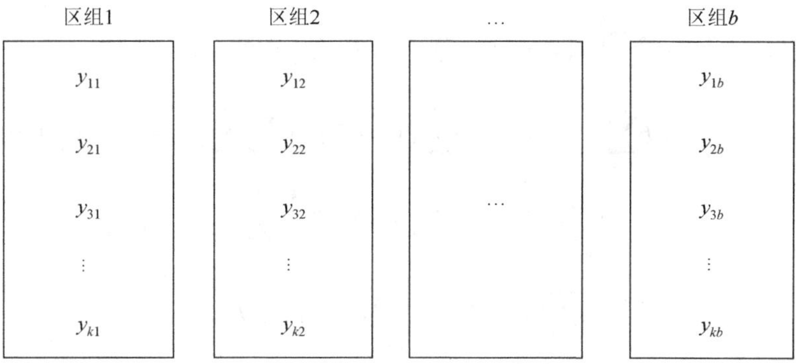

图 8.1　随机化完全区组设计

$$y_{ij}=\mu+\tau_i+\alpha_j+\varepsilon_{ij} \tag{8.1}$$

其中，$i=1,2,\cdots,k$；$j=1,2,\cdots,b$；y_{ij} 是第 j 个区组中第 i 个处理的观测值；μ 是总均值；α_j 是第 j 个区组效应；τ_i 是第 i 个处理效应；ε_{ij} 是随机误差，相互独立且服从分布 $N(0,\sigma^2)$。模型（8.1）的约束为

$$\sum_{j=1}^{b}\alpha_j=\sum_{i=1}^{k}\tau_i=0 \tag{8.2}$$

记第 i 个处理的均值为

$$\mu_i=\frac{1}{b}\sum_{j=1}^{b}(\mu+\tau_i+\alpha_j)=\mu+\tau_i$$

在随机化完全区组试验中，感兴趣的是检验处理均值是否相等，即

$$H_0:\mu_1=\mu_2=\cdots=\mu_k,\quad H_1:\text{至少有一对}\,\mu_i\neq\mu_j,\quad i\neq j,\quad i,j=1,2,\cdots,k \tag{8.3}$$

假设检验（8.3）等价于假设检验

$$H_0:\tau_1=\tau_2=\cdots=\tau_k=0,\quad H_1:\text{至少有一个}\,\tau_i\neq 0,\quad i=1,2,\cdots,k \tag{8.4}$$

对于随机化完全区组设计，假设检验（8.4）的方差分析过程如下。

记 $\bar{y}_{i\cdot}$ 为处理 i 的观测值均值

$$\bar{y}_{i\cdot}=\frac{y_{i\cdot}}{b}=\frac{1}{b}\sum_{j=1}^{b}y_{ij},\quad i=1,2,\cdots,k \tag{8.5}$$

$\bar{y}_{\cdot j}$ 表示区组 j 内观测值均值

$$\bar{y}_{\cdot j}=\frac{y_{\cdot j}}{k}=\frac{1}{k}\sum_{i=1}^{k}y_{ij},\quad j=1,2,\cdots,b \tag{8.6}$$

$\bar{y}$ 表示观测值的总均值

$$\bar{y}=\frac{y_{\cdot\cdot}}{n}=\frac{1}{n}\sum_{i=1}^{k}\sum_{j=1}^{b}y_{ij} \tag{8.7}$$

总离差平方和为

$$\sum_{i=1}^{k}\sum_{j=1}^{b}(y_{ij}-\overline{y})^2=\sum_{i=1}^{k}\sum_{j=1}^{b}[(\overline{y}_{i\cdot}-\overline{y})+(\overline{y}_{\cdot j}-\overline{y})+(y_{ij}-\overline{y}_{i\cdot}-\overline{y}_{\cdot j}+\overline{y})]^2$$
$$=b\sum_{i=1}^{k}(\overline{y}_{i\cdot}-\overline{y})^2+a\sum_{j=1}^{b}(\overline{y}_{\cdot j}-\overline{y})^2+\sum_{i=1}^{k}\sum_{j=1}^{b}(y_{ij}-\overline{y}_{i\cdot}-\overline{y}_{\cdot j}+\overline{y})^2$$
$$+2\sum_{i=1}^{k}\sum_{j=1}^{b}(\overline{y}_{i\cdot}-\overline{y})(\overline{y}_{\cdot j}-\overline{y})+2\sum_{i=1}^{k}\sum_{j=1}^{b}(\overline{y}_{\cdot j}-\overline{y})(y_{ij}-\overline{y}_{i\cdot}-\overline{y}_{\cdot j}+\overline{y})$$
$$+2\sum_{i=1}^{k}\sum_{j=1}^{b}(\overline{y}_{i\cdot}-\overline{y})(y_{ij}-\overline{y}_{i\cdot}-\overline{y}_{\cdot j}+\overline{y})$$

可以证明，上式三个交叉乘积项都为零。从而

$$\sum_{i=1}^{k}\sum_{j=1}^{b}(y_{ij}-\overline{y})^2=b\sum_{i=1}^{k}(\overline{y}_{i\cdot}-\overline{y})^2+a\sum_{j=1}^{b}(\overline{y}_{\cdot j}-\overline{y})^2+\sum_{i=1}^{k}\sum_{j=1}^{b}(y_{ij}-\overline{y}_{i\cdot}-\overline{y}_{\cdot j}+\overline{y})^2 \tag{8.8}$$

记

$$S_{\mathrm{T}}=\sum_{i=1}^{k}\sum_{j=1}^{b}(y_{ij}-\overline{y})^2$$

$$S_{\mathrm{Tr}}=\sum_{i=1}^{k}\sum_{j=1}^{b}(\overline{y}_{i\cdot}-\overline{y})^2$$

$$S_{\mathrm{Bl}}=\sum_{i=1}^{k}\sum_{j=1}^{b}(\overline{y}_{\cdot j}-\overline{y})^2$$

$$S_{\mathrm{E}}=\sum_{i=1}^{k}\sum_{j=1}^{b}(y_{ij}-\overline{y}_{i\cdot}-\overline{y}_{\cdot j}+\overline{y})^2$$

总离差平方和的分解式为

$$S_{\mathrm{T}}=S_{\mathrm{Tr}}+S_{\mathrm{Bl}}+S_{\mathrm{E}} \tag{8.9}$$

随机化完全区组试验有 $n=bk$ 个观测值，总离差平方和 S_{T} 共有 $n-1$ 个自由度。k 个处理的离差平方和 S_{Tr} 的自由度为 $k-1$，b 个区组的离差平方和 S_{Bl} 的自由度为 $b-1$。误差平方和 S_{E} 的自由度为

$$n-1-(k-1)-(b-1)=(k-1)(b-1) \tag{8.10}$$

误差平方和除以其自由度就是误差均方，期望为

$$E(MS_{\mathrm{E}})=\sigma^2 \tag{8.11}$$

处理离差平方和除以其自由度就是处理效应均方，期望为

$$E(MS_{\mathrm{Tr}})=\sigma^2+\frac{b}{k-1}\sum_{i=1}^{k}\tau_i^2 \tag{8.12}$$

区组离差平方和除以其自由度就是区组效应均方，期望为

$$E(MS_{\mathrm{Bl}})=\sigma^2+\frac{k}{b-1}\sum_{j=1}^{b}\alpha_j^2 \tag{8.13}$$

可以证明，S_{E}/σ^2 服从自由度为 $(k-1)(b-1)$ 的卡方分布。如果 $\tau_1=\tau_2=\cdots=\tau_k=0$ 成立，S_{Tr}/σ^2 服从自由度为 $k-1$ 的卡方分布。如果 $\alpha_1=\alpha_2=\cdots=\alpha_b=0$ 成立，S_{Bl}/σ^2 服从自由度为 $b-1$ 的卡方分布。对于 $H_0:\tau_1=\tau_2=\cdots=\tau_k=0$ 的假设检验，检验统计量为

$$F_0 = \frac{MS_{\mathrm{Tr}}}{MS_{\mathrm{E}}} \tag{8.14}$$

在显著性水平 α 下，若检验统计量的观测值 $F_0 > F_\alpha(k-1,(k-1)(b-1))$，有充分理由认为原假设不成立。若拒绝原假设，可以继续对处理效应进行多重比较，检验处理效应之间的差异。

除了比较处理效应之间的差异，有时需要检验区组效应相等性。检验过程相对复杂，不做解释。需要注意，在实践中区组效应的正态性假定通常是不成立的，统计量 $F_1 = MS_{\mathrm{Bl}} / MS_{\mathrm{E}}$ 不适用于检验区组效应相等性。作为研究区组效应的近似方法，计算 MS_{Bl} 对 MS_{E} 的比值还是有参考意义的，比值大表明区组效应有较大影响。表 8.1 给出了随机化完全区组试验的方差分析。

表 8.1　随机化完全区组试验的方差分析

来源	自由度	平方和	均方	F 值
处理	$k-1$	$S_{\mathrm{Tr}} = \sum_{i=1}^{k} b(\bar{y}_{i\cdot} - \bar{y})^2$	$MS_{\mathrm{Tr}} = \frac{S_{\mathrm{Tr}}}{k-1}$	$F_0 = \frac{MS_{\mathrm{Tr}}}{MS_{\mathrm{E}}}$
区组	$b-1$	$S_{\mathrm{Bl}} = \sum_{j=1}^{b} k(\bar{y}_{\cdot j} - \bar{y})^2$	$MS_{\mathrm{Bl}} = \frac{S_{\mathrm{Bl}}}{b-1}$	
误差	$(b-1)(k-1)$	$S_{\mathrm{E}} = \sum_{i=1}^{k}\sum_{j=1}^{b}(y_{ij} - \bar{y}_{i\cdot} - \bar{y}_{\cdot j} + \bar{y})^2$	$MS_{\mathrm{E}} = \frac{S_{\mathrm{E}}}{(b-1)(k-1)}$	
总计	$bk-1$	$S_{\mathrm{T}} = \sum_{i=1}^{k}\sum_{j=1}^{b}(y_{ij} - \bar{y})^2$		

在随机化完全区组试验的数据分析过程中，需要对拟合模型进行检验与评估。主要包括三个方面：①通过 QQ 图检验拟合模型残差的正态性；②绘制拟合模型残差与拟合值的散点图，检验模型残差是否满足同方差性；③绘制因子各水平下残差的箱线图，检验模型是否可能遗漏重要因子。

8.1.2　拉丁方设计

8.1.1 小节的随机化完全区组试验只有一个区组变量。然而，有些区组试验包含多个区组变量，需要“双向区组”或者“多向区组”。例如，在 k 个品种农作物种植试验中，若试验田的土壤肥沃程度在横向和纵向两个方向都有差异。此时，需要双向区组设计，如要求每个品种农作物种植在每一横向的 k 个试验田，且每个品种农作物也种植在每一纵向的 k 个试验田，使每个品种农作物种植的试验田尽可能均衡。这类试验需要使用拉丁方设计。

拉丁方设计是用 n 个不同的拉丁字母排成一个 $n \times n$ 方阵，每个字母在任一行中只出现一次，在任一列中只出现一次，这种方阵被称为 $n \times n$ 拉丁方设计，简称 n 阶拉丁方。有时，用数字 $1,2,\cdots,n$ 或者大写英文字母代替拉丁字母。例如，用 3 个数字 $1, 2, 3$ 排成 3×3 方阵：

$$\begin{matrix} 1 & 2 & 3 \\ 2 & 3 & 1 \\ 3 & 1 & 2 \end{matrix} \tag{8.15}$$

称为3×3拉丁方设计。用四个字母A, B, C, D排成4×4方阵：

$$\begin{matrix} A & B & C & D \\ D & A & B & C \\ C & D & A & B \\ B & C & D & A \end{matrix} \tag{8.16}$$

称为4×4拉丁方设计。一般地，选用拉丁方设计的阶数不宜太高，高阶拉丁方设计很难控制区组之间的效应差异。

3×3拉丁方和4×4拉丁方都不是唯一的。字母的不同顺序排列能构成不同的拉丁方。事实上，任意n阶拉丁方都不是唯一的。如果两个拉丁方重叠在一起，每对字母出现且仅出现一次，称这两个拉丁方为互相正交的拉丁方，简称正交拉丁方。例如，下面两个3阶拉丁方是正交拉丁方。

$$\begin{matrix} 1 & 2 & 3 \\ 2 & 3 & 1 \\ 3 & 1 & 2 \end{matrix} \qquad \begin{matrix} 1 & 2 & 3 \\ 3 & 1 & 2 \\ 2 & 3 & 1 \end{matrix} \tag{8.17}$$

下面两个4阶拉丁方是正交拉丁方。

$$\begin{matrix} A & B & C & D \\ B & A & D & C \\ C & D & A & B \\ D & C & B & A \end{matrix} \qquad \begin{matrix} A & B & C & D \\ D & C & B & A \\ B & A & D & C \\ C & D & A & B \end{matrix} \tag{8.18}$$

给定拉丁方阶数，相互正交拉丁方的个数是确定的。例如，在3阶拉丁方中，只有2个相互正交拉丁方。在4阶拉丁方中，只有3个相互正交拉丁方。在6阶拉丁方中，没有相互正交的拉丁方。数学上已经证明，在n阶拉丁方中，如果有正交拉丁方，最多有$n-1$个相互正交拉丁方。例如，在7阶拉丁方中，最多有$n-1=6$个相互正交拉丁方。

在n阶拉丁方设计中，两个区组因子分别称为行区组和列区组。n阶拉丁方设计的模型为

$$y_{ijk} = \mu + \tau_i + \alpha_j + \beta_k + \varepsilon_{ijk} \tag{8.19}$$

其中，$i, j, k = 1, 2, \cdots, n$；$i$为在$n$阶拉丁方设计中$(j, k)$位置的字母，代表因子的第$i$个水平；$\tau_i$为因子的第$i$个处理效应；$\alpha_j$为第$j$个行区组效应；$\beta_k$为第$k$个列区组效应；$\mu$为总均值；随机误差$\varepsilon_{ijk}$相互独立且服从$N(0, \sigma^2)$。模型（8.19）假设因子和区组之间交互效应不存在，区组与区组之间交互效应也不存在。在n阶拉丁方设计中，每个单元（即(j,k)位置）只有一个处理观察值。

对于每个观察值，只需在字母i, j与k中选择两个就可以。例如，在式（8.15）的3阶拉丁方设计中，选择$j=1$与$k=3$时，则自动选出$i=3$。每个处理在行区组的每行中恰好出现一次，在列区组的每列中恰好出现一次，(i, j, k)的组合共有n^2个。

n 阶拉丁方设计的方差分析是将 n^2 个观察值的总离差平方和分解为行区组离差平方和、列区组离差平方和、处理离差平方和与误差平方和，即

$$S_T = S_{Tr} + S_{Ro} + S_{Co} + S_E \tag{8.20}$$

相应自由度的划分为

$$n^2 - 1 = (n-1) + (n-1) + (n-1) + (n-2)(n-1) \tag{8.21}$$

随机误差 ε_{ijk} 相互独立且服从 $N(0, \sigma^2)$，等式（8.20）右侧的处理离差平方和 S_{Tr} 除以 σ^2 是服从卡方分布的随机变量。检验处理均值相等的统计量为

$$F_0 = \frac{MS_{Tr}}{MS_E} \tag{8.22}$$

在原假设 $H_0: \tau_1 = \tau_2 = \cdots = \tau_n = 0$ 成立下，若检验统计量观测值 $F_0 > F_\alpha(n-1, (n-2)(n-1))$，有充分理由认为原假设不成立。对行区组效应与列区组效应的假设检验，不做解释。模型（8.19）的方差分析表如表 8.2 所示。

表 8.2 双向区组拉丁方设计试验的方差分析表

方差来源	自由度	平方和	均方	F 值
处理	$n-1$	$S_{Tr} = \sum_{i=1}^{n} \frac{y_{i\cdot\cdot}^2}{n} - \frac{y_{\cdot\cdot\cdot}^2}{n^2}$	$MS_{Tr} = \frac{S_{Tr}}{n-1}$	$F_0 = \frac{MS_{Tr}}{MS_E}$
行区组	$n-1$	$S_{Ro} = \sum_{j=1}^{n} \frac{y_{\cdot j\cdot}^2}{n} - \frac{y_{\cdot\cdot\cdot}^2}{n^2}$	$MS_{Ro} = \frac{S_{Ro}}{n-1}$	
列区组	$n-1$	$S_{Co} = \sum_{k=1}^{n} \frac{y_{\cdot\cdot k}^2}{n} - \frac{y_{\cdot\cdot\cdot}^2}{n^2}$	$MS_{Co} = \frac{S_{Co}}{n-1}$	
误差	$(n-2)(n-1)$	$S_E = S_T - S_{Ro} - S_{Co} - S_{Tr}$	$MS_E = \frac{S_E}{(n-2)(n-1)}$	
总计	n^2-1	$S_T = \sum_{i=1}^{n}\sum_{j=1}^{n}\sum_{k=1}^{n} y_{ijk}^2 - \frac{y_{\cdot\cdot\cdot}^2}{n^2}$		

8.2 案例：随机化完全区组设计的应用

8.2.1 问题描述

某研究所进行水稻种植试验，比较 4 个品种水稻产量是否存在差异。水稻的 4 个品种分别用 A、B、C 和 D 表示。选取 6 个土壤环境不同的地区，分别用数字 1～6 表示。土壤环境在地区间存在明显差异。每个地区选取 4 块土壤环境、面积和形状都非常接近的试验田。每个地区的 4 块试验田作为一个区组。在每个区组内，4 个品种水稻随机地分配到 4 块试验田中，进行随机化完全区组试验。

8.2.2 变量选择

试验因子为水稻品种，区组因子为土壤条件。水稻因子的 4 个品种是 4 个水平，也

是 4 个处理。不同土壤环境的 6 个地区是 6 个区组。在每个区组内，4 个水稻品种被随机分配给试验单元。响应变量为水稻产量，试验目标为望大，即期望得到产量高的水稻品种。

8.2.3 试验数据收集

按照随机化完全区组设计安排试验，收集的试验数据如表 8.3 所示。

表 8.3 水稻产量的随机化完全区组试验数据

水稻品种	土壤环境	水稻产量/kg	水稻品种	土壤环境	水稻产量/kg
A	1	90.3	*C*	4	86.2
B	1	92.5	*D*	4	87.4
C	1	85.5	*A*	4	93.9
D	1	82.5	*B*	4	94.7
C	2	90.8	*A*	5	87.4
B	2	89.5	*C*	5	88.0
A	2	89.2	*B*	5	87.0
D	2	89.5	*D*	5	78.9
D	3	85.6	*A*	6	97.9
A	3	98.2	*D*	6	90.7
C	3	89.6	*B*	6	95.8
B	3	90.6	*C*	6	93.4

基于表 8.3 的试验数据，计算各区组响应变量的观测均值，分别为

$$\overline{y}_{\cdot 1}=87.70,\quad \overline{y}_{\cdot 2}=89.75,\quad \overline{y}_{\cdot 3}=91.00,\quad \overline{y}_{\cdot 4}=90.55,\quad \overline{y}_{\cdot 5}=85.33,\quad \overline{y}_{\cdot 6}=94.45$$

处理的观测均值为

$$\overline{y}_{1\cdot}=92.82,\quad \overline{y}_{2\cdot}=91.68,\quad \overline{y}_{3\cdot}=88.92,\quad \overline{y}_{4\cdot}=85.77$$

总离差平方和 S_{T} 、处理离差平方和 S_{Tr} 、区组离差平方和 S_{Bl} 及误差平方和 S_{E} 分别为

$$S_{\mathrm{T}}=\sum_{i=1}^{k}\sum_{j=1}^{b}(y_{ij}-\overline{y})^2=480.31$$

$$S_{\mathrm{Tr}}=\sum_{i=1}^{k}b(\overline{y}_{i\cdot}-\overline{y})^2=178.2$$

$$S_{\mathrm{Bl}}=\sum_{j=1}^{b}k(\overline{y}_{\cdot j}-\overline{y})^2=192.2$$

$$S_{\mathrm{E}}=\sum_{i=1}^{k}\sum_{j=1}^{b}(y_{ij}-\overline{y}_{i\cdot}-\overline{y}_{\cdot j}+\overline{y})^2=109.9$$

8.2.4 试验数据分析

对于随机化完全区组试验，方差分析如表 8.4 所示。从表 8.4 可以看出，对于 4 个

品种水稻产量相等性的假设检验，F 检验统计量的观测值为 8.107。服从自由度为 3 和 15 的 F 分布的统计量大于该观测值的概率为 $P(F(3.15) > 8.107) = 0.0019$，即 P 值小于给定的显著性水平 $\alpha = 0.05$，有充分证据认为原假设不成立，认为处理效应之间存在显著差异，即 4 个品种水稻平均产量存在显著差异。

表 8.4　水稻产量试验的方差分析表

方差来源	自由度	平方和	均方	F 值
水稻品种	3	178.2	59.39	8.107
土壤环境	5	192.2	38.45	
误差	15	109.9	7.33	
总计	23	480.3		

对于拟合模型的检验与评估，绘制拟合模型残差的 QQ 图，如图 8.2 所示。从图 8.2 可以看出，绝大多数残差落在置信水平 95%的置信区间内，表明拟合模型的残差服从正态分布，满足残差正态性假设。绘制模型残差与模型拟合值的散点图，如图 8.3 所示。从图 8.3 可以看出，残差基本落在均值为 0 的平行带内，在零均值上下波动，基本满足随机误差的方差齐性假设。绘制残差与土壤环境区组因子水平的箱线图，以及水稻品种因子水平的箱线图，如图 8.4 所示。从图 8.4 可以看出，对于土壤环境区组因子和水稻品种因子水平的残差散布特征大体相同，未有显著差异。综上所述，拟合模型较好拟合试验数据。

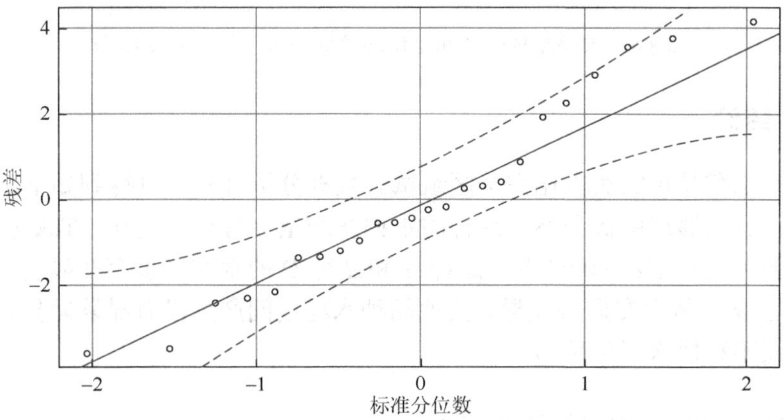

图 8.2　拟合模型残差的 QQ 图

随机化完全区组试验的方差分析结果表明，不同品种的水稻产量存在显著差异。采用 Tukey 多重检验法，筛选哪些水稻品种之间存在显著差异。检验结果表明，在显著性水平 $\alpha = 0.05$ 下，水稻品种 A 和品种 D 之间存在显著性差异，水稻品种 B 和品种 D 之间存在显著性差异。

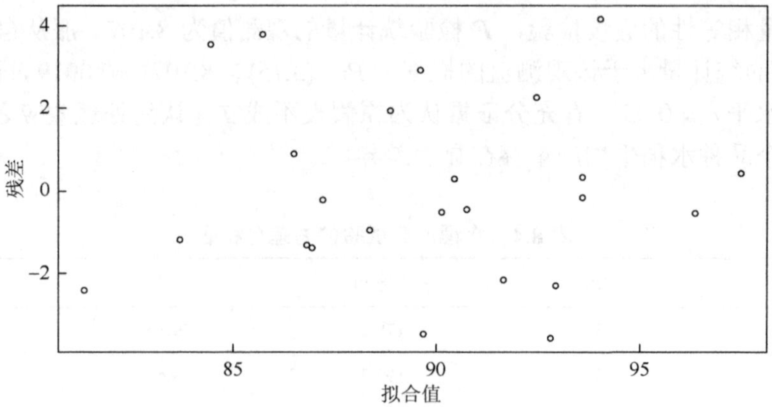

图 8.3 模型残差与模型拟合值的散点图

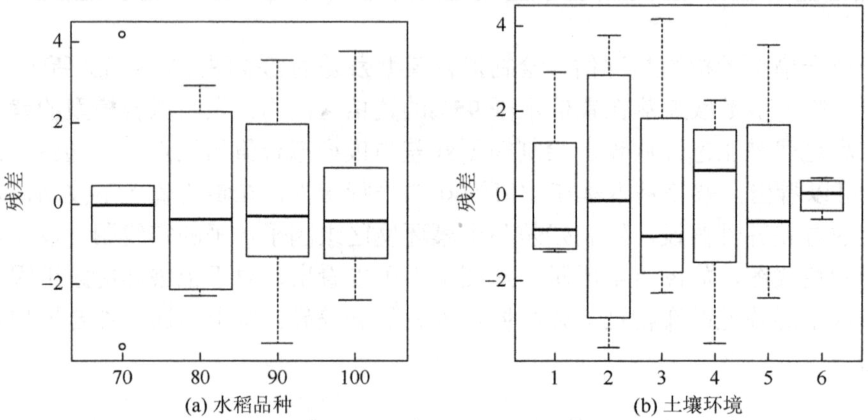

图 8.4 水稻品种因子和土壤环境区组因子的残差箱线图

8.2.5 结论

通过 4 个水稻品种的随机化完全区组试验数据分析过程，可得到如下结论：方差分析结果显示，有足够理由认为不同品种的水稻在产量上有显著差异。Tukey 多重检验结果表明，在显著性水平 $\alpha = 0.05$ 下，品种 A 和品种 D 的水稻产量存在显著差异，品种 B 和品种 D 的水稻产量存在显著差异。其他品种水稻之间产量没有显著差异。为了保证水稻产量，建议不种植水稻品种 D。

8.3 区组设计的扩展知识

8.3.1 平衡不完全区组设计

在随机化完全区组设计和拉丁方设计中，每个区组包含的试验单元数 t 是因子水平数 c 的整数倍。有些情况下，区组包含的试验单元数 t 小于因子水平数 c 。也就是说，在每个区组内无法将 c 个水平的试验安排在 t 个试验单元中，这种区组被称为不完全区组。

这种情况可能是由于缺乏实验仪器、器材或者区组实际大小限制等原因产生的。例如，在 8.2 节水稻产量的例子中，若每个村子只能提供两块试验田，就不可能将 4 个品种的水稻都种植在一个村子里，在这种情况下，需要选用不完全区组设计。不完全区组设计的目标是在区组包含的试验单元数小于因子水平数的情况下，力图使每个因子水平的试验单元尽可能均衡。

假设试验的所有处理都同等重要。处理在每个区组中随机分配应该尽可能均衡，任意处理出现次数相同，任意处理对出现次数也相同。试验的区组是不完全区组，在区组内的处理完全随机指定试验单元，称这类设计为平衡不完全区组设计。平衡不完全区组设计的 5 个重要参数分别是试验处理的个数 c，区组的试验单元数（区组大小）t，区组的个数 b，每个处理的重复次数 r，任意处理对的重复次数 λ。这些参数满足以下三个约束条件

$$bt = cr \tag{8.23}$$

$$\lambda(c-1) = r(t-1) \tag{8.24}$$

$$b \geqslant c \tag{8.25}$$

其中，区组大小为 t，区组数为 b，故总试验次数为 $n = bt$。处理数为 c，每个处理的试验次数（或重复次数）为 r，故总试验次数为 $n = cr$。从而，$n = cr = bt$，等式（8.23）成立。考虑任意处理，如处理“1”出现在 r 个区组中（每个处理重复次数为 r），在 r 个区组中与其他处理组成处理对的个数为 $r(t-1)$，t 为区组大小。处理“1”与其他 $c-1$ 个处理组成的处理对数为 $c-1$，每个处理对重复出现 λ 次，则含处理“1”的处理对数为 $\lambda(c-1)$。从而，$r(t-1) = \lambda(c-1)$，等式（8.24）成立。需要指出的是，约束条件（8.23）、（8.24）和（8.25）是平衡不完全区组设计存在的必要条件，而不是充分条件。

平衡不完全区组试验的线性模型为

$$y_{ij} = \mu + \tau_i + \alpha_j + \varepsilon_{ij} \tag{8.26}$$

其中，$i = 1, 2, \cdots, t$；$j = 1, 2, \cdots, b$；y_{ij} 为第 j 个区组第 i 个观测值；μ 为总均值；τ_i 为第 i 个处理效应；α_j 为第 j 个区组效应；随机误差 ε_{ij} 相互独立，且服从 $N(0, \sigma^2)$。区组容量小于处理数，模型（8.26）的估计和方差分析表不同于随机化完全区组设计和拉丁方设计情形。细节请可参考 Montgomery①以及 Wu 和 Hamada②的书。

继续考虑水稻产量试验的例子。假设水稻有 4 个品种，水稻品种分别记为 A_1, A_2, A_3, A_4，在 4 个村子的试验田中进行种植试验，4 个村子试验田的土壤环境分别记为 B_1, B_2, B_3, B_4。每个村子只能提供 3 块土壤环境相近的试验田。水稻的每个品种是一个因子水平，也是一个处理。处理数为 4，区组数为 4，区组大小为 3，即 $c = 4, b = 4, t = 3$。区组大小 t 小于处理数 c，采用平衡不完全区组设计安排试验，见表 8.5。

① Montgomery D C. Design and Analysis of Experiments[M]. 6th ed. New York：Wiley，2004.

② Wu C F J，Hamada M. 试验设计与分析及参数优化[M]. 张润楚，等译. 北京：中国统计出版社，2003.

表 8.5 水稻品种试验的平衡不完全区组设计

水稻品种	村子			
	B_1	B_2	B_3	B_4
A_1	*	*	*	—
A_2	*	*	—	*
A_3	*	—	*	*
A_4	—	*	*	*

表 8.5 中，位置(i, j)的“*”代表第i个品种水稻种植在第j个村子的试验田中，$i=1,\cdots,4$，$j=1,\cdots,4$。每个村子的 3 块试验田种植 3 个品种水稻，例如，村子B_2中种植 3 个水稻品种为A_1,A_2,A_4。这里，采用完全随机化方法给 3 个品种水稻分配试验田。水稻试验的平衡不完全区组设计具有如下特点：

（1）每个区组都含有 3 个不同的处理；

（2）每个处理都出现在 3 个不同的区组中；

（3）任意处理对出现次数$\lambda=2$。例如，处理对(A_1, A_2)同时出现在区组B_1和B_2中，处理对(A_1, A_4)同时出现在区组B_2和B_3中。

8.3.2 配对比较试验

配对比较试验是一类常用的试验。配对比较试验可以看作区组容量为 2 的随机化完全区组设计。每个区组含有 2 个同质的试验单元，2 种处理随机地分配给 2 个试验单元。容量为 2 的区组在生物、医药、工业生产、质量检测等诸多领域十分常见。例如，双胞胎、一双眼睛、动物体内的一对肾、左右腿等都可以作为区组。如果不能将 2 个处理安排在同一区组中，需要使用更多的非同质试验单元比较 2 个处理才能达到同样的精度，这种试验称为非配对试验。非配对试验由于试验单元间的差异可能会导致处理比较中存在较大偏差。

配对比较试验的优点是，2 个处理随机分配在同一区组的两个同质试验单元中，处理比较可以消除由于试验单元差异而引入的偏差，有效降低了试验次数，提高了统计分析的精度。在配对比较试验中，2 个处理效应差异的显著性检验常用配对t检验，配对t检验统计量为

$$t_{\text{paired}}=\frac{\bar{d}\sqrt{n}}{s_d} \tag{8.27}$$

其中，n为区组数。2 个处理观测差值的均值和标准差分别为

$$\bar{d}=\frac{1}{n}\sum_{i=1}^{n}d_i \tag{8.28}$$

$$s_d=\sqrt{\frac{1}{n-1}\sum_{i=1}^{n}(d_i-\bar{d})^2} \tag{8.29}$$

$d_i=y_{i2}-y_{i1}, i=1,\cdots,n$，表示 2 个处理效应的观测差值。

原假设为 2 个处理效应相等，备择假设为 2 个处理效应不相等。在原假设成立的情形下，检验统计量 t_{paired} 服从自由度为 $n-1$ 的 t 分布。在显著性水平 α 下，如果 $|t_{\text{paired}}|>t_{\alpha/2}(n-1)$，认为 2 个处理效应之间存在显著差异，$t_{\alpha/2}(n-1)$ 为自由度为 $n-1$ 的 t 分布上概率 $\alpha/2$ 的分位数。

例 8.1 某炼焦工厂需要检测排放气体中二氧化硫的浓度。目前，有 2 种常用的二氧化硫浓度检测方法。共抽取 8 份排放气体样本，分别使用 2 种检测方法测试气体样本的二氧化硫浓度。检测出的二氧化硫浓度数据见表 8.6，单位为微克每立方米（$\mu g/m^3$）。试判断 2 种检测方法的测试结果是否相同。

表 8.6 二氧化硫浓度的检测结果

样本	检测方法 1（y_{i1}）	检测方法 2（y_{i2}）	差异（d_i）
1	10.41	10.38	−0.03
2	10.95	11.16	0.21
3	11.77	12.42	0.65
4	13.14	13.89	0.75
5	14.21	15.08	0.87
6	17.26	18.28	1.02
7	20.12	20.67	0.55
8	20.94	20.81	−0.13

解 考虑的假设检验，原假设是 2 种检测方法的测试结果相同，备择假设是 2 种检测方法的测试结果不相同。利用表 8.6 中的试验数据，可以计算

$$\bar{d}=\frac{1}{n}\sum_{i=1}^{n}d_i=0.48625$$

$$s_d=\sqrt{\frac{1}{n-1}\sum_{i=1}^{n}(d_i-\bar{d})^2}=0.4235$$

配对比较试验的 t 检验统计量的观测值为

$$t_{\text{paired}}=\frac{\bar{d}\sqrt{n}}{s_d}=\frac{\sqrt{8}\times 0.48625}{0.4235}=3.2475$$

在原假设“2 种检测方法的测试结果相同”成立的情况下，t 检验统计量的 P 值为 $P(|t(7)|>3.2475)=0.014$，小于显著性水平 $\alpha=0.05$，有充分证据认为 2 种检测方法的测试结果不相同。其中，$t(7)$ 为服从自由度 7 的 t 分布随机变量。

习 题 8

1. 钢梁剪切强度的测量方法有 4 种，为比较 4 种测量方法(Aaran，Karlsrube，Lehigh，

Cardiff）之间的差异，随机选取了 9 根钢梁，用每种测量方法测量钢梁的剪切强度，收集的试验数据如表 8.7 所示。

表 8.7 用 4 种测量方法测量钢梁的剪切强度数据 （单位：MPa）

钢梁（区组）	Aaran	Karlsrube	Lehigh	Cardiff	B_i
1	0.772	1.186	1.061	1.025	4.044
2	0.744	1.151	0.992	0.905	3.792
3	0.767	1.322	1.063	0.930	4.082
4	0.745	1.339	1.062	0.899	4.045
5	0.725	1.200	1.065	0.871	3.861
6	0.844	1.402	1.178	1.004	4.428
7	0.831	1.365	1.037	0.853	4.086
8	0.867	1.537	1.086	0.858	4.348
9	0.859	1.559	1.052	0.805	4.275
T_i	7.154	12.061	9.596	8.150	T=36.961

试比较 4 种测量方法测量的钢梁剪切强度是否有显著差异？（$\alpha = 0.05$）

2. 研究者研究三种不同脂肪含量（1 为极低，2 为相当低，3 为适当低）的食物对冠心病人血浆中总脂肪量的影响，有 15 位冠心病人同意参加试验。为了排除年龄对响应变量的影响，将研究者按年龄大小分为 5 个区组（1 为 15～24 岁，2 为 25～34 岁，3 为 35～44 岁，4 为 45～54 岁，5 为 55～65 岁），每个区组内的 3 位病人年龄较为接近。病人按随机方式被安排服用其中的一种食物，并坚持服用一段时间后测量每位病人血浆中总脂肪的减少量 y_{ij}，试验数据如表 8.8 所示。

表 8.8 每位病人血浆中总脂肪的减少量

脂肪含量	年龄				
	1	2	3	4	5
1	0.73	0.86	0.94	1.40	1.62
2	0.67	0.75	0.81	1.32	1.41
3	0.15	0.21	0.26	0.75	0.78

试回答如下问题：

（1）为什么相信病人年龄是合适的区组变量？

（2）写出此试验设计的统计模型；

（3）给出各处理效应的估计；

（4）试在显著性水平 α=0.05 下，计算各离差平方和，给出方差分析表和相应结论；

（5）若三种食物之间存在显著性差异，请进行多重比较。

3. 硬度计把杆尖压入金属试件的读数就是金属试件硬度的测量值。考察 4 种不同的杆尖在同一台硬度计上测量读数是否相同。为了减少金属试件差异对硬度读数的影响，只取 4 块金属试件，每个杆尖在每块金属试件上各压入一次。这个试验安排是含有 4 个处理（杆尖）和 4 个区组（金属试件）的随机化完全区组设计。收集的试验数据如表 8.9 所示。

表 8.9　金属试件硬度的测量值　　（单位：N/mm^2）

杆尖	金属试件硬度			
	试件 1	试件 2	试件 3	试件 4
1	9.3	9.4	9.6	10.0
2	9.4	9.3	9.8	9.9
3	9.2	9.4	9.5	9.7
4	9.7	9.6	10.0	10.2

试在显著性水平 $\alpha = 0.05$ 下，计算各离差平方和，给出方差分析表和相应分析结果。

4. 为了比较两种谷物种子的优劣，选取 10 块土地，土质存在差异，试验者将每块土地分为面积相同的两小块，分别种植两种谷物种子，20 块土地的施肥、浇水等田间管理都相同。表 8.10 给出了 20 块地的谷物单位产量。

表 8.10　20 块地的谷物单位产量　　（单位：kg）

种子	土地										T_i
	1	2	3	4	5	6	7	8	9	10	
1	23	35	29	42	89	29	37	34	35	28	331
2	30	39	35	40	38	34	36	33	41	31	357
B_j	53	74	64	82	77	63	73	67	76	59	$T = 688$

试在显著性水平 $\alpha = 0.05$ 下，比较两种谷物种子的优劣。

第9章

正交设计

在实际应用中，常常需要同时考察 3 个或 3 个以上因子对响应变量的影响。如果在试验因子的所有水平组合下都做试验，即使每个因子都取 2 个水平，且没有重复试验，试验的次数也可能很大。比如，若考察 10 个因子，每个因子只有 2 个水平，试验包括 $2^{10}=1024$ 个不同的水平组合，在没有重复的水平组合时需要进行 1024 次试验。若每个因子取三个水平，试验包括 $3^{10}=59049$ 个不同的水平组合，至少需要做 59049 次试验。这样大规模的试验在实际中受限于成本往往难以实施。常用的解决方法是只进行部分试验，即从全部水平组合中选取部分有代表性的水平组合来进行试验，利用有代表性水平组合的试验数据，推断全部试验的情况。本章主要介绍部分试验设计，包括正交设计和 Plackett-Burman 设计等。

9.1 两水平正交设计的基础知识

本节先介绍两水平正交设计。其他常用的正交设计，如三水平正交设计、混水平正交设计以及非正规正交设计等将在 9.3 节介绍。

9.1.1 两水平正交表的定义

用 $L_n(2^m)$ 表示一个两水平正交表，其中 L 为正交表，n 表示试验总次数，m 表示试验因子个数，2 表示因子水平数，因子水平常用符号对 $-1,+1$ 或者 $-,+$ 或者 $1,2$ 表示，称为编码水平。

定义 9.1 两水平正交表 $L_n(2^m)$ 表示为 $n\times m$ 矩阵，且满足：①每列中两个水平出现的次数相同；②对于任意两列，所有的 4 个水平组合都出现且出现的次数相同。

定义 9.1 中，正交表满足的两个要求即为正交性，称这样的正交为组合正交。这有别于代数正交，即任意两列内积为零。事实上，组合正交要强于代数正交。若正交表的两个水平分别用 $-1,+1$ 表示，可以验证任意两列的内积为零。若水平为 $1,2$，只需将其以 0 为对称中心进行变换，得到 $-1,+1$。

对于两水平正交表 $L_n(2^m)$，若 $n=r\cdot 2^m$，r 为正整数，则称此类正交表为完全因析设计。这里，r 表示在每个水平组合下的重复试验次数，相应的试验称为完全试验。前面章节的单因子试验和两因子试验都是完全试验。完全试验的优点是得到的全部信息可以同时估计主效应和各交互效应。缺点是随着试验因子个数或因子水平个数的增加，试验次数呈指数增长。受限于试验成本，含较大试验因子数或因子水平数的完全试验在实际中往往难以实施。常用的解决方法是从全部水平组合中选取部分有代表性的水平组合进行试验。称被选取的部分水平组合为部分因析设计，相应的试验称为部分试验。本章讨论的正交设计主要是指部分因析设计。

例 9.1　表 9.1 给出了一个 4 行 3 列 2 水平的正交表 $L_4(2^3)$。利用该正交表安排试验，需要做 4 次试验，最多可安排 3 个 2 水平因子。这个正交设计的试验次数是完全试验次数的一半。

表 9.1　正交表 $L_4(2^3)$

序号	1	2	3
1	1	1	1
2	1	1	2
3	1	2	1
4	1	2	2

表 9.2 给出了一个 8 行 7 列 2 水平的正交表 $L_8(2^7)$。利用该正交表安排试验，最多可安排 7 个 2 水平的因子，需要做 8 次试验。事实上，对于正交表 $L_4(2^3)$ 和 $L_8(2^7)$，试验能安排的因子数都已经达到最大，往正交表里增加列将和已有的列不再正交。

表 9.2　正交表 $L_8(2^7)$

序号	1	2	3	4	5	6	7
1	1	1	1	1	1	1	1
2	1	1	1	2	2	2	2
3	1	2	2	1	1	2	2
4	1	2	2	2	2	1	1
5	2	1	2	1	2	1	2
6	2	1	2	2	1	2	1
7	2	2	1	1	2	2	1
8	2	2	1	2	1	1	2

9.1.2　两水平正交表的性质

两水平正交表不仅具有定义 9.1 中的 2 个性质，还具有如下 3 个性质。

性质 1　正交表的任意两列可以相互置换。

性质 2　正交表的任意两行可以相互置换。

性质 3　正交表中同一列的不同水平可以相互置换。

事实上，这些性质既适应于两水平正交表，也适应于一般正交表。一个正交表与经过行置换或列置换得到的正交表是等价的。把一个正交表与将其经过行置换、列置换以及水平置换得到的正交表称为同构的。

9.1.3 用正交表安排试验

很多正交表可从 Hedayat 等①的书中找到或者用其提供的方法构造出来。在实际应用中，总是根据试验参数约束，选择合适正交表。下面介绍应用正交表安排试验的步骤。

（1）选择合适的正交表。为了选择合适的正交表，首先要明确试验目的，试验的响应变量与涉及的因子个数和类型。根据先验模型选择因子水平数，进而选择合适的正交表。

（2）进行表头设计。选好正交表之后，要把因子安排到正交表的列中，这个过程称为表头设计。在进行表头设计时，需要根据先验模型中有无交互效应慎重做出安排。需要指出，因子个数不多于正交表列数，有些列可以不安排因子。

（3）进行试验并记录试验结果。表头设计完之后，哪些因子安排在哪些列上已经明确。在具体试验之前，需将设计阵中因子的编码水平替换成试验中各个因子的真实水平。没有安排因子的列可以不考虑。

（4）数据分析。根据试验目的、数据类型以及先验知识，选择合适的统计方法进行数据分析。

9.1.4 试验数据分析方法

基于正交表的试验数据，常用的三种数据分析方法分别为：直观分析法、方差分析法和回归分析法。

（1）直观分析法。直观分析法主要包括两个方面：首先，计算各个因子在不同水平下响应变量的总值、均值，进行直观的对比，选出各个因子较好的水平，从而得到最优的水平组合；其次，计算出各个因子的极差，即在各个因子不同水平下响应变量的最大值与最小值之差值，对比各个因子的极差，从大到小排序，得到因子的重要性排序。通常，直观分析法的结果利用直观分析表来展示。

（2）方差分析法。这里的方差分析是两因子方差分析的拓展，只是因子个数增加了，分析过程相似。设定方差分析模型，描述方差分析的假设检验，进行离差平方和分解，构造 F 检验统计量，进行统计检验。

（3）回归分析法。采用回归模型分析试验数据，主要包括模型设定、模型估计和模型检验。

（a）模型设定。假设试验的响应变量 Y 与 k 个因子 $X_1, X_2, \cdots, X_k$ 之间存在线性关系，用矩阵表示为

$$\boldsymbol{Y} = \boldsymbol{X\beta} + \boldsymbol{\varepsilon} \tag{9.1}$$

① Hedayat A, Sloane N, Stufken J. Orthogonal Arrays[M]. New York: Springer Verlag, 1999.

其中，向量 $\boldsymbol{Y}=(y_1,\cdots,y_n)^{\mathrm{T}}$ 为响应变量 Y 的 n 个观测；向量 $\boldsymbol{\varepsilon}=(\varepsilon_1,\cdots,\varepsilon_n)^{\mathrm{T}}$ 包含 n 个观测的随机误差，$\varepsilon_1,\cdots,\varepsilon_n$ 独立同分布，都服从均值 0 和方差 σ^2 的正态分布。$\boldsymbol{X}$ 为模型包含的效应列的矩阵，称为模型阵。当回归模型（9.1）为主效应模型时，模型阵为

$$\boldsymbol{X}=\begin{pmatrix}1 & x_{11} & x_{21} & \cdots & x_{k1}\\ 1 & x_{12} & x_{22} & \cdots & x_{k2}\\ \vdots & \vdots & \vdots & & \vdots\\ 1 & x_{1n} & x_{2n} & \cdots & x_{kn}\end{pmatrix}$$

向量 $\boldsymbol{\beta}=(\beta_0,\beta_1,\cdots,\beta_k)^{\mathrm{T}}$，包含 $k+1$ 个未知参数。将模型阵去掉第一列就是设计阵，一般用 $\boldsymbol{D}$ 表示。

当回归模型（9.1）为交互效应模型时，模型阵为

$$\boldsymbol{X}=\begin{pmatrix}1 & x_{11} & x_{21} & \cdots & x_{k1} & x_{11}x_{21} & \cdots & x_{11}x_{k1} & x_{21}x_{31} & \cdots & x_{k-1,1}x_{k1}\\ 1 & x_{12} & x_{22} & \cdots & x_{k2} & x_{12}x_{22} & \cdots & x_{12}x_{k2} & x_{22}x_{32} & \cdots & x_{k-1,2}x_{k2}\\ \vdots & \vdots & \vdots & & \vdots & \vdots & & \vdots & \vdots & & \vdots\\ 1 & x_{1n} & x_{2n} & \cdots & x_{kn} & x_{1n}x_{2n} & \cdots & x_{1n}x_{kn} & x_{2n}x_{3n} & \cdots & x_{k-1,n}x_{kn}\end{pmatrix}$$

向量 $\boldsymbol{\beta}=(\beta_0,\beta_1,\cdots,\beta_k,\beta_{12},\cdots,\beta_{1k},\cdots,\beta_{23},\cdots,\beta_{k-1,k})^{\mathrm{T}}$，包含 $k+1+k(k-1)/2$ 个未知参数。设计阵 $\boldsymbol{D}$ 为模型阵去掉第一列及交互效应列。

（b）模型估计。对于模型（9.1），参数 $\boldsymbol{\beta}$ 可以用最小二乘法进行估计

$$\hat{\boldsymbol{\beta}}=(\boldsymbol{X}^{\mathrm{T}}\boldsymbol{X})^{-1}\boldsymbol{X}^{\mathrm{T}}\boldsymbol{Y} \tag{9.2}$$

估计量的方差-协方差矩阵是

$$\mathrm{var}(\hat{\boldsymbol{\beta}})=\sigma^2(\boldsymbol{X}^{\mathrm{T}}\boldsymbol{X})^{-1} \tag{9.3}$$

例如，对于主效应模型，估计量的方差-协方差矩阵为具有以下结构的 $(k+1)\times(k+1)$ 矩阵

$$\mathrm{var}(\hat{\boldsymbol{\beta}})=\begin{pmatrix}\mathrm{var}(\hat{\beta}_0) & \mathrm{cov}(\hat{\beta}_0,\hat{\beta}_1) & \cdots & \mathrm{cov}(\hat{\beta}_0,\hat{\beta}_k)\\ \mathrm{cov}(\hat{\beta}_0,\hat{\beta}_1) & \mathrm{var}(\hat{\beta}_1) & \cdots & \mathrm{cov}(\hat{\beta}_1,\hat{\beta}_k)\\ \vdots & \vdots & & \vdots\\ \mathrm{cov}(\hat{\beta}_0,\hat{\beta}_k) & \mathrm{cov}(\hat{\beta}_1,\hat{\beta}_k) & \cdots & \mathrm{var}(\hat{\beta}_k)\end{pmatrix}$$

矩阵 $\mathrm{var}(\hat{\boldsymbol{\beta}})$ 主对角线上的方差越小，越有利于显著性检验，相应的因子效应置信带越窄。

（c）模型检验。检验模型参数 β_i 的原假设和备择假设分别为

$$H_0:\beta_i=0,\quad H_1:\beta_i\neq 0$$

检验统计量为

$$t=\frac{\hat{\beta}_i}{\sqrt{\mathrm{var}(\hat{\beta}_i)}} \tag{9.4}$$

当 H_0 为真时，$t\sim t(n-k-1)$。给定显著性水平 $\alpha(0<\alpha<1)$，当 $|t|>t_{\alpha/2}(n-k-1)$ 时，

有充分理由怀疑原假设 H_0 不真，认为因子效应 β_i 是统计显著的；否则，没有充分理由怀疑原假设不真。

9.2 案例：无交互效应的正交试验设计应用

本节通过具体例子介绍如何运用正交表安排试验，以及对试验数据分析。本案例仅考虑无交互效应的情形，有交互效应的情形将在 9.3 节中讨论。

9.2.1 问题描述

某化工厂为提高某种化工品的产量，研究 4 个因子对产量的影响。4 个因子分别为催化剂种类、反应时间、反应温度和溶剂用量。受限于试验成本，每个因子只取两个水平，分别为：催化剂种类 1 和种类 2，反应时间 100min 和 120min，反应温度 60℃和 90℃，溶剂用量 5ml 和 10ml。试验的目标是检验 4 个因子的不同水平对化工品产量的影响是否存在显著差异，找出化工品产量最大的试验水平组合。该试验有 4 个因子，每个因子都是两水平的，可以采用正交设计进行试验。

9.2.2 正交表的选择

首先确定试验的目标为找出化工品产量最大化的水平组合；试验的响应变量为化工品产量；试验涉及 4 个因子：催化剂种类、反应时间、反应温度和溶剂用量，不妨分别记为 A，B，C 和 D，且每个因子都有 2 个水平，故选择 2 水平正交表，再根据因子个数为 4 个，选用表 9.2 中的 $L_8(2^7)$ 是合适的。

9.2.3 表头设计

不考虑因子之间的交互效应，本例的 4 个因子放在正交表 7 列中的任意 4 列都可以，一个因子占一列，不妨放在前 4 列上，即催化剂种类因子放在第 1 列，反应时间因子放在第 2 列，反应温度因子放在第 3 列，溶剂用量因子放在第 4 列。本例的表头设计如表 9.3 所示。

表 9.3 表头设计

表头设计	A	B	C	D			
$L_8(2^7)$ 的列号	1	2	3	4	5	6	7

9.2.4 进行试验

在进行试验之前，需要将编码水平替换成试验水平。在本例中，对于设计表 $L_8(2^7)$，将第 1 列中的编码水平 1 和 2 分别替换成催化剂种类 1 和种类 2，将第 2 列中的编码水平 1 和 2 分别替换成反应时间 100min 和 200min，将第 3 列中的编码水平 1 和 2 分别替换成反应温度 60℃和 90℃，将第 4 列中的编码水平 1 和 2 分别替换成溶剂用量 5ml 和 10ml，得到表 9.4 中的试验方案表前 5 列。表 9.4 中每 1 行代表 1 个处理组合，对应 1

次试验。在试验过程中，8 次试验的顺序必须是随机的，尽量避免试验因子之外的其他因子对响应变量的影响以及对操作人员、仪器设备等区组因子的影响。随机的顺序可以通过随机数表来得到，也可以通过统计软件来生成。试验结果如表 9.4 最后一列所示。

表 9.4　试验方案与试验结果

序号	A	B/min	C/℃	D/ml	产量/g
1	1	100	60	5	43
2	1	100	60	10	35
3	1	200	90	5	45
4	1	200	90	10	40
5	2	100	90	5	50
6	2	100	90	10	48
7	2	200	60	5	55
8	2	200	60	10	51

9.2.5　试验数据分析

1. *试验数据的直观分析*

试验数据的直观分析法主要通过综合比较各因子在不同水平下对响应变量的影响大小，判断各因子重要程度和最优试验水平组合。为了便于分析，计算结果总结在表 9.5 中，主要包括三方面的分析。

（1）在各因子不同水平下的响应变量观测总值。在表 9.5 中，响应变量观测总值为 T_1 和 T_2 两行。比如，对于因子催化剂 A，T_1 为在因子 A 为种类 1 时的响应变量观测总和，即 $T_1 = 43+35+45+40=163$，T_2 为在因子 A 为种类 2 时的响应变量观测总和，即 $T_2 = 50+48+55+51=204$。

（2）在各因子不同水平下的响应变量观测均值。在表 9.5 中，响应变量观测均值为 $\overline{T}_1$ 和 $\overline{T}_2$ 两行。比如，对于因子 A，在水平种类 1 和种类 2 时响应变量观测均值分别为

$$\overline{T}_1 = \frac{T_1}{4} = \frac{163}{4} = 40.75$$

$$\overline{T}_2 = \frac{T_2}{4} = \frac{204}{4} = 51$$

（3）计算各因子的极差。比如，对于因子 A，极差 $R = \overline{T}_2 - \overline{T}_1 = 51 - 40.75 = 10.25$。对于其余三个因子，计算方法类似。

表 9.5　直观分析表

序号	A	B/min	C/℃	D/ml	产量/g
1	1	100	60	5	43
2	1	100	60	10	35
3	1	200	90	5	45

续表

序号	A	B/min	C/℃	D/ml	产量/g
4	1	200	90	10	40
5	2	100	90	5	50
6	2	100	90	10	48
7	2	200	60	5	55
8	2	200	60	10	51
T_1	163	176	184	193	
T_2	204	191	183	174	
$\overline{T}_1$	40.75	44	46	48.25	
$\overline{T}_2$	51	47.75	45.75	43.5	
R	10.25	3.75	0.25	4.75	

从表 9.5 可以看出，对于 A 因子列，$\overline{T}_1$ 和 $\overline{T}_2$ 的差异只取决于因子 A 的两个水平不同。这两组试验的水平组合除了因子 A 的水平不同之外，其余三个因子的每个水平出现 2 次。比如，在因子 A 的水平 1 和水平 2 下，因子 B 的两个水平 100min 和 200min 均出现 2 次。从两个均值大小可以看出，在因子 A 的第 2 个水平时响应变量观测均值更大。类似地，在因子 B 的第 2 个水平下，在因子 C 的第一个水平下及在因子 D 的第一个水平下，响应变量观测均值更大。相应的因子水平组合简记为 $A_2B_2C_1D_1$。根据试验结果，第 7 次试验的产量最高，相应的水平组合为 $A_2B_2C_1D_1$，与直观分析法的最优水平组合一致。值得注意的是，部分因析设计只选择了一部分的水平组合，利用直观分析法得到的最优水平组合可能不在已做试验的水平组合中。在实际应用中，若发生这种情况，需要进一步分析或者追加验证试验。比如，在得到的最优水平组合下重复做几次试验，考察响应变量值是否好于已做试验的响应变量值。

比较因子的极差能够识别因子的重要性。因子的极差大，说明改变该因子的水平会对响应变量造成较大影响，该因子重要性强。根据表 9.5 中四个因子的极差，可以初步判断对响应变量的影响程度由大到小的排序依次为 A，D，B，C。

2. *试验数据的方差分析*

对试验数据进行直观分析，方法简单有效，也有其不足之处。比如，按照因子的极差可以对因子的重要性初步排序，但不能判断哪些因子对响应变量是真正重要的。为了解决这一问题，可以对试验数据进行方差分析。前面章节的方差分析模型是针对单因子试验或两因子试验的情形。部分因析设计的试验因子数往往超过三个，选用的方差分析模型可以看作是两因子试验的方差分析模型推广。

（1）方差分析模型设定。对于表 9.4 的试验数据，方差分析模型为

$$\begin{cases} y_{ijkl} = \mu + a_i + b_j + c_k + d_l + \varepsilon_{ijkl}, \quad i,j,k,l = 1,2 \\ a_1 + a_2 = b_1 + b_2 = c_1 + c_2 = d_1 + d_2 = 0 \\ \text{各}\varepsilon_{ijkl}\text{相互独立且同分布于}N(0,\sigma^2) \end{cases} \tag{9.5}$$

其中，y_{ijkl} 表示响应变量在水平组合 $A_iB_jC_kD_l$ 下的观测值；μ 为总均值；a_i 是因子 A 的第 i 个水平效应，满足效应的约束条件 $a_1+a_2=0$；b_j 是因子 B 的第 j 个水平效应，满足约束条件 $b_1+b_2=0$；c_k 是因子 C 的第 k 个水平效应，满足约束条件 $c_1+c_2=0$；d_l 是因子 D 的第 l 个水平效应，满足约束条件 $d_1+d_2=0$。式（9.5）的模型称为可加效应模型。对表 9.4 中的 8 次试验数据，用 y_i 表示第 i 个水平组合下试验的产量，将 y_{ijkl} 按正交表行号重新编号后，可以详细写出数据对应的结构式。比如

$$y_1=y_{1111}=\mu+a_1+b_1+c_1+d_1+\varepsilon_{1111}$$

ε_{1111} 为相应试验的随机误差。针对表 9.4 的试验数据，方差分析的任务主要是检验如下的 4 个假设：

$$H_{A0}:a_1=a_2=0,\quad H_{A1}:a_1,a_2\text{不全为零}$$
$$H_{B0}:b_1=b_2=0,\quad H_{B1}:b_1,b_2\text{不全为零}$$
$$H_{C0}:c_1=c_2=0,\quad H_{C1}:c_1,c_2\text{不全为零}$$
$$H_{D0}:d_1=d_2=0,\quad H_{D1}:d_1,d_2\text{不全为零}$$

（2）离差平方和分解。类似于两因子方差分析，正交表结构使得离差平方和计算更简单。用 S_{T} 表示总离差平方和

$$S_{\mathrm{T}}=\sum_{i=1}^{8}(y_i-\overline{y})^2=292.875$$

其中

$$\overline{y}=\frac{1}{8}\sum_{i=1}^{8}y_i=45.875$$

用 S_A 表示因子 A 的离差平方和

$$S_A=\sum_{j=1}^{2}\sum_{i=1}^{4}(\overline{y}_{j\cdot}-\overline{y})^2=210.125$$

因子 B、因子 C 和因子 D 的离差平方和分别为 $S_B=28.125$，$S_C=0.125$，$S_D=45.125$。误差平方和通过总离差平方和减去各因子的离差平方和而得到

$$S_{\mathrm{E}}=S_{\mathrm{T}}-S_A-S_B-S_C-S_D=9.375$$

（3）方差分析表。根据计算的各个离差平方和，可得到如表 9.6 所示的方差分析表。

表 9.6　方差分析表

方差来源	平方和	自由度	均方	F 值	P 值
A	210.125	1	210.125	67.24	0.0038**
B	28.125	1	28.125	9.00	0.0577.
C	0.125	1	0.125	0.04	0.8543
D	45.125	1	45.125	14.44	0.0320*
误差	9.375	3	3.125		
总和	292.875	7			

注：对于 P 值列，“**”表示非常显著，“*”表示比较显著，“.”表示显著，“”表示不显著。

在方差分析表 9.6 中，因子离差平方和的自由度为因子的水平数减 1，总离差平方和的自由度为总试验次数减 1，误差平方和的自由度为总离差平方和的自由度减去所有因子离差平方和的自由度。从表 9.6 可以看出，在显著水平 0.05 下，因子 A 和因子 D 都是统计显著的，因子 B 的 P 值稍大于 0.05，而因子 C 的 P 值达到 0.8543，是统计不显著的。可以判断，因子 A 是最重要的因子，因子 D 次之，然后是因子 B，而因子 C 是不显著因子。这个结论与直观分析法的结论一致。

3. 试验数据的回归分析

对于本例的试验数据，考虑建立产量与四个因子的回归模型，进一步探讨 4 个因子对产量的影响。考虑如下的线性回归模型

$$Y=\beta_0+\beta_1A+\beta_2B+\beta_3C+\beta_4D+\varepsilon \tag{9.6}$$

模型（9.6）是主效应模型，其中 β_0 是截距项，$\beta_i, i=1,2,3,4$ 分别表示因子 A,B,C,D 的主效应。将表 9.4 中因子 A,B,C,D 的水平对应于 -1 和 $+1$。比如，因子 A 的水平 1 对应于 -1，水平 2 对应于 $+1$；因子 B 的水平 100min 对应于 -1，200min 对应于 $+1$。利用表 9.4 的试验数据，采用最小二乘估计法，得到的回归系数估计如表 9.7 所示。

表 9.7　线性回归系数估计

效应	估计	标准误	t 值	P 值
截距项	41.375	1.397	29.61	$<0.0001^{***}$
A	10.250	1.250	8.20	0.0038^{**}
B	3.750	1.250	3.00	$0.0577^{.}$
C	−0.250	1.250	−0.20	0.8543
D	−4.750	1.250	−3.80	0.0320^{*}

注：对于 P 值列，“***”表示非常非常显著，“**”表示非常显著，“*”表示比较显著，“.”表示显著，“ ”表示不显著。

依据表 9.7 的估计结果，拟合线性回归模型为

$$\hat{Y}=41.375+10.25A+3.75B-0.25C-4.75D \tag{9.7}$$

因子 C 的 P 值为 0.8543，显著大于 0.05，在 4 个因子中最不显著，将因子 C 从模型中删除。建立产量与其余三个因子的线性回归模型，得到的回归系数估计如表 9.8 所示。

表 9.8　删除因子 C 的线性回归模型系数估计

效应	估计	标准误	t 值	P 值
截距项	41.25	1.09	37.854	$<0.0001^{***}$
A	10.25	1.09	9.406	$<0.0001^{**}$
B	3.750	1.09	3.441	0.026264^{*}
D	−4.750	1.09	−4.359	0.012073^{*}

注：对于 P 值列，“***”表示非常非常显著，“**”表示非常显著，“*”表示比较显著。

表 9.8 显示，剔除因子 C，其余的因子效应都显著。最终的拟合回归模型为

$$\hat{Y}=41.25+10.25A+3.75B-4.75D \quad (9.8)$$

该拟合回归模型的 $R^2=0.9676$，F 统计量的值为 0.0020，回归模型较好拟合数据。依据拟合回归模型（9.8），选择催化剂为种类 2，时间为 200min，溶剂用量为 5ml，响应变量的产量最高，为 60g。这里，温度因子 C 是统计不显著的，温度因子 C 的水平选择不会对产量有显著影响，不妨选择温度为 60℃。拟合回归模型的因子系数反映了因子效应大小，系数越大，代表该因子对响应变量的影响越大。从拟合回归模型（9.8）可以看出，4 个因子的重要性排序为 A，D，B，C，与直观分析法和方差分析法的结果一致。

9.3 正交设计的扩展知识

前面两节介绍了两水平正交设计，主要考虑不存在交互效应的情形。两水平正交设计只能用于分析因子的线性效应。在实际应用中，因子的效应可能是非线性的，需要选择三个或更多水平。有些试验因子水平数量并不都相同，正交设计还会涉及选取不同水平数的因子。此外，某些因子之间可能会存在显著的交互效应。本节介绍多水平正交表设计、混水平正交表设计以及相关的数据分析等。

9.3.1 有交互效应的正交设计

在 9.2.1 节讨论的试验中，因子之间不存在交互效应。在因子之间存在交互效应的情形下，多因子试验的设计与分析不同于无交互效应的情形。

定义 9.2 若在因子 A 的不同水平下响应变量观测值受到因子 B 的水平制约，则称因子 A 与因子 B 之间存在交互效应，记为 $A\times B$ 或者 AB。

例 9.2（9.2 节案例续） 某化工厂为提高某种化工品的产量，根据以往经验，可能存在两因子交互效应 $A\times B$ 与 $A\times C$，三因子交互效应都不存在。试验目的是寻找使得产量最高的因子水平组合。

正交表的选择 在两因子交互效应 $A\times B$ 与 $A\times C$ 可能存在，三因子交互效应都不存在的假设下，模型包含 4 个主效应和 2 个两因子交互效应，共计 6 个因子效应，选用表 9.2 的 $L_8(2^7)$ 依然是合适的。

表头设计：在表头设计时，需要考虑到如下事实。用正交表安排试验，若某一列上出现两个因子，或者两个交互效应，或者一个因子与一个两因子交互效应，称为效应混杂，简称混杂。当一个因子与一个两因子交互效应混杂的列显著时，很难区分是因子效应显著，还是两因子交互效应显著。表头设计应尽量避免出现混杂现象。在表 9.2 的正交表中，第一列和第二列的对应元素相乘得到第三列。若将因子 A 和因子 B 分别安排在第一列和第二列，则第三列只能安排因子 A 与因子 B 的交互效应，不能安排其他因子。否则，其他因子的效应将与交互效应 $A\times B$ 混杂，两个效应估计无法区分。

事实上，选用部分因析设计的局限性就是可能出现主效应与两因子交互效应相互混杂，或者两因子交互效应与两因子交互效应混杂的情况。为了解决这个问题，已经有一些优良性准则来选择最优设计，如最大分辨度原则与最小低阶混杂原则，详情请参见 Wu 和 Hamada[①]的书。

对于表 9.2 的正交表，可以计算出交互效应表，如表 9.9 所示。利用表 9.9 的交互效应表，容易识别两列之间交互效应列在第几列，有助于安排试验因子和交互效应。比如，第 1 列和第 2 列的交互效应列在第 3 列，第 3 列和第 4 列的交互效应列在第 7 列等。

表 9.9　$L_8(2^7)$ 的交互效应表

1	2	3	4	5	6	7	列号
	3	2	5	4	7	6	1
		1	6	7	4	5	2
			7	6	5	4	3
				1	2	3	4
					3	2	5
						1	6

在本例中，以往经验说明了交互效应 $A\times B$ 和 $A\times C$ 可能重要，需要研究。部分因析试验的表头设计为如表 9.10 所示。

表 9.10　表头设计

表头设计	A	B	$A\times B$	C	$A\times C$		D
$L_8(2^7)$ 的列号	1	2	3	4	5	6	7

进行试验：依据表头设计，需将各因子的水平 1 和水平 2 分别替换为试验因子的真实水平进行试验。试验方案和试验结果如表 9.11 所示。

表 9.11　试验方案和试验结果

序号	A(1)	B(2)/min	C(4)/℃	D(7)/ml	产量/g
1	1	100	60	5	54
2	1	100	90	10	48
3	1	200	60	10	46
4	1	200	90	5	55
5	2	100	60	10	53
6	2	100	90	5	56
7	2	200	60	5	62
8	2	200	90	10	49

① Wu C F J，Hamada M. 试验设计与分析及参数优化[M]. 张润楚，等译. 北京：中国统计出版社，2003.

在表 9.11 中，A(1)表示因子 A 安排在正交表 $L_8(2^7)$ 的第 1 列，C(4)表示因子 C 安排在正交表 $L_8(2^7)$ 的第 4 列，B(2)和 D(7)的含义类似。

试验数据分析：试验数据分析也包括直观分析、方差分析和回归分析等。

（1）试验数据的直观分析。针对表 9.11 的试验数据，直观分析的结果见表 9.12。表 9.12 显示，在因子 A 为种类 2，因子 B 为 200min，因子 C 为 60℃，因子 D 为 5ml 时，化工品产量相对更高。4 个因子的最优水平组合为 $A_2B_2C_1D_1$。表 9.12 的极差显示，4 个因子的重要性排序依次为 D, A, C, B。

表 9.12　例 9.2 的直观分析表

	A（1）	B（2）	$A\times B$（3）	C（4）	$A\times C$（5）	D（7）	产量/g
1	−1（1）	−1（100）	+1	−1（60）	+1	−1（5）	54
2	−1（1）	−1（100）	+1	+1（90）	−1	+1（10）	48
3	−1（1）	+1（200）	−1	−1（60）	+1	+1（10）	46
4	−1（1）	+1（200）	−1	+1（90）	−1	−1（5）	55
5	+1（2）	−1（100）	−1	−1（60）	−1	+1（10）	53
6	+1（2）	−1（100）	−1	+1（90）	+1	−1（5）	56
7	+1（2）	+1（200）	+1	−1（60）	−1	−1（5）	62
8	+1（2）	+1（200）	+1	+1（90）	+1	+1（10）	49
T_1	203	211	210	215	218	227	
T_2	220	212	213	208	205	196	
$\overline{T}_1$	50.75	52.75	52.5	53.75	54.5	56.75	
$\overline{T}_2$	55	53	53.25	52	51.25	49	
R	4.25	0.25	0.75	1.75	3.25	7.75	

（2）试验数据的方差分析。方差分析是从总体上判断因子效应与交互效应的显著性。针对本节的例子，模型设定为

$$\begin{cases} y_{ijkl} = \mu + a_i + b_j + c_k + d_l + a_ib_j + a_ic_k + \varepsilon_{ijkl}, \quad i, j, k, l = 1, 2 \\ a_1 + a_2 = b_1 + b_2 = c_1 + c_2 = d_1 + d_2 = 0 \\ \sum_{j=1}^{2} a_ib_j = \sum_{i=1}^{2} a_ib_j = 0, \quad \sum_{j=1}^{2} a_ic_k = \sum_{i=1}^{2} a_ic_k = 0 \\ \text{各}\,\varepsilon_{ijkl}\,\text{相互独立且同分布于}\,N(0, \sigma^2) \end{cases} \tag{9.9}$$

其中，a_ib_j 称为因子 A 的第 i 个水平与因子 B 的第 j 个水平之间的交互效应；a_ic_k 称为因子 A 的第 i 个水平与因子 C 的第 k 个水平之间的交互效应。将观测值 y_{ijkl} 按正交表行号重新编号后，得到具体结构式，以正交表的第一行为例

$$y_1 = y_{1111} = \mu + a_1 + b_1 + c_1 + d_1 + a_1b_1 + a_1c_1 + \varepsilon_{1111}$$

试验数据的方差分析结果如表 9.13 所示。

表 9.13 例 9.2 的方差分析表

方差来源	平方和	自由度	均方	*F* 值	*P* 值
A	36.13	1	36.13	289	0.0374*
B	0.13	1	0.13	1	0.5000
C	6.12	1	6.12	49	0.0903.
D	120.12	1	120.12	961	0.0205*
$A\times B$	1.12	1	1.12	9	0.2048
$A\times C$	21.13	1	21.13	169	0.0489*
误差	0.13	1	0.13		
总和	183.88	7			

注：对于 *P* 值列，“*”表示比较显著，“.”表示显著，“”表示不显著。

在表 9.13 中，各因子的自由度为该因子的水平数减 1，总离差平方和的自由度为总试验次数减 1，两因子交互效应的自由度为两个因子自由度乘积，误差平方和的自由度为总离差平方和的自由度减去全部的因子自由度，再减去全部的交互效应自由度。表 9.13 显示，因子 *B* 主效应和交互效应 $A\times B$ 的 *P* 值明显大于显著水平 0.05，有充分证据认为这两个效应 *B* 和 $A\times B$ 是统计不显著的。剔除两个效应 *B* 和 $A\times B$，重新进行方差分析的结果见表 9.14。

表 9.14 剔除效应 *B* 和 $A\times B$ 的方差分析表

方差来源	平方和	自由度	均方	*F* 值	*P* 值
A	36.13	1	36.13	78.82	0.003013**
C	6.12	1	6.12	13.36	0.035353*
D	120.12	1	120.12	262.09	0.000513***
$A\times C$	21.13	1	21.13	46.09	0.006533**
误差	1.38	3	0.46		
总和	183.88	7			

注：对于 *P* 值列，“***”表示非常非常显著，“**”表示非常显著，“*”表示比较显著。

表 9.14 显示，效应 *D*、*A*、$A\times C$ 和 *C* 的 *P* 值均小于 0.05，有充分证据认为这些因子效应都是显著的。

最佳因子水平组合的选择过程如下。依据表 9.12 的直观分析结果，因子 *A* 应取第 2 个类别 A_2，因子 *D* 应取第 1 个水平 D_1。由于因子 *A* 和 *C* 的交互效应显著，因子 *C* 的水平需要依据交互效应 $A\times C$ 来确定。计算交互效应 $A\times C$ 的水平组合表，有 4 个水平组合 $A_1C_1, A_2C_1, A_1C_2, A_2C_2$，分别进行了 2 次试验，计算 2 次试验的观测均值，得到水平组合表 9.15。表 9.15 显示，因子 *A* 和因子 *C* 的最优水平组合为 A_2C_1，其中因子 *A* 与因子 *C* 的最优水平与独立考虑因子的最优水平是一致的。可以确定，试验的最优水平组合为 $D_1A_2C_1$。反应时间因子 *B* 对产量无显著影响，不妨取为平均产量较大的水平，即第 2 个水平 B_2，最终的最优水平组合为 $A_2B_2C_1D_1$。依次独立选择最优因子水平，要综合考虑因子效应的显著性和极差。存在交互效应的情形下，最优因子水平选择要兼顾因子效应的显著性。

表 9.15　$A\times C$的水平组合表　　（单位：g）

	A_1	A_2
C_1	50	57.5
C_2	51.5	52.5

（3）试验数据的回归分析。经验显示，交互效应 $A\times B$ 和 $A\times C$ 是显著的，包含交互效应的回归模型如下式所示：

$$Y=\beta_0+\beta_1 A+\beta_2 B+\beta_3 C+\beta_4 D+\beta_{12}AB+\beta_{13}AC+\varepsilon \tag{9.10}$$

利用表 9.11 的试验数据，回归模型（9.10）的估计结果如表 9.16 所示。

表 9.16　模型（9.10）的参数估计

效应	估计	标准误	t 值	P 值
截距项	51.1250	0.3307	163.659	0.00389**
A	6.7500	0.4330	15.588	0.04078*
B	−0.5000	0.3536	−1.414	0.39183
C	1.5000	0.3536	4.243	0.14736
D	−7.7500	0.2500	−31.000	0.02053*
$A\times B$	1.5000	0.5000	3.000	0.20483
$A\times C$	−6.5000	0.5000	−13.000	0.04887*

注：对于 P 值列，“**”表示非常显著，“*”表示比较显著，“”表示不显著。

效应 B 和交互效应 $A\times B$ 的 P 值明显大于显著水平 0.05，有充分证据认为两个效应不是统计显著的。剔除这两个效应，再重新估计回归模型的结果见表 9.17 所示。

表 9.17　剔除效应 B 和 $A\times B$ 的回归模型估计

效应	估计	标准误	t 值	P 值
截距项	53.8750	0.5352	100.660	<0.0001***
A	7.5000	0.6770	11.078	0.001567***
C	1.5000	0.6770	2.216	0.113502
D	−7.7500	0.4787	−16.189	0.0003502***
$A\times C$	−6.5000	0.9574	−6.789	0.006533**

注：对于 P 值列，“***”表示非常非常显著，“**”表示非常显著，“”表示不显著。

表 9.17 显示，因子 C 的 P 值大于 0.05，但交互效应 $A\times C$ 的 P 值小于 0.05，是统计显著的。基于强遗传效应原则（将在 9.3.2 小节介绍），在模型中保留因子 C。最终的回归模型为

$$\hat{Y}=53.875+7.5A+1.5C-7.75D-6.5AC \tag{9.11}$$

拟合回归模型的 $R^2=0.9926$，F 值为 100.1，P 值为 0.001596，回归模型较好拟合试验数据。依据拟合回归模型（9.11），A 取第 2 个水平，C 取第 1 个水平，D 取第 1 个水平，得到的结果为 74.125g。类似于方差分析最优水平选择过程，B 取第 2 个水平。选择的最优因子水平组合与直观分析法、方差分析法的结果一致。

9.3.2 因子效应的基本原则

因子效应的基本原则主要包括效应排序原则、效应稀疏原则、效应遗传原则。基本原则是经验原则。

1）效应排序原则

（1）低阶效应比高阶效应更重要；

（2）同阶效应的重要性是相同的。

效应排序原则表明，当试验资源匮乏时，低阶效应的估计享有优先权。当试验次数不多时，试验安排要先估计主效应，再估计低阶交互效应。通常，认为三阶交互效应比四阶交互效应重要，而二阶交互效应比三阶交互效应重要。效应排序原则在因子效应数量较大而不能全部进行估计时特别重要。

2）效应稀疏原则

在因析试验中相对重要的因子效应数量是少的。效应稀疏原则也称为试验设计的“帕累托”原则，强调“重要的少数”，而不是“不重要的多数”。

3）效应遗传原则

如果一个交互效应是显著的，则至少它的一个亲本因子是显著的。对于一个显著的二阶交互效应，若只有一个亲本效应显著，称为弱遗传效应原则；若两个亲本效应都显著，称为强遗传效应原则。

9.3.3 别名

为了分析试验数据，初步选定的模型可能为主效应模型，然而这个先验模型未必正确，也可能为交互效应模型。例如，真实模型可能包含交互效应项，用矩阵形式表示为

$$\boldsymbol{Y}=\boldsymbol{X}_1\boldsymbol{\beta}_1+\boldsymbol{X}_2\boldsymbol{\beta}_2+\boldsymbol{\varepsilon} \tag{9.12}$$

其中，$\boldsymbol{X}_1\boldsymbol{\beta}_1$ 是主效应部分；$\boldsymbol{X}_2\boldsymbol{\beta}_2$ 是交互效应部分。在选择先验模型时，可能误以为 $\boldsymbol{X}_2\boldsymbol{\beta}_2$ 是不显著的，可以忽略。选择的先验模型是主效应模型

$$\boldsymbol{Y}=\boldsymbol{X}_1\boldsymbol{\beta}_1+\boldsymbol{\varepsilon} \tag{9.13}$$

其中

$$\boldsymbol{\beta}_1=\begin{pmatrix}\beta_0\\ \beta_1\\ \vdots\\ \beta_k\end{pmatrix},\quad \boldsymbol{\beta}_2=\begin{pmatrix}\beta_{12}\\ \vdots\\ \beta_{1k}\\ \vdots\\ \beta_{k-1,k}\end{pmatrix},\quad \boldsymbol{X}_1=\begin{pmatrix}1 & x_{11} & x_{21} & \cdots & x_{k1}\\ 1 & x_{12} & x_{22} & \cdots & x_{k2}\\ \vdots & \vdots & \vdots & & \vdots\\ 1 & x_{1n} & x_{2n} & \cdots & x_{kn}\end{pmatrix}$$

$$\boldsymbol{X}_2=\begin{pmatrix} x_{11}x_{21} & \cdots & x_{11}x_{k1} & x_{21}x_{31} & \cdots & x_{k-1,1}x_{k1} \\ x_{12}x_{22} & \cdots & x_{12}x_{k2} & x_{22}x_{32} & \cdots & x_{k-1,2}x_{k2} \\ \vdots & & \vdots & \vdots & & \vdots \\ x_{1n}x_{2n} & \cdots & x_{1n}x_{kn} & x_{2n}x_{3n} & \cdots & x_{k-1,n}x_{kn} \end{pmatrix}$$

事实上，式（9.13）的模型系数 $\boldsymbol{\beta}_1$ 估计会由于所选模型没包含交互效应 $\boldsymbol{X}_2\boldsymbol{\beta}_2$ 部分的影响而产生偏差。$\boldsymbol{\beta}_1$ 最小二乘估计 $\hat{\boldsymbol{\beta}}_1$ 的期望为

$$E(\hat{\boldsymbol{\beta}}_1)=\boldsymbol{\beta}_1+\boldsymbol{A}\boldsymbol{\beta}_2 \tag{9.14}$$

其中，

$$\boldsymbol{A}=(\boldsymbol{X}_1^{\mathrm{T}}\boldsymbol{X}_1)^{-1}\boldsymbol{X}_1^{\mathrm{T}}\boldsymbol{X}_2 \tag{9.15}$$

称为别名矩阵。别名矩阵 $\boldsymbol{A}$ 的每一行对应着 $\boldsymbol{\beta}_1$ 的每个元素。$\boldsymbol{A}$ 的非 0 元素代表了回归系数 $\boldsymbol{\beta}_1$ 估计的偏差程度。式（9.14）和式（9.15）的计算过程如下。回归模型（9.13）系数 $\boldsymbol{\beta}_1$ 的最小二乘估计为

$$\hat{\boldsymbol{\beta}}_1=(\boldsymbol{X}_1^{\mathrm{T}}\boldsymbol{X}_1)^{-1}\boldsymbol{X}_1^{\mathrm{T}}\boldsymbol{Y}$$

估计量 $\hat{\boldsymbol{\beta}}_1$ 的期望为

$$\begin{aligned} E(\hat{\boldsymbol{\beta}}_1) &= E[(\boldsymbol{X}_1^{\mathrm{T}}\boldsymbol{X}_1)^{-1}\boldsymbol{X}_1^{\mathrm{T}}\boldsymbol{Y}] \\ &= (\boldsymbol{X}_1^{\mathrm{T}}\boldsymbol{X}_1)^{-1}\boldsymbol{X}_1^{\mathrm{T}}E(\boldsymbol{Y}) \\ &= (\boldsymbol{X}_1^{\mathrm{T}}\boldsymbol{X}_1)^{-1}\boldsymbol{X}_1^{\mathrm{T}}E(\boldsymbol{X}_1\boldsymbol{\beta}_1+\boldsymbol{X}_2\boldsymbol{\beta}_2+\boldsymbol{\varepsilon}) \\ &= (\boldsymbol{X}_1^{\mathrm{T}}\boldsymbol{X}_1)^{-1}\boldsymbol{X}_1^{\mathrm{T}}(\boldsymbol{X}_1\boldsymbol{\beta}_1+\boldsymbol{X}_2\boldsymbol{\beta}_2) \\ &= (\boldsymbol{X}_1^{\mathrm{T}}\boldsymbol{X}_1)^{-1}\boldsymbol{X}_1^{\mathrm{T}}\boldsymbol{X}_1\boldsymbol{\beta}_1+(\boldsymbol{X}_1^{\mathrm{T}}\boldsymbol{X}_1)^{-1}\boldsymbol{X}_1^{\mathrm{T}}\boldsymbol{X}_2\boldsymbol{\beta}_2 \\ &= \boldsymbol{\beta}_1+\boldsymbol{A}\boldsymbol{\beta}_2 \end{aligned}$$

交互效应 $\boldsymbol{X}_2\boldsymbol{\beta}_2$ 部分不等于 0，意味着模型参数估计 $\hat{\boldsymbol{\beta}}_1$ 是有偏估计量。为了保证估计量 $\hat{\boldsymbol{\beta}}_1$ 是参数 $\boldsymbol{\beta}_1$ 的无偏估计，需要系数 $\boldsymbol{\beta}_2$ 的所有元素为零，即 $\boldsymbol{X}_2\boldsymbol{\beta}_2$ 部分的因子效应都不显著，或者需要试验安排使得 $\boldsymbol{X}_1$ 的效应和 $\boldsymbol{X}_2$ 中的效应正交，$\boldsymbol{X}_1^{\mathrm{T}}\boldsymbol{X}_2$ 是零矩阵，别名矩阵 $\boldsymbol{A}$ 的元素都为 0，即 $\boldsymbol{A}\boldsymbol{\beta}_2$ 是零矩阵。

9.3.4　正规正交设计

为了方便，一个正交表记为 $L_n(q_1^{m_1}\cdots q_r^{m_r})$，其中 L 表示正交表，n 表示试验总次数，$m=m_1+\cdots+m_r$ 表示试验因子个数，q_i 表示因子的水平数，m_i 表示安排水平数为 q_i 的因子列数，r 表示正交表 $L_n(q_1^{m_1}\cdots q_r^{m_r})$ 包含 r 种不同水平的因子。

定义 9.3　一个正交表 $L_n(q_1^{m_1}\cdots q_r^{m_r})$ 是包含 n 行和 m 列的 $n\times m$ 矩阵，其中 $m=m_1+\cdots+m_r, m_i$ 个列有 $q_i\geqslant 2$ 个水平，对任意两列，所有的水平组合在正交表中出现的次数相同。特别地，当所有因子的水平个数相同时，即 $q_1=q_2=\cdots=q_r=q$，称正交表为对称正交表，简记为 $L_n(q^m)$。

对于 $q=3$，对称正交表 $L_n(3^m)$ 称为三水平正交表。例如，表 9.18 给出了一个三水平正交表 $L_9(3^4)$，因子水平用 1，2，3 表示。用正交表 $L_9(3^4)$ 安排试验，最多可安排 4 个 3 水平因子，需要进行 9 次试验。

表 9.18 三水平正交表 $L_9(3^4)$

序号	1	2	3	4
1	1	1	1	1
2	1	2	2	2
3	1	3	3	3
4	2	1	2	3
5	2	2	3	1
6	2	3	1	2
7	3	1	3	2
8	3	2	1	3
9	3	3	2	1

上文多次提到正交表最多可安排多少个因子，事实上是表达“饱和”的含义。“饱和”意味着正交表的列数已经达到满足正交性条件下的最大列数，再添加任何一列都不能与已有的列正交。

定义 9.4 对于正交表 $L_n(q_1^{m_1}\cdots q_r^{m_r})$，若满足 $n-1=\sum_{i=1}^{r}(q_i-1)m_i$，称该正交表为饱和正交表。特别地，对于对称正交表 $L_n(q^m)$，若满足 $n-1=(q-1)m$，则称该对称正交表为对称饱和正交表。

表 9.1、表 9.2 和表 9.18 中给出的正交表都是对称饱和正交表。此外，还有很多对称饱和正交表，如正交表 $L_{12}(2^{11})$，$L_{16}(2^{15})$ 等。

有些试验由于客观条件的限制或者因子重要程度差异，选择因子的水平数并不全相等，需要采用混水平正交表安排试验。

定义 9.5 对于正交表 $L_n(q_1^{m_1}\cdots q_r^{m_r})$，若 $r>1$，即 $q_1,\cdots,q_r$ 不全相等时，称该正交表为非对称正交表或混水平正交表。

表 9.19 给出一个混水平正交表 $L_8(2^4 4^1)$。用该混水平正交表安排试验，最多可安排 4 个 2 水平因子和 1 个 4 水平因子，需要进行 8 次试验。

表 9.19 混水平正交表 $L_8(2^4 4^1)$

序号	1	2	3	4	5
1	1	1	1	1	1
2	1	1	2	2	3
3	1	2	1	2	2
4	1	2	2	1	4
5	2	1	1	1	4
6	2	1	2	2	2
7	2	2	1	2	3
8	2	2	2	1	1

此外，还有混水平正交表 $L_{12}(3^1 2^4)$，$L_{16}(4^1 2^{12})$，$L_{16}(4^3 2^9)$，$L_{18}(2^1 3^7)$ 等。只要试验因子的水平数满足这些正交表的要求，可以用它们安排试验。

9.3.5　非正规正交设计

在上述的正交设计中，任意两个因子效应要么彼此独立可估，要么完全别名，称这类正交设计为正规设计。不具有这一性质的设计称为非正规设计。非正规正交设计包括很多混水平正交表。非正规设计具有水平组合个数节俭性和灵活性等特点，应用更广泛。如果非正规正交设计的主效应都部分地与两因子交互效应别名，采取这类非正规正交设计进行试验时要谨慎。

Plackett 和 Burman①给出了一大类试验次数为 4 的倍数而非 2 的幂次的正交表，这种设计被称为 Plackett-Burman 设计，简称 PB 设计。PB 设计常用循环平移法来得到，下面给出一个演示例子。

例 9.3　表 9.20 给出的正交表 $L_{12}(2^{11})$ 即为一个 PB 设计。高水平和低水平分别用"＋"和"－"来表示。该设计是通过将第一行每次向右平移一个位置，并将最后一个位置的元素移至第一个位置，依次生成前 11 行，最后添加一行全"－"得到的。

表 9.20　PB 设计 $L_{12}(2^{11})$

序号	1	2	3	4	5	6	7	8	9	10	11
1	+	+	−	+	+	+	−	−	−	+	−
2	−	+	+	−	+	+	+	−	−	−	+
3	+	−	+	+	−	+	+	+	−	−	−
4	−	+	−	+	+	−	+	+	+	−	−
5	−	−	+	−	+	+	−	+	+	+	−
6	−	−	−	+	−	+	+	−	+	+	+
7	+	−	−	−	+	−	+	+	−	+	+
8	+	+	−	−	−	+	−	+	+	−	+
9	+	+	+	−	−	−	+	−	+	+	−
10	−	+	+	+	−	−	−	+	−	+	+
11	+	−	+	+	+	−	−	−	+	−	+
12	−	−	−	−	−	−	−	−	−	−	−

习　题　9

1. 在研究提高某化学产品的收率问题中，经分析影响收率的因子可能有 A，B，C，D，E，F 共 6 个，另外两因子交互效应 $A \times B$ 也可能存在。为了从中筛选出影响收率的效应，需要进行一些试验。考虑每个因子均取两个水平，用正交表 $L_8(2^7)$ 安排试验，表头设计和试验结果如表 9.21 所示。

① Plackett P L，Burman J P. The design of optimum multifactorial experiments[J]. Biometrika，1946，33：305-325.

表 9.21 某化学产品收率的试验方案与结果 （单位：g）

因子	A	B	A×B	C	D	E	F	Y
试验号 \ 列号	1	2	3	4	5	6	7	
1	1	1	1	1	1	1	1	86
2	1	1	1	2	2	2	2	95
3	1	2	2	1	1	2	2	91
4	1	2	2	2	2	1	1	94
5	2	1	2	1	2	1	2	91
6	2	1	2	2	1	2	1	96
7	2	2	1	1	2	2	1	83
8	2	2	1	2	1	1	2	88

试分析哪些效应是显著的。

2. 考虑一个改善卡车叶形弹簧的热处理工艺试验。弹簧片形成弯曲的热处理工艺流程包括高温炉中加热、用成型机成型和在油盆中淬火三个部分。卸荷时弹簧的高度，即自由高度，是质量的一个重要特性，其目标值是 8.0in（1in = 2.54cm），试验的目的是使它围绕目标值 8.0in 的变差尽可能小。表 9.22 中列出的 5 个因子是从不同的工艺阶段选出的：炉温（*B*）和加热时间（*C*）来自加热阶段，传送时间（*D*）是指工人把弹簧从炉内取出送到成型机所花费的时间，成型时间（*E*）指弹簧高压成型的时间，淬火油温度（*Q*）来自淬火阶段。所采用的试验设计如表 9.22，设计矩阵和自由高度数据见表 9.23。

表 9.22 叶形弹簧试验的因子和水平

因子	水平	
	–	+
B. 炉温/F	1840	1880
C. 加热时间/s	23	25
D. 传送时间/s	10	12
E. 成型时间/s	2	3
Q. 淬火油温度/F	130～150	150～170

表 9.23 叶形弹簧试验的设计矩阵和自由高度数据

因子					自由高度/in		
B	C	D	E	Q			
–	+	+	–	–	7.78	7.78	7.81
+	+	+	+	–	8.15	8.18	7.88
–	–	+	+	–	7.50	7.56	7.50
+	–	+	–	–	7.59	7.56	7.55
–	+	–	+	–	7.94	8.00	7.88

续表

因子					自由高度/in		
B	*C*	*D*	*E*	*Q*			
+	+	–	–	–	7.69	8.09	8.06
–	–	–	–	–	7.56	7.62	7.44
+	–	–	+	–	7.56	7.81	7.69
–	+	+	–	+	7.50	7.25	7.12
+	+	+	+	+	7.88	7.88	7.44
–	–	+	+	+	7.50	7.56	7.50
+	–	+	–	+	7.63	7.75	7.56
–	+	–	+	+	7.32	7.44	7.44
+	+	–	–	+	7.56	7.69	7.62
–	–	–	–	+	7.18	7.18	7.25
+	–	–	+	+	7.81	7.50	7.59

指出哪些因子是显著的，并给出弹簧高度 Y 的拟合方程。

3. 某植物生长调节剂在经济作物生长期间喷洒可获得增产效果（表 9.24）。某厂生产的该产品效果较低，为提高效果现采用正交设计进行试验。考虑如下 4 个 2 水平因子试验，根据经验可能存在两因子交互效应 $A\times B, B\times C, A\times C$ 。

表 9.24　植物生长调节剂试验的因子与水平

水平	因子			
	微量元素 *A*	元素 *B*	元素 *C*	时间 *D*
1	0.6%	13%	3%	20d
2	0.35%	17%	4%	25d

（1）解释本题可选用正交表 $L_8(2^7)$ 的原因，并给出试验的表头设计；

（2）在上述的设计下，将试验次序随机化后进行试验，记录试验结果为 $\boldsymbol{Y}=(2.05, 2.24, 2.44, 1.10, 1.50, 1.35, 1.26, 2.00)^{\mathrm{T}}$，试对试验数据进行分析，找出重要的因子和交互效应。

4. 某试验涉及 7 个因子，均取两个水平，用正交表 $L_8(2^7)$ 安排试验，上述七个因子依次安排在 1～7 列，在每一水平组合下进行 4 次重复试验，所得试验数据如表 9.25 所示。

表 9.25　题 4 的试验数据

序号	试验结果 *Y*			
1	0.49	0.54	0.46	0.45
2	0.07	0.09	0.11	0.08

续表

序号	试验结果 Y			
3	0.13	0.22	0.20	0.23
4	0.24	0.22	0.19	0.25
5	0.07	0.04	0.19	0.18
6	0.54	0.53	0.53	0.54
7	0.28	0.26	0.26	0.30
8	0.58	0.62	0.59	0.54

在数据满足等方差正态分布的假设下，对数据进行方差分析，并找出最佳水平组合（Y 最小为好）。

第10章

最优设计

部分因析设计是从完全因析设计的水平组合中挑选出具有代表性的因子水平组合，有效地减少试验次数，并满足试验要求。部分因析设计的因子水平组合具有均匀分散和整齐可比的特点，简化了统计分析，具有较高的统计效率。在有些实际问题中，两水平正交设计的试验次数并不总是 4 的倍数（试验次数为 4 的倍数的正交设计总是存在），或者由于某些因子水平组合限制而不允许使用正交设计。比如，试验因子的类型与水平个数、实际应用中试验条件的不规则性等都可能使得正交设计不适用或者不高效。最优设计是一种更为灵活的方法，适用于任何次数的试验，实现对模型参数的最优估计或其他试验目标。

最优设计是 Kiefer[①]提出的一类设计。假定试验人员已知响应变量和因子之间的关系可以用回归模型表示，回归模型包含待估计的未知参数。这里，“最优设计”是指在某种准则下的最优。常见的最优准则有 *D*-最优准则、*A*-最优准则、*E*-最优准则、*I*-最优准则等。本章主要讨论 *D*-最优设计，*D*-最优设计不一定是正交设计，但可以给出模型中未知参数的最优估计。

10.1 *D*-最优设计的基础知识

D-最优准则的字母“*D*”指的是行列式“Determinant”的首字母，具体地说，是信息矩阵的行列式。

10.1.1 信息矩阵

假设试验的响应变量 $\boldsymbol{Y}$ 与 k 个因子 $x_1, x_2, \cdots, x_k$ 之间存在线性关系，用矩阵表示为

$$\boldsymbol{Y} = \boldsymbol{X\beta} + \boldsymbol{\varepsilon} \tag{10.1}$$

其中，向量 $\boldsymbol{Y} = (y_1, \cdots, y_n)^{\mathrm{T}}$ 包含响应变量的 n 个观测，向量 $\boldsymbol{\varepsilon} = (\varepsilon_1, \cdots, \varepsilon_n)^{\mathrm{T}}$ 包含 n 个随机误差，$\varepsilon_1, \cdots, \varepsilon_n$ 相互独立并服从相同正态分布，均值为 0，方差为 σ^2。当回归模型（10.1）为主效应模型时，模型阵为

① Kiefer J. Optimal experimental designs (with discussion)[J]. J. R. Statist. Soc. Ser. B, 1959, 21: 272-319.

$$X=\begin{pmatrix}1 & x_{11} & x_{21} & \cdots x_{k1}\\ 1 & x_{12} & x_{22} & \cdots x_{k2}\\ \vdots & \vdots & \vdots & \vdots\\ 1 & x_{1n} & x_{2n} & \cdots x_{kn}\end{pmatrix}$$

向量 $\boldsymbol{\beta}=(\beta_0,\beta_1,\cdots,\beta_k)^{\mathrm{T}}$，包含 $k+1$ 个未知参数。当回归模型包含交互效应时，模型阵为

$$X=\begin{pmatrix}1 & x_{11} & x_{21} & \cdots & x_{k1} & x_{11}x_{21} & \cdots & x_{11}x_{k1} & x_{21}x_{31} & \cdots & x_{k-1,1}x_{k1}\\ 1 & x_{12} & x_{22} & \cdots & x_{k2} & x_{11}x_{22} & \cdots & x_{12}x_{k2} & x_{22}x_{32} & \cdots & x_{k-1,2}x_{k2}\\ \vdots & \vdots & \vdots & & \vdots & \vdots & & \vdots & \vdots & & \vdots\\ 1 & x_{1n} & x_{2n} & \cdots & x_{kn} & x_{1n}x_{2n} & \cdots & x_{1n}x_{kn} & x_{2n}x_{3n} & \cdots & x_{k-1,n}x_{kn}\end{pmatrix}$$

向量 $\boldsymbol{\beta}=(\beta_0,\beta_1,\cdots,\beta_k,\beta_{12},\cdots,\beta_{1k},\cdots,\beta_{23},\cdots,\beta_{k-1,k})^{\mathrm{T}}$，包含 $k+1+k(k-1)/2$ 个未知参数。对于模型（10.1），未知参数 $\boldsymbol{\beta}$ 的最小二乘估计为

$$\hat{\boldsymbol{\beta}}=(\boldsymbol{X}^{\mathrm{T}}\boldsymbol{X})^{-1}\boldsymbol{X}^{\mathrm{T}}\boldsymbol{Y} \tag{10.2}$$

估计量的方差-协方差矩阵是

$$\mathrm{var}(\hat{\boldsymbol{\beta}})=\sigma^2(\boldsymbol{X}^{\mathrm{T}}\boldsymbol{X})^{-1} \tag{10.3}$$

为了使未知参数 $\boldsymbol{\beta}$ 估计的统计性质尽可能好，试验设计应使得 $\mathrm{var}(\hat{\boldsymbol{\beta}})$ 尽可能小。其中，随机误差方差 σ^2 是不变的。只有矩阵 $(\boldsymbol{X}^{\mathrm{T}}\boldsymbol{X})^{-1}$ 尽可能小，或者 $\boldsymbol{X}^{\mathrm{T}}\boldsymbol{X}$ 尽可能大，才能使 $\mathrm{var}(\hat{\boldsymbol{\beta}})$ 尽可能小。矩阵 $\boldsymbol{X}^{\mathrm{T}}\boldsymbol{X}$ 决定了未知参数 $\boldsymbol{\beta}$ 估计的优良性。

定义 10.1 称矩阵 $\boldsymbol{M}=\boldsymbol{X}^{\mathrm{T}}\boldsymbol{X}$ 为未知参数向量 $\boldsymbol{\beta}$ 的**信息矩阵**，简称**信息阵**。

如果信息矩阵 $\boldsymbol{M}$ 是对角阵，则式（10.3）中的方差-协方差矩阵是对角阵；反之亦然。对于回归模型（10.1），试验设计的选择是正交表，对应的信息矩阵即为对角矩阵。然而，在实际试验中，由于试验因子个数以及水平个数的约束，有时很难构造出正交设计，甚至不存在相应的正交设计。为了使式（10.3）的方差-协方差矩阵尽可能小，选择试验设计使得 $\boldsymbol{M}$ 尽可能大。这里，矩阵 $\boldsymbol{M}$ 尽可能大是指矩阵 $\boldsymbol{M}$ 的行列式尽可能大。

10.1.2 *D*-最优准则与 *D*-最优设计

定义 10.2 称最大化信息矩阵 $\boldsymbol{M}$ 行列式 $|\boldsymbol{M}|$ 的设计为 D-最优设计，即选择设计 $\boldsymbol{D}^*$ 使得其对应的模型矩阵 $\boldsymbol{X}^*$ 满足

$$|\boldsymbol{X}^{*\mathrm{T}}\boldsymbol{X}^*|=\max_{D}|\boldsymbol{X}^{\mathrm{T}}\boldsymbol{X}| \tag{10.4}$$

在最优设计理论中，式（10.4）被称为 D-最优准则。

基于 D-最优准则的最优设计 $\boldsymbol{D}^*$ 使式（10.3）的方差-协方差矩阵最小。D-最优准则还有另一个优良的统计性质。给定 $0<\alpha<1$，所有 p（如主效应模型的 $p=k+1$）个回归系数在置信水平 $1-\alpha$ 下的置信域为

$$\frac{(\boldsymbol{\beta}-\hat{\boldsymbol{\beta}})^{\mathrm{T}}\boldsymbol{M}(\boldsymbol{\beta}-\hat{\boldsymbol{\beta}})}{n}\leqslant ps^2F_\alpha(p,n-p-1) \tag{10.5}$$

其中，s^2 是随机误差方差 σ^2 的估计，$F_\alpha(p,n-p-1)$ 是自由度 p 和 $n-p-1$ 的 F 分布上

概率 α 的分位数。在随机误差的正态性假设下，若式（10.5）取等号，即

$$\frac{(\boldsymbol{\beta}-\hat{\boldsymbol{\beta}})^{\mathrm{T}}\boldsymbol{M}(\boldsymbol{\beta}-\hat{\boldsymbol{\beta}})}{n}=ps^2F_{\alpha}(p,n-p-1) \tag{10.6}$$

则回归系数 $\boldsymbol{\beta}$ 可能取值的几何图形为椭球，称为**置信椭球**。置信椭球是置信区间的 p 维形式。在 D-最优准则下，最大化信息矩阵 $\boldsymbol{M}$ 的行列式即为最小化回归系数 $\boldsymbol{\beta}$ 置信椭球的体积。下面例子介绍单因子试验的信息矩阵和 D-最优设计。

例 10.1　设试验只有一个因子 x，因子 x 的水平记为 $x_1,\cdots,x_n$。不失一般性，假设试验区域为 $[-1,1]$（若试验区域不是 $[-1,1]$，可以利用 10.1.3 节的方法标准化转换为 $[-1,1]$）。先验回归模型为

$$E(Y)=\beta_0+\beta_1 x,\quad x\in[-1,1] \tag{10.7}$$

模型矩阵为

$$\boldsymbol{X}=\begin{pmatrix}1 & x_1\\ \vdots & \vdots\\ 1 & x_n\end{pmatrix}$$

信息矩阵为

$$\boldsymbol{M}=\boldsymbol{X}^{\mathrm{T}}\boldsymbol{X}=\begin{pmatrix}1 & \cdots & 1\\ x_1 & \cdots & x_n\end{pmatrix}\begin{pmatrix}1 & x_1\\ \vdots & \vdots\\ 1 & x_n\end{pmatrix}=\begin{pmatrix}n & \sum_{i=1}^{n}x_i\\ \sum_{i=1}^{n}x_i & \sum_{i=1}^{n}x_i^2\end{pmatrix}$$

信息阵的行列式为

$$|\boldsymbol{M}|=\begin{vmatrix}n & \sum_{i=1}^{n}x_i\\ \sum_{i=1}^{n}x_i & \sum_{i=1}^{n}x_i^2\end{vmatrix}=\sum_{i=1}^{n}(x_i-\bar{x})^2$$

且

$$\boldsymbol{M}^{-1}=\frac{1}{|\boldsymbol{M}|}\begin{pmatrix}\sum_{i=1}^{n}x_i^2 & -\sum_{i=1}^{n}x_i\\ -\sum_{i=1}^{n}x_i & n\end{pmatrix}$$

根据信息矩阵行列式 $|\boldsymbol{M}|$ 及信息矩阵的逆矩阵 $\boldsymbol{M}^{-1}$，若模型（10.7）的试验次数 $n=2$，则 D-最优设计为 $(-1,1)^{\mathrm{T}}$。若试验次数 $n=4$，则 D-最优设计为 $(-1,1,-1,1)^{\mathrm{T}}$ 或者 $(-1,-1,1,1)^{\mathrm{T}}$。

在例 10.1 中，试验只有一个因子，D-最优设计的计算相对简单。当试验次数较大时，往往需要借助计算机来计算信息矩阵 $|\boldsymbol{M}|$ 和搜索 D-最优设计。关于 D-最优设计，需要注意如下几点。

（1）D-最优设计不依赖定量因子的计量单位。比如，把因子的单位由米改为厘米，信息矩阵行列值 $|\boldsymbol{M}|$ 会改变，但 D-最优设计不变。

（2）D-最优设计依赖先验模型。D-最优设计是基于先验模型进行搜索的，先验模型的有效性决定 D-最优设计的有效性。

（3）D-最优设计是不唯一的。给定试验次数和先验模型，可能存在多个设计使信息阵的行列式$|\boldsymbol{M}|$达到最大。

（4）同正交设计类似，D-最优设计的设计点常常处于试验区域的边界。

10.1.3 因子水平的标准化

若试验因子的取值区间为$[a,b]$，记其中点为

$$m=\frac{a+b}{2}$$

区间长度的一半为

$$\Delta=\frac{b-a}{2}$$

区间$[a,b]$中的水平c通过如下标准化变换到区间$[-1,1]$，

$$x=\frac{c-m}{\Delta} \tag{10.8}$$

10.2 案例：D-最优设计在提高产品产量中的应用

本节介绍 D-最优设计在实际问题中的应用，采用 D-最优设计，分析某化工产品产量的最大值及其生产条件。

10.2.1 问题描述

某化工厂为了提高某类化工产品的产量，记为Y，欲通过试验设计寻找该类化工产品的最优生产工艺条件。根据专业人员的经验，影响该类化工产品的主要因素有 6 个，分别是添加剂 1、添加剂 2、添加剂 3、添加剂 4、反应温度和反应时间。专业人员建议，6 个因子的水平取值分别为：4 种添加剂用量均取 5ml 和 10ml，温度取 60℃和 90℃，时间取 1h 和 2h。根据公司预算，可以安排 12 次试验。

10.2.2 试验的响应变量与因子

为了构造 D-最优设计，需要在设计试验之前进行如下的分析与准备。

（1）明确试验目的。本案例的目的是寻找 6 个因子的最优水平组合，在此水平组合下该类化工产品可以获得最高的产量。

（2）明确响应变量。响应变量是判断生产工艺条件优良性的标准。在本案例中，直接用该类化工产品产量作为响应变量。该类化工产品产量越大越好，属于望大特性。

（3）因子及其水平。该类化工产品产量的试验包括 6 个因子，不妨分别记为X_1,X_2,X_3,X_4,X_5,X_6。由问题描述可知，6 个因子均为取两个水平的定量因子。采用式（10.8）的方法将其水平标准化为“-1”和“$+1$”。比如，对于时间因子，两个水平分别为 1h

和 2h，则 $m=1.5, \Delta=0.5$，于是水平 1 和水平 2 标准化之后分别为

$$\frac{1-1.5}{0.5}=-1, \quad \frac{2-1.5}{0.5}=+1$$

10.2.3　*D*-最优设计的构造

D-最优设计依赖先验模型以及试验次数。在构造 *D*-最优设计之前，需要事先知道先验模型和试验次数。假设产量 *Y* 与 6 个因子的关系满足如下的主效应模型：

$$Y_i=\beta_0+\beta_1 X_{1i}+\beta_2 X_{2i}+\beta_3 X_{3i}+\beta_4 X_{4i}+\beta_5 X_{5i}+\beta_6 X_{6i}+\varepsilon_i \tag{10.9}$$

这里，Y_i 表示第 i 次观测的响应值；X_{ji} 表示第 j 个因子在第 i 次试验中所取的水平，$i=1,\cdots,12, j=1,\cdots,6$；参数 β_0 是截距项；$\beta_1,\cdots,\beta_6$ 是模型中待估计的未知参数，可以衡量因子 X_1,X_2,X_3,X_4,X_5,X_6 对响应变量 Y 的效应大小；ε_i 是 y_i 与在第 i 个因子水平组合下观测期望值之间的随机误差。假设随机误差服从均值为 0 且方差为 σ^2 的正态分布，对任意 $k\neq i,k,i=1,\cdots,12$，随机误差 ε_k 和 ε_i 相互独立。

根据先验模型（10.9）中待估计参数的个数、估计精度以及公司的预算约束，先尝试进行 12 次试验。基于 *D*-最优准则，构造的 *D*-最优设计表如表 10.1 所示。

表 10.1　某类化工产品产量的 *D*-最优设计

序号	X_1	X_2	X_3	X_4	X_5	X_6
1	−1	−1	−1	+1	−1	−1
2	−1	+1	−1	−1	+1	−1
3	−1	+1	−1	+1	+1	+1
4	+1	+1	+1	−1	−1	−1
5	−1	−1	+1	−1	−1	+1
6	−1	+1	+1	+1	−1	−1
7	+1	+1	−1	−1	−1	+1
8	+1	−1	−1	−1	+1	−1
9	+1	−1	+1	+1	+1	−1
10	−1	−1	+1	−1	+1	+1
11	+1	+1	+1	+1	+1	+1
12	+1	−1	−1	+1	−1	+1

表 10.1 中的 *D*-最优设计满足正交设计的性质。设计表的每列都只有 2 个值“−1”和“+1”，且“−1”和“+1”的个数相同。任意两个因子的水平对有四个组合，分别为 $(-1,-1),(-1,+1),(+1,-1),(+1,+1)$，每种组合在任意两列中都出现 3 次。因而，表 10.1 中的 *D*-最优设计也是正交设计。

10.2.4　进行试验

根据该类化工产品产量的 *D*-最优设计表，将每个因子的编码水平替换成实际试验的

水平。表 10.2 给出了水平替换后的矩阵（也称为试验阵）与试验结果。

表 10.2 化工产品产量的试验矩阵和试验结果

序号	添加剂 1/ml	添加剂 2/ml	添加剂 3/ml	添加剂 4/ml	温度/℃	时间/h	产量/g
1	5	5	5	10	60	1	10
2	5	10	5	5	90	1	15
3	5	10	5	10	90	2	25
4	10	10	10	5	60	1	35
5	5	5	10	5	60	2	22
6	5	10	10	10	60	1	23
7	10	10	5	5	60	2	47
8	10	5	5	5	90	1	19
9	10	5	10	10	90	1	29
10	5	5	10	5	90	2	17
11	10	10	10	10	90	2	43
12	10	5	5	10	60	2	40

10.2.5 试验数据分析

获取试验数据后，数据分析用编码水平“−1”和“+1”，模型（10.9）的模型阵为

$$
\boldsymbol{X}=\begin{pmatrix}
+1 & -1 & -1 & -1 & +1 & -1 & -1\\
+1 & -1 & +1 & -1 & -1 & +1 & -1\\
+1 & -1 & +1 & -1 & +1 & +1 & +1\\
+1 & +1 & +1 & +1 & -1 & -1 & -1\\
+1 & -1 & -1 & +1 & -1 & -1 & +1\\
+1 & -1 & +1 & +1 & +1 & -1 & -1\\
+1 & +1 & +1 & -1 & -1 & -1 & +1\\
+1 & +1 & -1 & -1 & -1 & +1 & -1\\
+1 & +1 & -1 & +1 & +1 & +1 & -1\\
+1 & -1 & -1 & +1 & -1 & +1 & +1\\
+1 & +1 & +1 & +1 & +1 & +1 & +1\\
+1 & +1 & -1 & -1 & +1 & -1 & +1
\end{pmatrix}
$$

响应变量的试验观测值为 $\boldsymbol{Y}=(10,15,25,35,22,23,47,19,29,17,43,40)^{\mathrm{T}}$。利用最小二乘估计法，模型参数估计的结果见表 10.3。

表 10.3 主效应模型（10.9）的回归系数估计

效应	估计	标准误	t 值	P 值
截距项	27.0833	0.7574	35.760	$<0.0001^{***}$
添加剂 1	8.4167	0.7574	11.113	$<0.0001^{***}$
添加剂 2	4.2500	0.7574	5.612	0.002486^{**}

续表

效应	估计	标准误	t 值	P 值
添加剂 3	1.0833	0.7574	1.430	0.212006
添加剂 4	1.2500	0.7574	1.650	0.159764
温度	−2.4167	0.7574	−3.191	0.024242*
时间	5.2500	0.7574	6.932	0.000959***

注：对于 P 值列，“***”表示非常非常显著，“*”表示比较显著，“ ”表示不显著。

表 10.3 的模型估计结果显示，添加剂 3 因子和添加剂 4 因子的 P 值显著大于 0.05，认为这两个因子的主效应不显著。将不显著的主效应从主效应模型（10.9）中剔除。表 10.1 中的 D-最优设计为正交设计，剔除两个主效应，并不影响其他效应的估计值。最终拟合的主效应模型为

$$\hat{Y} = 27.0833 + 8.4167X_1 + 4.25X_2 - 2.4167X_5 + 5.25X_6 \qquad (10.10)$$

其中，拟合模型(10.10)的 $R^2 = 0.9562$，比包含 X_3 和 X_4 的主效应模型稍小（$R^2 = 0.9776$），F 值为 7.6×10^{-5}，表明模型较好拟合数据。基于误差平方和，化工产品产量的方差估计为

$$\hat{\sigma}^2 \approx 5.7$$

依据模型（10.10）可知，当添加剂 1 和添加剂 2 都选择为 10ml，温度选择 60℃，反应时间选择 2h，得到的最大产量约为 47.5g。

先验模型（10.9）没有考虑交互效应，但如果存在显著的交互效应，则主效应的估计会受到没有包含交互效应的影响而产生偏差。下面考虑包含一个两因子交互效应的全部模型（即全子集回归模型），模型估计结果显示，添加剂 2 和添加剂 3 之间存在显著的两因子交互效应。于是，可以选择回归模型：

$$Y_i = \beta_0 + \beta_1 X_{1i} + \beta_2 X_{2i} + \beta_3 X_{3i} + \beta_4 X_{4i} + \beta_5 X_{5i} + \beta_6 X_{6i} + \beta_{23} X_{2i} X_{3i} + \varepsilon_i \qquad (10.11)$$

模型（10.11）的模型阵包含对应于两因子交互效应 X_2X_3 的水平列。相应的模型阵为

$$\boldsymbol{X}^* = \begin{pmatrix} +1 & -1 & -1 & -1 & +1 & -1 & -1 & +1 \\ +1 & -1 & +1 & -1 & -1 & +1 & -1 & -1 \\ +1 & -1 & +1 & -1 & +1 & +1 & +1 & -1 \\ +1 & +1 & +1 & +1 & -1 & -1 & -1 & +1 \\ +1 & -1 & -1 & +1 & -1 & -1 & +1 & -1 \\ +1 & -1 & +1 & +1 & +1 & -1 & -1 & +1 \\ +1 & +1 & +1 & -1 & -1 & -1 & +1 & -1 \\ +1 & +1 & -1 & -1 & -1 & +1 & -1 & +1 \\ +1 & +1 & -1 & +1 & +1 & +1 & -1 & -1 \\ +1 & -1 & -1 & +1 & -1 & +1 & +1 & -1 \\ +1 & +1 & +1 & +1 & +1 & +1 & +1 & +1 \\ +1 & +1 & -1 & -1 & +1 & -1 & +1 & +1 \end{pmatrix}$$

相应的试验数据分析结果如表 10.4 所示。

表 10.4 含交互效应模型（10.11）的回归系数估计

效应	估计	标准误	t 值	P 值
截距项	27.0833	0.4916	55.093	<0.0001***
添加剂 1	9.0333	0.5385	16.774	<0.0001***
添加剂 2	4.2500	0.4916	8.645	0.000985***
添加剂 3	1.0833	0.4916	2.204	0.092271.
添加剂 4	1.8667	0.5385	3.466	0.025670*
温度	−3.0333	0.5385	−5.633	0.004888**
时间	4.6333	0.5385	8.604	0.001003**
添加剂 2×添加剂 3	−1.8500	0.6595	−2.805	0.048565*

注：对于 P 值列，“***”表示非常非常显著，“**”表示非常显著，“*”表示比较显著，“.”表示显著。

表 10.4 中模型（10.11）估计结果显示，只有添加剂 3 的 P 值稍微大于显著性水平 0.05，在显著性水平 0.05 下添加剂 3 主效应的统计不显著。但是，添加剂 2 和添加剂 3 交互效应是统计显著的。依据强效应遗传原则，应当保留添加剂 3 的主效应在模型中。

于是，拟合的交互效应模型为

$$\begin{aligned}\hat{Y} = 27.0833 + 9.0333X_1 + 4.25X_2 + 1.0833X_3 + 1.8667X_4 \\ -3.0333X_5 + 4.6333X_6 - 1.85X_2X_3\end{aligned} \tag{10.12}$$

该拟合模型的 $R^2 = 0.9924$，比不考虑 X_2 和 X_3 交互效应的拟合模型稍大（$R^2 = 0.9776$）。从回归模型的拟合优度来看，模型（10.12）有所改进。F 值为 4.4×10^{-4}，表明拟合模型也是统计显著的。

依据模型（10.12），最优因子水平组合为添加剂 3 因子选择为 5ml，其他三个添加剂因子都选择为 10ml，温度为 60℃，反应时间为 2h。在最优水平组合下，该类化工产品产量最大，约为 50.7g。与拟合主效应模型（10.9）相比，该类化工产品产量最大值有所提高。这也说明，当两因子交互效应统计显著，若没有考虑两因子交互效应，会影响模型估计的结果，也会影响最优因子水平组合和最优响应值的确定。

注意，在试验次数为 12 的情形下，D-最优设计是正交设计，能够安排 6 个主效应因子，并且 6 个主效应是正交的。再增加一个两因子交互效应，得到的模型阵不再满足正交性，两因子交互效应列与主效应列的水平组合重复次数并不相同，设计表不是正交表。

10.3 最优设计的扩展知识

本小节将介绍如何借助计算机软件生成 D-最优设计、其他常用的最优设计准则，以及两个寻优试验设计过程——响应曲面设计和稳健参数设计。

10.3.1 D-最优设计的生成

根据式（10.4）的 D-最优准则，在给定模型下，寻找信息阵行列式 $|\boldsymbol{X}^{\mathrm{T}}\boldsymbol{X}|$ 最大的设

计得到 D-最优设计。随着试验因子个数以及因子水平数的增加，这个行列式计算越来越困难，往往需要借助计算机。本节介绍利用坐标交换算法生成主效应模型下的两水平 D-最优设计。

设计阵的行对应于因子水平组合，可以看作试验空间中的点，设计阵的行元素对应于试验空间中点的坐标。坐标交换算法是对设计阵中的每个元素进行坐标交换。假设模型为主效应模型，试验次数为 n，因子个数为 k。坐标交换算法步骤如下。

第一步：生成初始设计阵。对于连续型因子，元素都为区间 $[-1,+1]$ 中产生的随机数。对于分类因子，元素为从集合 $\{-1,+1\}$ 中生成的随机数。如果初始设计阵是非奇异的，进行第二步；如果初始设计阵是奇异的，重新产生一个新的初始设计阵。

第二步：将第一行第一列位置的元素换成−1 或者+1，分别计算信息阵行列式 $|\boldsymbol{X}^{\mathrm{T}}\boldsymbol{X}|$，如果至少一个比初始设计的信息阵行列式大，选择行列式较大值的模型阵保留下来。

第三步：对设计阵的剩余元素逐个进行交换，交换成−1 还是+1 取决于哪个使 $|\boldsymbol{X}^{\mathrm{T}}\boldsymbol{X}|$ 取值更大。重复这个过程，直至所有元素都进行交换。

第四步：重复第一步至第三步，直至 $|\boldsymbol{X}^{\mathrm{T}}\boldsymbol{X}|$ 的值不再变化，或者迭代次数达到预先设定的最大值。得到的最终设计作为 D-最优设计。

值得注意的是，坐标变换算法前三步的输出结果很可能是局部最优设计。因而，建议至少使用 1000 个随机初始设计，确保找到全局最优的 D-最优设计或者非常接近全局最优的 D-最优设计。坐标变换算法随机设定一个初始设计，然后由这个初始设计开始搜索可能的 D-最优设计，并不关注所有潜在的 D-最优设计。为了找到全局最优的 D-最优设计，要在更大范围内随机设定初始设计，分别搜索可能的 D-最优设计。经过大量重复，几乎必然会找到全局最优的 D-最优设计。

例 10.2　设有两个连续因子，分别记为 X_1 和 X_2，希望进行 4 次试验，拟合主效应模型，$Y=\beta_0+\beta_1X_1+\beta_2X_2+\varepsilon$。坐标交换算法先从生成一个随机初始设计开始，例如，随机初始设计为

$$\boldsymbol{D}=\begin{pmatrix} x_{11} & x_{21} \\ x_{12} & x_{22} \\ x_{13} & x_{23} \\ x_{14} & x_{24} \end{pmatrix}=\begin{pmatrix} -0.2 & -0.5 \\ 0.3 & 0.6 \\ 0.7 & -0.4 \\ -0.5 & 0.1 \end{pmatrix}$$

相应的模型阵为

$$\boldsymbol{X}=\begin{pmatrix} 1 & x_{11} & x_{21} \\ 1 & x_{12} & x_{22} \\ 1 & x_{13} & x_{23} \\ 1 & x_{14} & x_{24} \end{pmatrix}=\begin{pmatrix} 1 & -0.2 & -0.5 \\ 1 & 0.3 & 0.6 \\ 1 & 0.7 & -0.4 \\ 1 & -0.5 & 0.1 \end{pmatrix}$$

信息矩阵为

$$\boldsymbol{X}^{\mathrm{T}}\boldsymbol{X}=\begin{pmatrix} 4.0 & 0.3 & -0.2 \\ 0.3 & 0.87 & -0.05 \\ -0.2 & -0.05 & 0.78 \end{pmatrix}$$

此信息矩阵的行列式$|\boldsymbol{X}^{\mathrm{T}}\boldsymbol{X}|$值为2.6054。为了改变设计阵$\boldsymbol{D}$的元素增加行列式$|\boldsymbol{X}^{\mathrm{T}}\boldsymbol{X}|$的值，从第一个元素$x_{11}=-0.2$开始。考虑将$-0.2$替换为$-1$或者$+1$，得到的设计阵分别是

$$\boldsymbol{D}_1=\begin{pmatrix}-1 & -0.5\\ 0.3 & 0.6\\ 0.7 & -0.4\\ -0.5 & 0.1\end{pmatrix},\quad \boldsymbol{D}_2=\begin{pmatrix}+1 & -0.5\\ 0.3 & 0.6\\ 0.7 & -0.4\\ -0.5 & 0.1\end{pmatrix}$$

对应于设计阵$\boldsymbol{D}_1$和$\boldsymbol{D}_2$的信息矩阵行列式分别是5.0214和2.5814。两个行列式值均大于初始行列式值，但将x_{11}替换为-1的信息矩阵行列式值更大。从而，用-1替换-0.2。

然后，坐标交换算法考虑设计阵$\boldsymbol{D}_2$第一行第二列的元素-0.5。把这个值替换为-1或者$+1$，得到信息矩阵行列式值分别是7.6254和3.9294，只有替换为-1才提高信息矩阵行列式值，从而用-1替换-0.5，得到的设计阵为

$$\boldsymbol{D}_3=\begin{pmatrix}-1 & -1\\ 0.3 & 0.6\\ 0.7 & -0.4\\ -0.5 & 0.1\end{pmatrix}$$

考虑第二行第一列的元素0.3。将其替换为-1或者$+1$，得到的信息矩阵行列式值分别为10.6258和8.5578，将0.3替换为-1，得到的设计阵为

$$\boldsymbol{D}_4=\begin{pmatrix}-1 & -1\\ -1 & 0.6\\ 0.7 & -0.4\\ -0.5 & 0.1\end{pmatrix}$$

考虑第二行第二列的元素0.6。将其替换为$+1$的信息矩阵行列式值比替换为-1的信息矩阵行列式值更大，为15.7138，将0.6替换为$+1$，得到的设计阵为

$$\boldsymbol{D}_5=\begin{pmatrix}-1 & -1\\ -1 & +1\\ 0.7 & -0.4\\ -0.5 & 0.1\end{pmatrix}$$

考虑第三行第一列的元素0.7。将0.7替换为$+1$，信息矩阵行列式值更大，为21.82，得到的设计阵为

$$\boldsymbol{D}_6=\begin{pmatrix}-1 & -1\\ -1 & +1\\ +1 & -0.4\\ -0.5 & 0.1\end{pmatrix}$$

考虑第三行第二列的元素-0.4，将-0.4替换为-1得到的信息矩阵行列式值更大，为22.48，得到的设计阵为

$$D_7 = \begin{pmatrix} -1 & -1 \\ -1 & +1 \\ +1 & -1 \\ -0.5 & 0.1 \end{pmatrix}$$

考虑第四行第一列的元素 -0.5，将 -0.5 替换为 $+1$，得到的信息矩阵行列式值更大，为 41.68，得到的设计阵为

$$D_8 = \begin{pmatrix} -1 & -1 \\ -1 & +1 \\ +1 & -1 \\ +1 & 0.1 \end{pmatrix}$$

考虑第四行第二列的元素 0.1，将 0.1 替换为 $+1$，得到的信息矩阵行列式值更大，为 64，得到的设计阵为

$$D_9 = \begin{pmatrix} -1 & -1 \\ -1 & +1 \\ +1 & -1 \\ +1 & +1 \end{pmatrix}$$

从而，模型阵和信息矩阵分别为

$$X = \begin{pmatrix} 1 & -1 & -1 \\ 1 & -1 & +1 \\ 1 & +1 & -1 \\ 1 & +1 & +1 \end{pmatrix}, \qquad X^{\mathrm{T}}X = \begin{pmatrix} 4 & 0 & 0 \\ 0 & 4 & 0 \\ 0 & 0 & 4 \end{pmatrix}$$

得到的设计矩阵 D_9 是正交的且有最大的信息量，即信息矩阵 $X^{\mathrm{T}}X$ 为对角阵，信息矩阵行列式 $|X^{\mathrm{T}}X| = 64$。此值已经达到最大，算法达到终止条件。

注意到，*D*-最优设计也可以用确定性方法来构造，请读者参照方开泰、刘民千和周永道的书①。

10.3.2　其他最优设计准则

D-最优准则是最优设计理论中应用最广泛的准则之一。在实际应用中，从 *D*-最优准则引申出两种最优准则——*Ds*-最优准则与 *A*-最优准则。

1. *Ds*-最优设计

试验可能包含的参数个数记为 k，感兴趣的参数个数记为 s（$k \geqslant s$），模型（10.1）可以表示为

$$Y = X_1\beta_1 + X_2\beta_2 + \varepsilon \tag{10.13}$$

其中，β_1 包含 s 个感兴趣的参数；β_2 包含 $k-s$ 个不感兴趣的参数。为了检验子模型 $Y = X_1\beta_1 + \varepsilon$ 是否较好拟合数据，需要准确估计参数 β_1。把 n 次试验的信息阵 M 表示为 4 个子矩阵的分块矩阵为

① 方开泰, 刘民千, 周永道. 试验设计与建模[M]. 北京: 高等教育出版社, 2011.

$$\boldsymbol{M}=\begin{pmatrix}\boldsymbol{M}_{11} & \boldsymbol{M}_{12}\\ \boldsymbol{M}_{21} & \boldsymbol{M}_{22}\end{pmatrix} \tag{10.14}$$

其中，$\boldsymbol{M}_{11}=\boldsymbol{X}_1^{\mathrm{T}}\boldsymbol{X}_1$，$\boldsymbol{M}_{12}=\boldsymbol{X}_1^{\mathrm{T}}\boldsymbol{X}_2$，$\boldsymbol{M}_{21}=\boldsymbol{X}_2^{\mathrm{T}}\boldsymbol{X}_1$，$\boldsymbol{M}_{22}=\boldsymbol{X}_2^{\mathrm{T}}\boldsymbol{X}_2$。系数$\boldsymbol{\beta}_1$的方差-协方差矩阵为矩阵$\boldsymbol{M}^{-1}$左上部分的$s\times s$子矩阵，记为$\boldsymbol{M}^{11}$。由分块矩阵的逆矩阵可知

$$\boldsymbol{M}^{11}=[\boldsymbol{M}_{11}-\boldsymbol{M}_{12}\boldsymbol{M}_{22}^{-1}\boldsymbol{M}_{21}^{\mathrm{T}}]^{-1} \tag{10.15}$$

定义 10.3 对于回归参数$\boldsymbol{\beta}_1$，称最小化行列式（10.15）或者最大化行列式

$$|\boldsymbol{M}_{11}-\boldsymbol{M}_{12}\boldsymbol{M}_{22}^{-1}\boldsymbol{M}_{21}^{\mathrm{T}}|=\frac{|\boldsymbol{M}|}{|\boldsymbol{M}_{22}|} \tag{10.16}$$

的设计为*Ds*-最优设计，其中s表示$\boldsymbol{\beta}_1$中的参数个数。

2. *A*-最优设计

不失一般性，设$\lambda_1\geqslant\cdots\geqslant\lambda_k$是信息阵$\boldsymbol{M}$的$k$个特征值，则

$$|\boldsymbol{M}|=\prod_{i=1}^{k}\lambda_i \tag{10.17}$$

$\boldsymbol{M}^{-1}$的特征值分别为$1/\lambda_1,\cdots,1/\lambda_k$，有

$$|\boldsymbol{M}|^{-1}=|\boldsymbol{M}^{-1}|=\prod_{i=1}^{k}\frac{1}{\lambda_i}$$

D-最优设计也满足下面的条件

$$\min\prod_{i=1}^{k}\frac{1}{\lambda_i} \tag{10.18}$$

此外

$$\sum_{i=1}^{k}\frac{1}{\lambda_i}=\mathrm{tr}(\boldsymbol{M}^{-1})\propto\sum_{i=1}^{k}\mathrm{var}(\hat{\beta}_i)=\sum_{i=1}^{k}c_{ii}\sigma^2$$

其中，c_{ii}是矩阵$\boldsymbol{M}^{-1}$的第i个对角元素。据此给出*A*-最优设计的定义。

定义 10.4 称最小化

$$\sum_{i=1}^{k}\frac{1}{\lambda_i} \tag{10.19}$$

的设计为*A*-最优设计。

在最优设计理论中，还有其他最优准则，如*G*-最优准则，*E*-最优准则，*I*-最优准则，不再一一介绍。

10.3.3 响应曲面法

有些试验设计的目的是刻画响应变量与试验因子之间的关系，找出最优的水平组合，优化响应变量。若试验因子是定量的，且个数不多，则响应曲面法（response surface methodology，RSM）是有效的工具之一。

在 10.2 节中，试验目标是找出 6 个试验因子的最优水平组合，使产品产量达到最大值。产量变量与 6 个试验因子的函数关系未知，不妨表示为

$$Y=f(X_1,X_2,X_3,X_4,X_5,X_6)+\varepsilon \tag{10.20}$$

其中，$f(x)$ 往往为未知函数，ε 表示响应 Y 的观测误差，其均值为 0 和方差为 σ^2。记 $E(Y)=f(X_1,X_2,X_3,X_4,X_5,X_6)=\eta$。函数

$$\eta=f(X_1,X_2,X_3,X_4,X_5,X_6) \tag{10.21}$$

描述的曲面即称为**响应曲面**。在 k 个试验因子的情况下，响应曲面的定义类似。

当模型（10.20）的 $f(x)$ 未知时，响应曲面法是寻找一个适当的近似模型来逼近式（10.21）的未知函数。为了实现这个目标，**响应曲面法**包括建模、数据分析和最优化的试验过程。

通常来说，如果试验包含许多因子，需要利用筛选试验剔除不重要的因子。筛选试验可以采用第 9 章的正交设计。如果重要的试验因子只有少数几个，响应曲面法计算过程大致分为如下两个阶段。

第一阶段 判断试验的因子水平组合是否接近响应曲面的最优位置。事实上，最初因子水平组合往往远离最优组合。响应曲面法就是快速进入到最优组合的附近区域。常用一阶多项式作为式（10.21）的响应曲面函数，即

$$Y=\beta_0+\beta_1X_1+\beta_2X_2+\cdots+\beta_kX_k+\varepsilon \tag{10.22}$$

第二阶段 当试验的因子水平组合接近或者位于最优组合的附近区域时，第二个阶段是在最优组合的附近区域构造更为精确的拟合模型，识别最优因子组合。在最优组合的附近区域，曲度效应（β_{ii}）会比线性效应更重要，常用二阶模型作为式（10.21）的响应曲面函数，即

$$Y=\beta_0+\sum_{i=1}^{k}\beta_iX_i+\sum_{i=1}^{k}\beta_{ii}X_i^2+\sum_{i=1}^{k}\sum_{j=i+1}^{k}\beta_{ij}X_iX_j+\varepsilon \tag{10.23}$$

模型（10.22）和模型（10.23）是响应曲面问题的最常用模型。多项式模型不可能在整个试验区域中都是真实函数关系的合理近似式，但更适合于相对小的试验区域内近似描述真实函数关系。

以上两个阶段是序贯的过程，先做一阶段试验，拟合一阶模型（10.22），接近最优因子组合区域后，再添加试验点进行二阶段试验拟合二阶模型（10.23）。由一阶段试验变为二阶段试验，常用的方法有最速上升法和方格搜索法。这里介绍并使用最速上升法。

1. 最速上升法

最速上升法是沿着响应变量的最大增量方向序贯移动的方法。如果试验目的是使响应变量 Y 最小化，则称为**最速下降法**。一阶模型（10.22）中的系数采用最小二乘法估计，拟合方程为

$$\hat{Y}=\hat{\beta}_0+\sum_{i=1}^{k}\hat{\beta}_iX_i \tag{10.24}$$

拟合模型（10.24）中的响应变量 $\hat{Y}$ 关于因子 X_i 的导数为

$$\frac{\partial\hat{Y}}{\partial X_i}=\hat{\beta}_i,\quad i=1,\cdots,k$$

最速上升方向为向量 $\lambda(\hat{\beta}_1,\cdots,\hat{\beta}_k),\lambda>0$ 的方向。如果响应变量的一阶响应曲面逼近合理，因子水平组合沿着该方向序贯改变，响应变量值会增加。一般地，会在水平组合序

贯改变若干步之后到达最优组合的附近区域。如果目标是响应变量最小化，水平组合要沿着 $-\lambda(\hat{\beta}_1,\cdots,\hat{\beta}_k),\lambda>0$ 的方向序贯改变。

随着因子水平组合沿着 $\lambda(\hat{\beta}_1,\cdots,\hat{\beta}_k),\lambda>0$ 方向的序贯改变，响应变量值会先逐渐增大，意味着水平组合逐渐靠近真实的最优水平组合，直到响应变量值逐渐减小，说明水平组合逐渐远离真实模型的最优水平组合。在响应变量值改变过程中，将最大响应的因子组合作为下一次试验的中心点。为了搜索响应变量由增大到减小的水平组合，重复上述过程，直至响应变量值达到最大。

2. 二阶响应曲面

当因子水平组合接近最优组合时，常用二阶模型（10.23）来逼近曲面（10.21），二阶曲面模型比一阶曲面模型更容易准确地找到最优组合。假设模型（10.23）的拟合模型为

$$\hat{Y}=\hat{\beta}_0+\sum_{i=1}^{k}\hat{\beta}_iX_i+\sum_{i=1}^{k}\hat{\beta}_{ii}X_i^2+\sum_{i=1}^{k}\sum_{j=i+1}^{k}\hat{\beta}_{ij}X_iX_j \tag{10.25}$$

用矩阵的表达形式为

$$\hat{Y}=\hat{\beta}_0+\boldsymbol{X}^{\mathrm{T}}\boldsymbol{b}+\boldsymbol{X}^{\mathrm{T}}\boldsymbol{B}\boldsymbol{X} \tag{10.26}$$

其中，

$$\boldsymbol{X}=\begin{pmatrix}X_1\\X_2\\\vdots\\X_k\end{pmatrix},\quad \boldsymbol{b}=\begin{pmatrix}\hat{\beta}_1\\\hat{\beta}_2\\\vdots\\\hat{\beta}_k\end{pmatrix},\quad \boldsymbol{B}=\begin{pmatrix}\hat{\beta}_{11} & \hat{\beta}_{12}/2 & \cdots & \hat{\beta}_{1k}/2\\ \hat{\beta}_{12}/2 & \hat{\beta}_{22} & \cdots & \hat{\beta}_{2k}/2\\ \vdots & \vdots & & \vdots\\ \hat{\beta}_{1k}/2 & \hat{\beta}_{2k}/2 & \cdots & \hat{\beta}_{kk}\end{pmatrix}$$

对拟合模型（10.26）中的响应变量 $\hat{Y}$ 关于 $\boldsymbol{X}$ 求导并令其为 $\boldsymbol{0}$，有

$$\frac{\partial\hat{Y}}{\partial\boldsymbol{X}}=\boldsymbol{b}+2\boldsymbol{B}\boldsymbol{X}=\boldsymbol{0}$$

方程的解

$$\boldsymbol{X}=-\frac{1}{2}\boldsymbol{B}^{-1}\boldsymbol{b} \tag{10.27}$$

称为二阶响应模型的**平稳点**。将式（10.27）代入式（10.26），得到在平稳点的响应变量预测值为

$$\hat{Y}=\hat{\beta}_0+\frac{1}{2}\boldsymbol{X}^{\mathrm{T}}\boldsymbol{b} \tag{10.28}$$

求出稳定点，通常刻画在稳定点的最邻近区域内响应曲面的特征，即确定稳定点是响应曲面的最大值点、最小值点还是鞍点。

通常，还要讨论响应变量对试验因子的相对敏感度。简便直观方法是考察拟合模型的等高线。如果只有 2 个或 3 个试验因子，则等高线图的构造和解释相对容易。正则分析是更为规范的分析方法，这里不再叙述，请参见方开泰、刘民千和周永道的书[①]。

① 方开泰, 刘民千, 周永道. 试验设计与建模[M]. 北京: 高等教育出版社, 2011.

10.3.4 响应曲面设计

常用正交设计拟合一阶模型（10.22），回归系数估计量相互独立，达到最高效率。这里，只介绍拟合二阶模型（10.23）的设计。

1. 中心复合设计

为了拟合二阶模型（10.23），常用中心复合设计（central composite design）。通常，中心复合设计包含 2^k 因析设计（或分辨度为 V 的部分因析设计）的 n_F 个因子水平组合、$2k$ 个坐标轴因子水平组合或星号因子水平组合、n_c 个中心水平因子组合。图 10.1 显示了 $k=2$ 个因子的中心复合设计和 $k=3$ 个因子的中心复合设计。

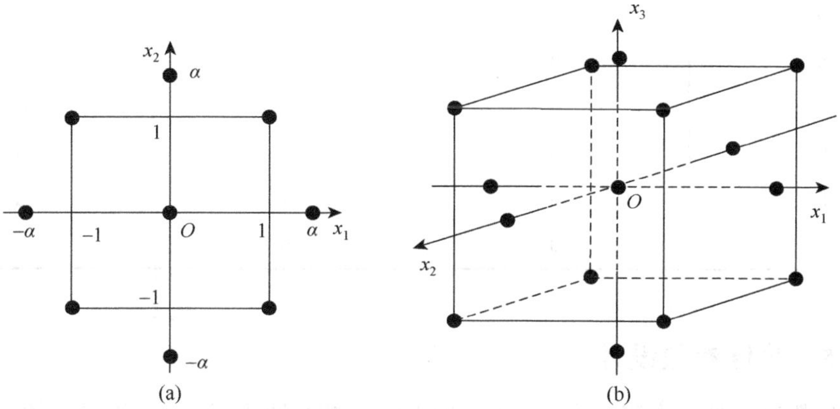

图 10.1　$k=2$ 个因子的中心复合设计（a）和 $k=3$ 个因子的中心复合设计（b）

中心复合设计是针对二阶模型（10.23）非常有效的设计，必须指定两个参数，分别是从水平中心到坐标轴水平组合的距离 α 和中心水平组合个数 n_c。在中心复合设计中，α 的选择主要由感兴趣的试验因子取值区域决定。当试验因子取值区域是球面时，中心复合设计包含中心水平组合，提供响应变量的合理方差估计。一般地，推荐选用 3～5 个中心水平组合。如何选取这两个参数，不再详细讨论，请参见 Myers 和 Montgomery 的书①。

2. Box-Behnken 设计

Box 和 Behnken②提出的三水平响应曲面设计，是 2^k 因析设计与不完全区组设计的组合。这类设计是可旋转的或接近可旋转的。表 10.5 给出了 $k=3$ 个因子的 Box-Behnken 设计的一个例子。该设计包含 $12+n_c$ 个水平组合，其中 n_c 是中心点个数。关于 Box-Behnken 设计的更多讨论，请见 Wu 和 Hamada 的书③。

---

① Myers R H, Montgomery D C. Response Surface Methodology: Product and Process Optimization Using Designed Experiments[M]. 2nd ed. New York: John Wiley & Sons, 2002.

② Box G E P, Behnken D W. Some new three level designs for the study of quantitative variables[J]. Technometrics, 1960, 2: 455-475.

③ Wu C F J, Hamada M. 试验设计与分析及参数优化[M]. 张润楚，等译. 北京：中国统计出版社, 2003.

表 10.5　$k=3$ 个因子的 Box-Behnken 设计

序号	A	B	C
1	1	−1	0
2	−1	−1	0
3	1	1	0
4	1	1	0
5	−1	0	−1
6	−1	0	−1
7	1	0	1
8	1	0	1
9	0	−1	−1
10	0	−1	−1
11	0	1	1
12	0	1	1
13	0	0	0

10.3.5　稳健参数设计

稳健参数设计是日本田口玄一（Genichi Taguchi）博士于 1980 年提出的，又称为三阶段设计，针对产品开发过程的三个阶段，分别为系统设计阶段、参数设计阶段与容差设计阶段。其中，参数设计最为重要、最为常用。本小节介绍参数设计。

1. 可控因子与噪声因子

在某些试验中，因子可以分为两类，一类是可控因子，另一类是噪声因子。**可控因子**是指在生产中水平可由试验者选择或控制的因子，包括产品或生产过程设计中的设计参数。一般来说，过程越复杂，可控因子也越多。**噪声因子**是指在正常的生产过程或使用条件下难以控制的因子。噪声因子大致分为以下三类。

（1）外部噪声因子：是指使用产品时的环境噪声因子以及载荷噪声因子。其中环境噪声因子包括使用产品时的温度、湿度、灰尘度、电源电压、电磁干扰、振动等。载荷噪声因子包括容量、开关次数等。

（2）内部噪声因子：是由于产品制造过程中有误差，真实值与目标值的偏离应看作是内部噪声变异。由于长期使用和储存，产品的老化、磨损或产品机能的衰退也会引起产品质量特性的波动。

（3）单元间噪声因子：产品制造过程中，不可避免波动会导致产品之间在质量特性上存在差异。

2. 稳健参数设计

稳健参数设计（robust parameter design）是要选择适当的可控因子水平组合，使噪声因子对产品质量特性的影响达到最小。为此，需要完成两个目标。

（1）减小系统（即一个产品或一个生产过程）对噪声的灵敏度，输出的响应变量均值保持为所期望的水平或目标。例如，设计一种电子放大器产品，不受组成系统的晶体管、电阻、电源等有关参数波动的影响，输出电压尽可能稳定在所希望的目标值。

（2）减小整个系统质量性能的波动，围绕目标值的变异性尽可能小。例如，半导体生产希望晶片上氧化物的平均厚度尽可能接近目标值，差异程度尽可能小。

为了完成这两个目标，常用最小化平方损失函数。设 $L(Y)$ 表示产品质量特性的损失函数，m 为目标值。在 $Y=m$ 时，损失函数 $L(Y)$ 最小且为零，

$$L(m)=0, \quad L'(m)=0$$

将损失函数 $L(Y)$ 在 m 点展开为二次函数，有

$$\begin{aligned} L(Y) &= L(m)+L'(m)(Y-m)+L''(m)(Y-m)^2/2! \\ &= k(Y-m)^2 \end{aligned}$$

其中，$k=L''(m)/2$ 是常数；$L'(m)(Y-m)$ 的期望值很小，往往可以忽略。损失函数 $L(Y)$ 的均值为

$$\begin{aligned} E(L) &= E(Y-m)^2 = E[(Y-E(Y))+(E(Y)-m)]^2 \\ &= E(Y-E(Y))^2+(E(Y)-m)^2 \\ &= \sigma^2+\delta^2 \end{aligned}$$

期望损失包含两部分，分别是 Y 的方差 $\sigma^2=(Y-E(Y))^2$ 和 Y 的均值与目标值之偏差的平方 $\delta^2=(E(Y)-m)^2$。稳健参数设计的第一个目标是减小偏差 δ，使 Y 的均值向目标值 m 靠拢，称为**灵敏度设计**。第二个目标是要减小方差 σ^2，减小 Y 的波动，称为**稳健设计**。

为了便于讨论，用 X 表示控制因子，用 Z 表示噪声因子，响应变量 Y 与两类因子之间的函数关系为

$$Y=f(X,Z) \tag{10.29}$$

例如

$$\begin{aligned} Y &= \mu+\alpha X_1+\beta Z+\gamma X_2 Z+\varepsilon \\ &= \mu+\alpha X_1+(\beta+\gamma X_2)Z+\varepsilon \end{aligned} \tag{10.30}$$

其中，X_1 与 X_2 为控制因子；Z 为噪声因子；ε 表示不包含在变量 Z 中的剩余残差。模型包含控制因子 X_2 与噪声因子 Z 之间的交互效应。稳健参数设计选择控制因子 X_2 的数值，使模型（10.30）中 Z 的系数 $\beta+\gamma X_2$ 绝对值最小，减小噪声因子 Z 对响应变量 Y 的影响。

3. 乘积表设计

可控因子与噪声因子之间的交互效应是稳健参数设计的关键。比如，模型（10.30）是合理的且参数 γ 不能为零。稳健参数设计的优势是可控因子和噪声因子同时在一个试验设计中。同时包含可控因子和噪声因子的设计称为**乘积表**（cross array）。乘积表包含两个部分：一部分是**控制表**，即用来安排可控因子的正交表；另一部分是**噪声表**，即用

来安排噪声因子的设计表。乘积表为控制表的每个水平组合与噪声表的所有水平组合之间的交叉相乘。下面给出乘积表的例子。

例 10.3 假设试验包含 4 个 3 水平可控因子，分别记为 A,B,C,D，选用表 10.6 中的 $L_9(3^4)$ 正交表作为控制表。假设试验还有 3 个 2 水平噪声因子，分别记为 M,N,P，选用表 10.7 中的 $L_4(2^3)$ 正交表作为噪声表。得到的乘积表如表 10.8 所示。其中，y_{ij} 是在控制表（可控因子）的第 i 个水平组合与噪声表（噪声因子）的第 j 个水平组合下的响应变量观测值。这里，共有 36 个响应变量观测值。

表 10.6 控制表 $L_9(3^4)$

序号	A	B	C	D
1	1	1	1	1
2	1	2	2	2
3	1	3	3	3
4	2	1	2	3
5	2	2	3	1
6	2	3	1	2
7	3	1	3	2
8	3	2	1	3
9	3	3	2	1

表 10.7 噪声表 $L_4(2^3)$

序号	M	N	P
1	1	1	1
2	1	2	2
3	2	1	2
4	2	2	1

表 10.8 乘积表

序号	A	B	C	D	P	1	2	2	1
					N	1	2	1	2
	1	2	3	4	M	1	1	2	2
1	1	1	1	1		y_{11}	y_{12}	y_{13}	y_{14}
2	1	2	2	2		y_{21}	y_{22}	y_{23}	y_{24}
3	1	3	3	3		y_{31}	y_{32}	y_{33}	y_{34}
4	2	1	2	3		y_{41}	y_{42}	y_{43}	y_{44}
5	2	2	3	1		y_{51}	y_{52}	y_{53}	y_{54}
6	2	3	1	2		y_{61}	y_{62}	y_{63}	y_{64}
7	3	1	3	2		y_{71}	y_{72}	y_{73}	y_{74}
8	3	2	1	3		y_{81}	y_{82}	y_{83}	y_{84}
9	3	3	2	1		y_{91}	y_{92}	y_{93}	y_{94}

收集试验数据，针对稳健参数设计的望目、望大或望小目标，分别计算信噪比 μ^2/σ^2，其中 $\mu=E(Y)$，分析哪些可控因子对信噪比增加有显著影响，确定可控因子的最优水平组合使信噪比最小。这里不再详细讲述，请有兴趣的读者参见 Wu 和 Hamada 的书①。

习 题 10

1. 某化学反应中有两个重要变量：时间 X_1（h）与温度 X_2（℃），可能取值范围为

$$70\leqslant X_1\leqslant 130,\quad 140\leqslant X_2\leqslant 200$$

（1）给出两个因子水平的编码，即将两个因子的水平标准化；

（2）若已知编码值为 $X_1=0.3$，$X_2=0.2$，求原变量的对应值。

2. 某橡胶制品由橡胶、树脂和改良剂复合而成。为提高其撕裂强度，考虑正交试验设计，三个变量的取值范围分别为

X_1：橡胶中某成分的含量（0～20）

X_2：树脂中某成分的含量（10～30）

X_3：改良剂的百分比（0.1～0.3）

设计阵与试验结果如表 10.9 所示。

表 10.9 橡胶试验的设计阵与试验结果

序号	X_1	X_2	X_3	Y
1	−1	−1	−1	407
2	−1	−1	1	421
3	−1	1	−1	322
4	−1	1	1	371
5	1	−1	−1	230
6	1	−1	1	243
7	1	1	−1	250
8	1	1	1	259

（1）对数据进行分析，建立 Y 关于 X_1，X_2，X_3 的回归模型。

（2）如果在试验中心进行了四次重复试验，结果分别是：417, 401, 455, 439，试检验在试验中心区域回归模型的拟合效果。

3. 为研究使某聚合物弹性高的条件，考虑如下三个因子（表 10.10）。

表 10.10 聚合物试验的因子与水平

因子	X_1（成分 A 浓缩比例）	X_2（成分 B 浓缩比例）	X_3（试验反应温度）
低水平（−1）	15	2.3	135
高水平（+1）	21	3.1	155

① Wu C F J, Hamada M. 试验设计与分析及参数优化[M]. 张润楚，等译. 北京：中国统计出版社, 2003.

先用$L_8(2^7)$进行了一批试验。为了寻找最好条件（弹性高为好），计划在上述基础上又补充进行了 8 次试验。由于试验分两次进行，可能存在区组效应，用−1 和+1 分别表示两个区组。设计阵与试验数据如表 10.11 所示。现在需要对试验数据进行分析，以寻找使聚合物弹性高的条件。

表 10.11 聚合物试验的设计阵与试验数据

序号	X_1	X_2	X_3	区组 B	弹性 Y
1	1	1	1	−1	27.70
2	1	1	−1	−1	35.94
3	1	−1	1	−1	50.10
4	1	−1	−1	−1	48.98
5	−1	1	1	−1	46.06
6	−1	1	−1	−1	42.78
7	−1	−1	1	−1	41.50
8	−1	−1	−1	−1	25.75
9	2	0	0	1	44.18
10	−2	0	0	1	35.50
11	0	−2	0	1	28.46
12	0	2	0	1	38.58
13	0	0	2	1	42.02
14	0	0	−2	1	33.50
15	0	0	0	1	57.52
16	0	0	0	1	59.68

4. 对于二元线性回归模型

$$E(Y)=\beta_0+\beta_1X_1+\beta_2X_2\,,\quad X_1,X_2\in[-1,1]$$

求试验次数为 6 的 D-最优设计。

第11章

计算机试验设计

随着社会经济发展，人类面临的科学问题愈加复杂。在自然科学领域和社会发展领域中的很多问题对传统试验设计方法提出新挑战。利用计算机程序可以模拟某些现象发展过程，计算机试验的研究已经取得快速发展，请参见相关著作[①][②]。本章介绍计算机试验设计的基本概念、原理和常用的计算机试验设计——拉丁超立方体设计和均匀设计。

11.1 计算机试验的基础知识

11.1.1 计算机试验简介

在科学研究中，很多复杂的实体试验可以利用计算机试验来模拟。比如，飞机机翼上下的空气流动、天气系统、压力下金属的形状变化、小汽车的安全碰撞测试等。这种计算机试验模拟不仅大大节省了试验支出，而且显著加快了科学研究开发速度。和实体试验相比，计算机试验具有如下三个特点：

（1）计算机试验过程往往需要较长的运行时间；

（2）计算机试验模拟不存在随机误差，相同输入值会产生相同输出值；

（3）计算机试验的因子个数以及因子水平数往往较多。

传统的试验设计准则，即随机化、可重复和分区组原则都不再适用于计算机试验。

假设一个系统或过程的输出变量为 Y，输入变量为 $X_1,\cdots,X_s$，输入变量和输出变量之间的确定性关系为

$$Y=f(X_1,\cdots,X_s) \tag{11.1}$$

其中，函数 $f(X_1,\cdots,X_s)$ 是已知的，但不一定有解析表达式。注意，确定性关系是指不存在试验误差。在给定模型下，通过改变输入变量值来观察其如何影响系统或过程的输出变量的模拟过程称为**计算机试验**。

当系统或过程比较复杂时，函数 $f(X_1,\cdots,X_s)$ 往往没有简单的解析表达式。比如，

① Santner T, Williams B, Notz W. The Design and Analysis of Computer Experiments [M]. New York: Springer, 2003.

② Fang K T, Li R, Sudjianto A. Design and Modeling for Computer Experiments [M]. New York: Chapman and Hall/CRC, 2006.

模拟天气系统，需要求解一组微分方程得到响应变量。此时，求解过程可能速度很慢，运行时间可以长达几天甚至几十天。对于这类复杂模型，计算机试验目的就是要选择一个近似模型

$$Y \approx g(X_1, \cdots, X_s) \tag{11.2}$$

来替代真实函数 $f(X_1, \cdots, X_s)$。这里，函数 $g(X_1, \cdots, X_s)$ 往往有简单的解析表达式，并且可以快速计算出响应变量值。

通常，在实体试验中，试验者常常可以根据现象发展规律特征等推测响应变量与某些主要变量的函数关系，如线性函数关系或者二次函数关系等。根据经验选择的模型依然包含待估计的未知参数。为此，需要根据真实模型（11.1）预先做一批试验，利用试验结果估计未知参数。这样的实体试验代价很高。用尽可能少的试验获取尽可能多的信息，获得高质量的近似模型 g，是对计算机试验设计提出的要求。具体来说，要求设计点尽可能均匀地分布于试验区域中，以便获得较全面的信息。一般认为，通过不均匀散布的设计点（比如，全部的设计点集中在试验区域的某个局部）做试验得到的信息是有偏的，往往会导致近似模型与真实模型之间存在较大偏差。因而，常用的设计是空间填充设计（space-filling design）和均匀设计（uniform design）。这两类设计是几乎同时被提出的，表达同样的设计思想，即将试验点均匀地散布在试验区域中。

11.1.2 拉丁超立方体设计

拉丁超立方体设计是一种常用的空间填充设计，设计点的散布结构较好地满足了计算机试验的基本需要。

定义 11.1 一个试验次数为 n，因子个数为 k 的 $n\times k$ 设计阵被称为拉丁超立方体设计，记为 LHD(n, k)，如果设计阵的每一列是 $\{1, \cdots, n\}$ 的一个随机排列，并且 k 个列是独立生成的。

注意到，$\{1, \cdots, n\}$ 的随机排列共有 $n!$种，一个 LHD(n, k)共有$(n!)^k$种。

拉丁超立方体设计能够安排较多的试验因子。比如，对于主效应模型，一个拉丁超立方体设计 LHD(n, k)可最多安排 $k = n-1$ 个因子。拉丁超立方体设计的因子水平数和试验次数相同，可以用于模拟非常复杂的响应曲面。即使某个因子不显著而从模型中剔除，并不会出现其余因子的水平组合相同情况。下面的例子给出了三个不同参数下的拉丁超立方体设计。

例 11.1 拉丁超立方体设计 LHD(4, 2)和 2 个 LHD(8, 2)，设计阵分别记为 L_1，L_2 和 L_3。

$$L_1 = \begin{pmatrix} 3 & 4 \\ 2 & 2 \\ 4 & 1 \\ 1 & 3 \end{pmatrix}, \quad L_2 = \begin{pmatrix} 5 & 4 \\ 7 & 6 \\ 2 & 1 \\ 6 & 5 \\ 1 & 8 \\ 4 & 7 \\ 8 & 2 \\ 3 & 3 \end{pmatrix}, \quad L_3 = \begin{pmatrix} 2 & 1 \\ 6 & 5 \\ 3 & 4 \\ 8 & 3 \\ 1 & 6 \\ 4 & 8 \\ 5 & 2 \\ 7 & 7 \end{pmatrix}$$

根据定义 11.1，拉丁超立方体设计是将试验区域等分成了 n^k 个小方格，从中选出 n 个方格，使得每行每列只出现 1 个方格，设计点对应于方格的顶点。为了促使试验设计点均匀地散布在试验区域中，整个试验区域中的每个点都以相等概率被选出，也称为拉丁超立方体抽样。

定义 11.2　设拉丁超立方体设计为 $L=\mathrm{LHD}(n,k)$，设计阵的第 i 行记为 $x_i=(x_{i1},\cdots,x_{ik})^{\mathrm{T}}$，$i=1,\cdots,n$，将设计阵进行如下变换：

$$d_{ij}=\frac{x_{ij}-u_{ij}}{n},\quad i=1,\cdots,n,\ j=1,\cdots,k \tag{11.3}$$

其中，$u_{ij}\sim U(0,1), i=1,\cdots,n, j=1,\cdots,k$，随机数 u_{ij} 的产生是相互独立的。记 $d_i=(d_{i1},\cdots,d_{ik})^{\mathrm{T}}, i=1,\cdots,n$，称 $D=(d_1,\cdots,d_n)^{\mathrm{T}}$ 为一个**拉丁超立方体抽样**（Latin hypercube sampling，LHS）。得到的每个具体拉丁超立方体抽样 D 也称为拉丁超立方体设计。特别地，当所有随机数 $u_{ij}=0.5$ 时，设计点选在小方格中心位置，相应的拉丁超立方体设计称为中心点拉丁超立方体设计。

经过式（11.3）的变换，试验区域标准化到 $[0,1]^k$ 中，每一维标准化到区间 $[0,1]$ 中。根据定义 11.2，一个试验次数为 n、因子数为 k 的拉丁超立方体设计构造可以分为两步。

第一步：按定义 11.1 得到一个拉丁超立方体设计 LHD(n, k)，保证从 n^k 个方格中随机选取 n 个方格，在任一行任一列都有且仅有一个方格被选取。

第二步：通过式（11.3）的变换，在被选中的 n 个方格中抽取设计点，且试验区域中的每个点被抽取概率相同。

例如，当 $u_{ij}=0.5$ 时，例 11.1 中的设计 L_1 经过标准化为变换后得到的设计记为 D_1

$$D_1=\begin{pmatrix}0.625 & 0.875\\ 0.375 & 0.375\\ 0.875 & 0.125\\ 0.125 & 0.625\end{pmatrix}$$

在试验区域 $[0,1]^2$ 中 D_1 设计点的分布如图 11.1 所示。

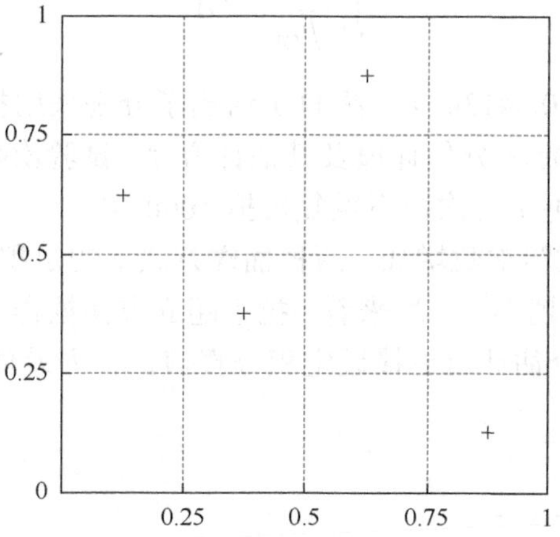

图 11.1　设计 D_1 的设计点分布

图 11.1 显示，试验区域被划分为4×4个格子，4 个设计点的格子不同行也不同列。换句话说，将设计点向每一维空间上投影，在每一维空间的 4 个等距区间$[0,1/4],[1/4,1/2],[1/2,3/4],[3/4,1]$中都有且仅有一个设计点。这是拉丁超立方体设计都具有的性质，即拉丁超立方体设计 LHD(n,k)的设计点向每一维空间投影，在每一维n个等距区间中有且仅有一个设计点，这个性质被称为拉丁超立方体设计的**一维投影均匀性**。对于图 11.1 中的设计，$u_{ij}=0.5$，设计点投影落在各个区间的中点，投影之间是等距的；若u_{ij}是区间$[0,1]$中的均匀分布随机数，不能保证设计点投影的等距性。

从以上分析可以看出，拉丁超立方体抽样是一种分层抽样。在估计总体均值方面，Stein①证明了在一定条件下，拉丁超立方体抽样的估计量方差小于简单随机抽样（simple random sampling，SRS）的估计量方差。Owen②证明了关于有界函数的拉丁超立方体抽样的中心极限定理。详情请参考相关文献。

11.2 案例：拉丁超立方体设计的应用

拉丁超立方体设计主要应用于两种情况。

（1）利用拉丁超立方体抽样性质，提高高维积分的估计精度。为了简单，例 11.2 仅针对一维积分情况模拟拉丁超立方体抽样 LHS 与简单随机抽样 SRS 估计定积分的精度差别。

（2）对真实复杂模型，利用拉丁超立方体设计进行计算机模拟，建立替代模型，考察替代模型的预测误差。替代模型函数选择直接决定了拟合模型与真实模型之间的差异。然而，真实模型往往是未知的，替代模型往往也是基于经验猜测的，选择合理的替代模型并不容易。例 11.3 假设真实模型已知，用拉丁超立方体设计模拟产生试验数据，分别拟合两个替代模型。比较两个拟合模型的预测误差，演示说明拉丁超立方体设计 LHD 的应用以及选择替代模型的重要性。

例 11.2 设试验区域为$[0,1]$，利用计算机试验计算在$[0,1]$上的定积分值

$$\int_0^1 \frac{1}{\sqrt{2\pi}} e^{-\frac{x^2}{2}} dx \tag{11.4}$$

式（11.4）的定积分值为 0.3413447。表 11.1 给出了分别采用拉丁超立方体抽样 LHS 和简单随机抽样 SRS，计算定积分估计值及其估计方差。试验次数有 4 种，分别是 10、50、100 和 1000（次）。在每种试验次数下重复模拟 1000 次。

表 11.1 显示，随着试验次数增加，两种抽样方式下的定积分估计值平均越来越接近定积分真值，方差估计也越小。平均来看，拉丁超立方体抽样 LHS 的定积分估计值比简单随机抽样 SRS 的定积分估计值更接近定积分真值，且方差估计更小。

---

① Stein M. Large Sample properties of simulations using Latin hyoercube sampling [J]. Technometrics, 1987, 29: 143-151.

② Owen A B. A central limit theory for Latin hypercube sampling [J]. J R. Statist. Soc. Ser. B, 1992, 54: 541-551.

表 11.1 LHS 与 SRS 下，式（11.4）定积分估计值及其估计方差

样本点数	SRS		LHS	
	样本均值	估计方差	样本均值	估计方差
$n=10$	0.341375	0.01500	0.341510	0.004546
$n=50$	0.341633	0.00690	0.341388	0.000919
$n=100$	0.341609	0.00473	0.341356	0.000454
$n=1000$	0.341338	0.00153	0.341344	0.000045

例 11.3 假设响应变量 Y 与两个试验因子 x_1 和 x_2 之间的真实模型为

$$Y=f(\boldsymbol{x})=\frac{x_1^3}{3}-\frac{(R_1+S_1)x_1^2}{2}+(R_1S_1)x_1+\frac{x_2^3}{3}-\frac{(R_2+S_2)x_2^2}{2}+(R_2S_2)x_2+A\sin\left(\frac{2\pi x_1x_2}{S}\right) \tag{11.5}$$

其中，$\boldsymbol{x}=(x_1,x_2)^{\mathrm{T}}$，模型系数 R_1,S_1,R_2,S_2,A,S 由相互独立的随机数生成，$R_1,S_1\sim U(0,0.5)$，$R_2,S_2\sim U(0.5,1)$，$A\sim U(0,0.05)$，$S\sim U(0.04,1)$，$U(a,b)$ 表示在区间(a,b)内的均匀分布。模型（11.5）的最后一项系数 A 表示对三阶模型做微小扰动。当模型系数随机生成后，模型即确定。为讨论方便，限定试验因子 x_1 和 x_2 的取值空间均为[0, 1]。

采用拉丁超立方体设计 LHD(30, 2)，按照式（11.3）的变换，将因子水平组合标准化到区域$[0,1]^2$内。例如，$R_1=S_1=0.25$，$R_2=S_2=0.75$，$A=0.025$，$S=0.5$ 时，模拟生成模型（11.5）的响应值 Y。

利用表 11.2 的试验数据，模型（11.5）的替代模型分别选用二阶模型（11.6）和一阶模型（11.7）。

$$g_1(x_1,x_2)=\beta_0+\beta_1x_1+\beta_2x_2+\beta_3x_1^2+\beta_4x_1x_2+\beta_5x_2^2 \tag{11.6}$$

$$g_2(x_1,x_2)=\beta_0+\beta_1x_1+\beta_2x_2 \tag{11.7}$$

两个替代模型参数估计都采用最小二乘法，系数估计分别记为$\hat{\boldsymbol{\eta}}_1$和$\hat{\boldsymbol{\eta}}_2$，

$$\hat{\boldsymbol{\eta}}_1=(0.0476,-0.1141,0.3404,0.2015,0.0080,-0.2425)^{\mathrm{T}}$$

$$\hat{\boldsymbol{\eta}}_2=(0.0486,0.0965,0.1048)^{\mathrm{T}}$$

这里，选取 $x_1=0.02\times i,x_2=0.02\times i,i=0,1,\cdots,50$ 构成的共计 $N=2601$ 个格子点作为预测点，计算两个拟合模型在 2601 个格子点上的预测均方误差。一般地，在因子取值空间中随机选取 N 个预测点，预测误差为

$$\mathrm{MSE}\approx\frac{1}{N}\sum_{i=1}^{N}(f(x_i)-g(x_i))^2 \tag{11.8}$$

其中，替代模型 $g(x_i)$ 为真实模型 $f(x_i)$ 的估计。两个替代模型的均方误差 MSE 分别为 0.0004 和 0.0011，即模型（11.7）的均方误差大于模型（11.6）的均方误差，二阶模型可以比一阶模型更好地近似真实模型。这个结果与直观经验是一致的。

表 11.2 LHD(30, 2)及其试验结果

序号	x_1	x_2	Y	序号	x_1	x_2	Y
1	22	2	0.0763	16	27	16	0.2133
2	23	6	0.1353	17	26	26	0.2266
3	3	4	0.0627	18	19	29	0.1870
4	16	5	0.1008	19	15	18	0.1388
5	11	25	0.1354	20	1	23	0.1455
6	30	24	0.2710	21	23	22	0.1988
7	7	15	0.1637	22	2	7	0.0960
8	28	30	0.2252	23	4	1	0.0142
9	17	21	0.1297	24	18	19	0.1328
10	14	3	0.0611	25	24	20	0.1989
11	8	8	0.1218	26	13	13	0.1555
12	5	28	0.1717	27	9	14	0.1618
13	29	12	0.2190	28	20	6	0.1314
14	21	11	0.1550	29	10	9	0.1346
15	25	17	0.1889	30	12	27	0.1250

11.3 计算机试验的扩展知识

本节介绍拉丁超立方体设计的改进和均匀设计。

11.3.1 拉丁超立方体设计改进

一维投影均匀性是在整个试验区域中拉丁超立方体的设计的基本性质。均匀性、正交性以及低维（二维及以上）投影均匀性也是拉丁超立方体设计应该尽可能具有的三个优良性质：第一，由定义 11.1 知，拉丁超立方体设计阵是由 $\{1, \cdots, n\}$ 随机排列生成的，并不能保证每一行对应的设计点均匀散布在整个试验区域；第二，设计阵的列与列之间也不能保证正交性（即内积为零）；第三，拉丁超立方体设计只保证一维投影均匀性，并不能保证二维及以上投影均匀性。

1. 均匀拉丁超立方体设计

在例 11.1 中，设计表 L_2 和 L_3 经过中心点标准化变换后的设计阵，分别记为 D_2 和 D_3，散点图如图 11.2 所示。图 11.2 显示，设计 D_2 和 D_3 都具有一维投影均匀性。在整个试验区域$[0, 1]^2$ 中，设计 D_3 的均匀性明显好于设计 D_2 的均匀性。

均匀拉丁超立方体设计是基于均匀性准则进行设计优化，得到均匀性最优的或近似最优的拉丁超立方体设计。常用的均匀性准则有最大最小距离准则和偏差准则。

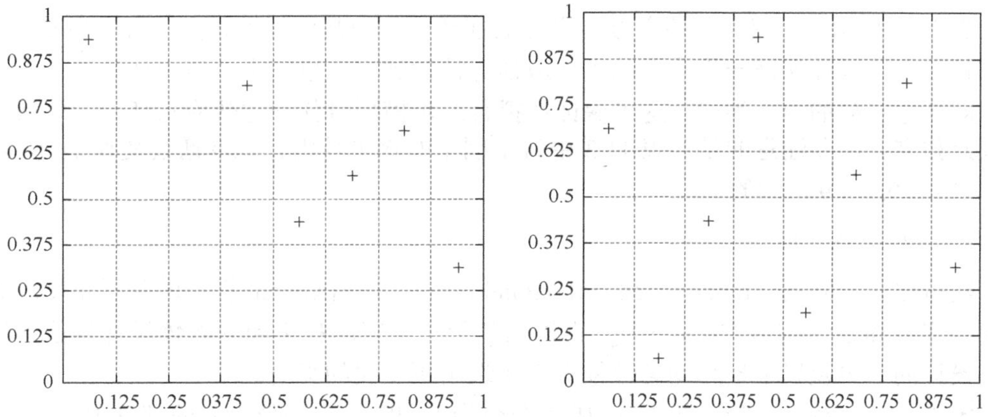

(a)　　(b)

图 11.2　设计阵 D_2 的散点图（a）和设计阵 D_3 的散点图（b）

（1）最大最小距离准则：最大最小距离准则的目标是使两两设计点之间的最小距离最大化，使设计点尽可能均匀地散布在试验区域中。在最大最小距离准则下，常采用随机搜索算法、模拟淬火算法、门限接受算法等搜索最优设计，这里不再详述。

（2）偏差准则：偏差是均匀性的一种度量。常用的偏差包括 L_p-星偏差，中心化偏差、可卷偏差等。设计点散布越均匀，设计的偏差越小。在偏差准则下，具有最小偏差的设计即为均匀设计。常采用随机搜索算法、模拟淬火算法、门限接受算法等搜索最优设计。

2. 正交拉丁超立方体设计

正交性也是选择拉丁超立方体设计的一个重要标准。

定义 11.3　如果拉丁超立方体设计的任意两列内积为零，则称其为正交拉丁超立方体设计（orthogonal Latin hypercube design，OLHD）。包含 n 行 k 列的正交拉丁超立方体设计记为 OLHD(n, k)。

关于正交拉丁超立方体设计的构造，已有很多研究成果，这里不再一一列举。下面给出一个正交拉丁超立方体设计的例子。

例 11.4　试验次数为 9 且因子数为 4 的正交拉丁超立方体设计如表 11.3 所示。

表 11.3　正交拉丁超立方体设计 OLHD(9, 4)

序号	1	2	3	4
1	−4	−2	−4	−2
2	−3	1	4	2
3	−2	4	0	0
4	−1	−3	1	3
5	0	0	−3	1
6	1	3	2	−4
7	2	−4	3	−1
8	3	−1	−1	−3
9	4	2	−2	4

表 11.3 显示，正交拉丁超立方体设计的任意一列与其他列均正交，内积为零。正交拉丁超立方体设计保证一阶模型的主效应估计彼此独立。事实上，该设计还是二阶正交的，即任意三列的内积为 0，这可保证在拟合二阶模型时任一主效应与任一二阶效应估计彼此独立。需要注意的是，表 11.3 中每个因子的水平是由$1,\cdots,9$通过变换$x-(n+1)/2, x=1,\cdots,9, n=9$得到的。

3. 随机化正交阵列

随机化正交阵列（randomized orthogonal array）是由 Owen[①]提出的基于正交阵列的拉丁超立方体设计构造方法，Tang[②]也提出基于正交表的拉丁超立方体设计构造方法。这类设计的二维及以上投影均匀性依赖于所选用正交表的强度。

定义 11.4 对于试验次数为 n，因子个数为 k 和因子水平数为 q 的部分因析设计表，如果设计表的任意 $m(m\leqslant r)$ 列都构成完全因子设计，则称其为强度为 r 的正交阵列，记为$\mathrm{OA}(n,k,q,r)$。

利用正交阵列$\mathrm{OA}(n,k,q,r)$，构造随机化正交阵列的步骤如下。

步骤 1：选择合理参数的正交阵列$\mathrm{OA}(n,k,q,r)$，记为 A，并记$\lambda=n/q$；

步骤 2：对正交阵列 A 每一列的 λ 个水平为$s(s=1,\cdots,q)$的元素，用$\{(s-1)\lambda+1,(s-1)\lambda+2,\cdots,(s-1)\lambda+\lambda\}$的随机排列代替，产生的拉丁超立方体设计即为随机化正交阵列，记为$\mathrm{OH}(n,n^k)$。

在正交阵列中水平组合的平衡性保证了随机化正交阵列的均匀性好于拉丁超立方体设计，不会产生均匀性很差的设计，可以有效减少估计方差。构造随机化正交阵列的前提是存在正交阵列。随机化正交阵列并不是在任意参数 n,k,q 下都存在。只有在特殊参数 n,k,q 的情况下才存在强度为$r(r\geqslant 2)$的正交阵列。下面给出利用正交阵列构造随机化正交阵列的例子。

例 11.5 利用正交阵列$\mathrm{OA}(8,4,2,3)$，构造随机化正交阵列$\mathrm{OH}(8,8^4)$。假设正交阵列$\mathrm{OA}(8,4,2,3)$中第 1 列的 4 个水平“1”置换成$\{1,2,3,4\}$的随机排列$\{3,2,1,4\}$，4 个水平“2”置换成$\{5,6,7,8\}$的随机排列$\{7,6,5,8\}$。其余 3 列进行类似置换，得到表 11.4 中右侧的设计$\mathrm{OH}(8,8^4)$。

表 11.4 正交阵列 OA(8, 4, 2, 3) 和随机化正交阵列 OH(8, 8⁴)

序号	OA(8, 4, 2, 3)				OH(8, 8^4)			
1	1	1	1	1	3	3	4	2
2	1	1	2	2	2	1	7	5
3	1	2	1	2	1	5	2	8
4	1	2	2	1	4	8	5	4
5	2	1	1	2	7	2	1	6

① Owen A B. Randomly orthogonal arrays for computer experiments, integration and visualization [J]. Statist. Sinica, 1992, 2: 439-452.

② Tang B. Orthogonal array-based Latin hypercubes [J]. J. Am. Stat. Assoc., 1993, 88: 1392-1397.

续表

序号	OA(8, 4, 2, 3)				OH(8, 8^4)			
6	2	1	2	1	6	4	6	1
7	2	2	1	1	5	7	3	3
8	2	2	2	2	8	6	8	7

随着科学技术发展，计算机试验的复杂程度也随之增加，对计算机试验设计的要求也不断提高，促进了对拉丁超立方体设计的更多改进。比如，针对多精度试验，提出了嵌套拉丁超立方体设计。针对定性定量因子同时存在的试验，提出了分片拉丁超立方体设计。替代模型也是计算机试验的重要内容。如 Kriging 模型是多项式模型的拓展，具有插值性（即在试验点处的预测值等于真实值），近些年受到了更多关注。这些内容不再详细介绍。

11.3.2 均匀设计

在试验之前，试验者往往先知道要选择哪种统计模型，进而根据统计模型选择相应的设计。如果选错了统计模型，可能会造成计算机试验的无效。在统计模型未知的情况下，需要选择比较稳健的设计，即不管系统模型的函数形式，利用这个设计做计算机试验都不会太差。均匀设计就满足这种试验要求。均匀设计也是非常重要的一类计算机试验设计。

1. 均匀性度量

例 11.1 中的拉丁超立方体设计 L_2 和 L_3，在试验区域中 L_3 散布比 L_2 更均匀（图 11.1）。偏差是很好的均匀性度量。本小节介绍 L_p-星偏差、中心化偏差和可卷偏差。

1）L_p-星偏差

记 $F_u(\boldsymbol{x})=x_1x_2\cdots x_k$ 为 $x=[0,1]^k$ 上的均匀分布函数，其中 $\boldsymbol{x}=(x_1,\cdots,x_k)^{\mathrm{T}}$。$F_P(\boldsymbol{x})$ 表示设计 $P=\{\boldsymbol{x}_1,\cdots,\boldsymbol{x}_n\}$ 的经验分布函数，即

$$F_P(\boldsymbol{x})=\frac{1}{n}\sum_{i=1}^{n}1_{[\boldsymbol{x}_i,\infty)}(\boldsymbol{x}),$$

其中，$\infty=(\infty,\cdots,\infty)$，$1_A(x)$ 为区域 A 的示性函数

$$1_A(x)=\begin{cases}1, & x\in A\\ 0, & x\notin A\end{cases}$$

L_p-星偏差定义为均匀分布函数与经验分布函数之差的 L_p 范数

$$\begin{aligned}D_p^*(P)&=\|F_u-F_P\|_p\\&=\begin{cases}\left(\int_{C^{\chi}}|F_u(\boldsymbol{x})-F_P(\boldsymbol{x})|^p\right)^{1/p}, & 1\leqslant p<\infty\\ \sup\limits_{x\notin C^{\chi}}|F_u(\boldsymbol{x})-F_p(\boldsymbol{x})|, & p=\infty\end{cases}\end{aligned}\qquad(11.9)$$

特别地，当 $p=2$ 时，式（11.9）为 L_2-星偏差，简单表达式为

$$[D_2^*(P)]^2 = \left(\frac{1}{3}\right)^2 - \frac{2}{n}\sum_{i=1}^{n}\prod_{j=1}^{k}\frac{1-x_{ij}^2}{2} + \frac{1}{n^2}\sum_{i,l=1}^{n}\prod_{j=1}^{k}[1-\max(x_{ij}, x_{lj})] \quad (11.10)$$

其中，$\boldsymbol{x}_i = (x_{i1}, \cdots, x_{ik})$ 是第 i 个试验点。

L_p-星偏差没有考虑投影均匀性。低维投影均匀性对于均匀设计往往非常重要。L_p-星偏差也没有反射不变性。反射不变性指设计点关于某平面反射之后，L_p-星偏差不发生改变。下面介绍的两种改进偏差，都克服了 L_p-星偏差的缺点。这里，只给出计算表达式，具体推导请参见方开泰、刘民千和周永道的书①。

2）中心化偏差

包含 n 行 k 列的设计 $P = \{\boldsymbol{x}_1, \cdots, \boldsymbol{x}_n\}$ 的中心化偏差（centered discrepancy，CD）的计算公式为

$$[\mathrm{CD}(P)]^2 = \left(\frac{13}{12}\right)^k - \frac{2}{n}\sum_{i=1}^{n}\prod_{j=1}^{k}\left(1+\frac{1}{2}|x_{ij}-0.5|-\frac{1}{2}|x_{ij}-0.5|^2\right)$$
$$+\frac{1}{n^2}\sum_{i=1}^{n}\sum_{l=1}^{n}\prod_{j=1}^{k}\left(1+\frac{1}{2}|x_{lj}-0.5|+\frac{1}{2}|x_{ij}-0.5|-\frac{1}{2}|x_{ij}-x_{lj}|\right) \quad (11.11)$$

3）可卷偏差

包含 n 行 k 列的设计 $P = \{\boldsymbol{x}_1, \cdots, \boldsymbol{x}_n\}$ 的可卷偏差（wrapped discrepancy，WD）的计算公式为

$$[\mathrm{WD}(P)]^2 = -\left(\frac{4}{3}\right)^k + \frac{1}{n}\left(\frac{3}{2}\right)^k$$
$$+\frac{2}{n^2}\sum_{i=1}^{n-1}\sum_{l=i+1}^{n}\prod_{j=1}^{k}\left(\frac{3}{2}-|x_{ij}-x_{lj}|+|x_{ij}-x_{lj}|^2\right) \quad (11.12)$$

根据式（11.11）和式（11.12），利用统计软件容易计算一个设计的中心化偏差和可卷偏差。需要注意，计算偏差需要利用式（11.3）将均匀设计变换到单位方体$[0, 1]^k$中。事实上，一个设计的均匀性越好，它的偏差值就越小；反之亦然。比较两个设计的偏差值可以判断两个设计的均匀性好坏。比如，从图 11.2 看出，设计 D_3 的均匀性好于设计 D_2，两个设计的中心化偏差和可卷偏差见表 11.5。设计 D_3 的中心化偏差和可卷偏差都小于设计 D_2 的。另外，偏差准则可以用于设计均匀性的优化，如构造均匀拉丁超立方体设计。在中心化偏差下的最优设计并不总是在可卷偏差下的最优设计，反之亦然。

表 11.5 设计 D_2 和 D_3 的中心化偏差和可卷偏差

设计	中心化偏差	可卷偏差
D_2	0.0989	0.1068
D_3	0.0683	0.0786

2. 均匀设计表

均匀设计与均匀性度量密切相关。给定试验次数和因子个数，可基于偏差得到相应的均匀设计。

① 方开泰，刘民千，周永道. 试验设计与建模[M]. 北京：高等教育出版社，2011.

定义 11.5 给定试验次数为 n，因子个数为 k，试验区域为 $\chi=[0,1]^k$，记偏差度量为 D，若设计 $P^*\in P_\chi$ 具有最小的偏差值，即

$$D(P^*)=\min_{P\in P_\chi} D(P) \tag{11.13}$$

称 P^* 为在该试验条件下的均匀设计。其中，D 为任一种偏差，如 L_p-星偏差、中心化偏差和可卷偏差；P_χ 为给定试验条件下可能设计的全体。

依据定义 11.5，构造均匀设计依赖于偏差选择。在一种偏差下的均匀设计在另一种偏差下不一定是均匀设计。在给定的偏差下，均匀设计并不是唯一的。均匀设计经过行交换和列交换之后，并不改变偏差值。一个均匀设计与其经过适当的行交换和列交换后得到的设计是**等价的**。在给出均匀设计表之前，需要先给出 U 型设计的定义。

定义 11.6 若 $n\times k$ 矩阵 $U=(u_{ij})$ 的第 j 列取值为 $1,2,\cdots,q_j$，q_j 个水平出现次数相同，则称该设计为 U 型设计，记为 $U(n;q_1,\cdots,q_s)$。若 $q_1,\cdots,q_s$ 不全相同，设计称为**非对称 U 型设计**，记为 $U(n;q_1^{k_1},\cdots,q_m^{k_m})$，设计包含 k_i 个 q_i 水平因子，$i=1,2,\cdots,m$，$\sum_{i=1}^m k_i=k$。若每个因子的水平数相等，记为 $1,2,\cdots,q$，该设计称为**对称 U 型设计**，记为 $U(n,q^k)$。

需要注意，U 型设计并不一定是均匀设计。U 型设计提供一种寻找均匀设计的方法。具体过程是，给定设计参数 n 和 k，设计第 1 列选取为自然顺序 $1,2,\cdots,n$，从总计 $(n!)^{k-1}$ 个 U 型设计中寻找偏差最小的设计。这种搜索方法效率低，计算量大，但相比于在空间 $[0,1]^k$ 中寻找 n 个点的集合，大大缩小了选择范围。其他生成均匀设计的方法主要有好格子点法、方幂好格子点法、切割法、随机优化法，细节请参见方开泰、刘民千和周永道的书①。下面仅给出对称 U 型均匀设计的例子。

例 11.6 试验次数 $n=8$，因子水平数 $q=4$，$k=2,3,4$ 的对称 U 型均匀设计 $U(n,q^k)$ 见表 11.6。试验次数 $n=9$，因子水平数 $q=3$，$k=2,3,4$ 的对称 U 型均匀设计 $U(n,q^k)$ 见表 11.7。试验次数 $n=6$，因子水平数 $q=n=6$，$k=2,3,4$ 的对称 U 型均匀设计 $U(n,n^k)$ 见表 11.8。试验次数 $n=9$，因子水平数 $q=n=9$，$k=2,3,4$ 的对称 U 型均匀设计 $U(n,n^k)$ 见表 11.9。

在上述的 4 种设计中，每种设计的第一列为 $1,\cdots,1,2,\cdots,2,\cdots,q,\cdots,q$，每个水平重复次数为 n/q，该列没有罗列在表中。比如，$U_8(4^k)$ 设计的第 1 列为 $1,1,2,2,3,3,4,4$，$U_9(3^k)$ 设计的第 1 列为 $1,1,1,2,2,2,3,3,3$，$U_6(6^k)$ 设计的第 1 列为 $1,2,3,4,5,6$，$U_9(9^k)$ 设计的第 1 列为 $1,2,3,4,5,6,7,8,9$。计算机试验设计通常是指 U 型均匀设计 $U(n,n^k)$。事实上，U 型均匀设计 $U(n,n^k)$ 也是均匀拉丁超立方体设计。

表 11.6 对称 U 型均匀设计 $U_8(4^k)$

序号	$k=2$	$k=3$		$k=4$		
1	2	2	3	2	1	2
2	3	3	1	3	4	3
3	1	1	2	1	3	1
4	4	4	4	4	2	4

① 方开泰, 刘民千, 周永道. 试验设计与建模[M]. 北京: 高等教育出版社, 2011.

续表

序号	$k=2$	$k=3$		$k=4$		
5	2	1	4	1	1	3
6	3	4	2	4	4	2
7	1	2	1	2	3	4
8	4	3	3	3	2	1

表 11.7 对称 U 型均匀设计 $U_9(3^k)$

序号	$k=2$	$k=3$		$k=4$		
1	1	1	1	1	3	2
2	2	2	3	2	1	3
3	3	3	2	3	2	1
4	1	1	3	1	1	1
5	2	2	2	2	2	2
6	3	3	1	3	3	3
7	1	1	2	1	2	3
8	2	2	1	2	3	1
9	3	3	3	3	1	2

表 11.8 对称 U 型均匀设计 $U_6(6^k)$

序号	$k=2$	$k=3$		$k=4$		
1	4	2	3	5	2	3
2	2	4	6	2	5	5
3	6	6	2	1	3	1
4	1	1	5	6	4	6
5	5	3	1	4	6	2
6	3	5	4	3	1	4

表 11.9 对称 U 型均匀设计 $U_9(9^k)$

序号	$k=2$	$k=3$		$k=4$		
1	4	6	3	3	4	3
2	7	2	8	8	8	7
3	2	9	6	5	1	6
4	9	3	1	1	7	5
5	5	5	5	7	2	1
6	1	7	9	6	6	9
7	8	1	4	4	9	2
8	3	8	2	2	3	8
9	6	4	7	9	5	4

3. 均匀设计应用

本小节讨论均匀设计在计算机试验中的应用。

例 11.7（例 11.3 续） 例 11.3 比较了利用同一设计，选择应用不同替代模型的差异。本例是基于相同的三阶替代模型（11.14），比较应用拉丁超立方体设计 LHD(30, 2)与均匀设计 $U(30, 30^2)$的差异。比较的标准是在 2601 个格子点处的预测误差。

$$\hat{Y} = \beta_0 + \beta_1 X_1 + \beta_2 X_2 + \beta_3 X_1^2 + \beta_4 X_1 X_2 + \beta_5 X_2^2 + \beta_6 X_1^3 + \beta_7 X_1^2 X_2 + \beta_8 X_1 X_2^2 + \beta_9 X_2^3 \quad (11.14)$$

拉丁超立方体设计 LHD(30, 2)和试验结果如表 11.2 所示，而均匀设计 $U(30, 30^2)$和试验结果如表 11.10 所示。

表 11.10 均匀设计 $U(30, 30^2)$和试验结果

序号	X_1	X_2	Y	序号	X_1	X_2	Y
1	24	25	0.2211	16	26	2	0.1162
2	23	6	0.1515	17	7	29	0.1617
3	1	12	0.1272	18	4	21	0.1660
4	9	18	0.1662	19	28	13	0.2073
5	5	16	0.1619	20	27	28	0.2150
6	11	7	0.1160	21	25	17	0.1889
7	19	4	0.0972	22	13	27	0.1233
8	6	9	0.1270	23	14	1	0.0194
9	21	11	0.1550	24	29	8	0.2224
10	3	3	0.0477	25	22	19	0.1623
11	12	14	0.1583	26	8	5	0.0852
12	15	20	0.1317	27	2	26	0.1562
13	20	30	0.1960	28	16	10	0.1471
14	18	15	0.1421	29	30	22	0.2907
15	17	24	0.1358	30	10	23	0.1498

采用最小二乘法估计式（11.14）的模型系数，模型系数估计值分别记为 $\hat{\boldsymbol{\eta}}_1$ 和 $\hat{\boldsymbol{\eta}}_2$。

$$\hat{\boldsymbol{\eta}}_1 = (-0.0146, 0.1840, 0.7089, -0.3333, -0.2573, -1.0624, 0.2518, 0.2970, -0.035, 0.5573)^{\mathrm{T}}$$

$$\hat{\boldsymbol{\eta}}_2 = (-0.420, 0.2903, 0.8484, -0.5463, -0.5270, -1.2069, 0.4450, 0.2428, -0.2610, 0.5697)^{\mathrm{T}}$$

利用式（11.8），比较两个拟合模型在 2601 个格子点处的预测均方误差。两个拟合模型的 MSE 分别为 0.0003027 和 0.0002212，即利用拉丁超立方体设计 LHD(30, 2)的 MSE 大于利用均匀设计 $U(30, 30^2)$的 MSE。事实上，均匀设计 $U(30, 30^2)$也是具有更小中心化偏差的拉丁超立方体设计 LHD(30, 2)，在整个试验区域$[0, 1]^2$ 上设计点的均匀性更好，试验数据包含的信息更全面，一般有利于减小预测误差。

习 题 11

1. 在单位超立方体$[0, 1]^4$上考虑简单随机抽样和拉丁超立方体抽样，样本量为 20，均重复 10000 次，计算两者的中心化偏差，并求出其均值和方差。

2. 从正交设计 $L_9(3^4)$（见表 9.18）出发，构造随机化正交阵列 $OH(9, 9^4)$。

3. 在某化工合成工艺中，为了提高产量（用收率表示），试验者选用如下 3 个因子，每个因子取 8 个水平（表 11.11）。

表 11.11 某化工合成工艺试验中试验因子及其水平

水平	因子		
	X_1(原料配比)/%	X_2(吡啶量)/ml	X_3(反应时间)/h
1	1.0	10	0.5
2	1.4	13	1.0
3	1.8	16	1.5
4	2.2	19	2.0
5	2.6	22	2.5
6	3.0	25	3.0
7	3.4	28	3.5
8	3.8	31	4.0

用均匀设计进行试验，设计阵与试验结果如表 11.12 所示。

（1）建立 Y 与三个变量 X_1，X_2，X_3 的一次、二次回归方程，并比较哪个更好；

（2）找出使得收率达到最高的水平组合。

表 11.12 某化工合成工艺试验中设计阵以及试验结果

序号	X_1	X_2	X_3	Y
1	3	5	1	0.6146
2	6	4	8	0.3506
3	1	3	4	0.7537
4	4	1	6	0.8195
5	7	8	3	0.0970
6	2	4	8	0.7114
7	5	2	2	0.4186
8	8	6	5	0.3515